Advancing into Analytics

엑셀, R, 파이썬으로 시작하는 데이터 분석

엑셀, R, 파이썬으로 시작하는 데이터 분석

데이터 분석의 기본 개념과 3가지 핵심 도구 사용법

초판 1쇄 발행 2022년 4월 29일

지은이 조지 마운트 / **옮긴이** 시진 / **펴낸이** 김태헌
펴낸곳 한빛미디어(주) / **주소** 서울시 서대문구 연희로2길 62 한빛미디어(주) IT출판부
전화 02-325-5544 / **팩스** 02-336-7124
등록 1999년 6월 24일 제25100-2017-000058호 / **ISBN** 979-11-6224-557-6 93000

총괄 전정아 / **책임편집** 박민아 / **기획** 박용규 / **편집** 이채윤
디자인 표지 윤혜원 내지 박정화 / **전산편집** 이소연
영업 김형진, 김진불, 조유미, 김선아 / **마케팅** 박상용, 송경석, 한종진, 이행은, 고광일, 성화정 / **제작** 박성우, 김정우

이 책에 대한 의견이나 오탈자 및 잘못된 내용에 대한 수정 정보는 한빛미디어(주)의 홈페이지나 아래 이메일로 알려주십시오. 잘못된 책은 구입하신 서점에서 교환해드립니다. 책값은 뒤표지에 표시되어 있습니다.

한빛미디어 홈페이지 www.hanbit.co.kr / 이메일 ask@hanbit.co.kr

지금 하지 않으면 할 수 없는 일이 있습니다.
책으로 펴내고 싶은 아이디어나 원고를 메일(writer@hanbit.co.kr)로 보내주세요.
한빛미디어(주)는 여러분의 소중한 경험과 지식을 기다리고 있습니다.

Advancing into Analytics

엑셀, R, 파이썬으로 시작하는 데이터 분석

O'REILLY®   한빛미디어
Hanbit Media, Inc.

어떻게 데이터 분석을 시작해야 할지 모르겠나요? 프로그래밍에 익숙해야 시작할 수 있을 것만 같으신가요? 데이터 분석을 시작하는 모든 사람에게 이 책을 추천드립니다. 익숙한 도구인 엑셀을 사용하여 데이터 분석의 기초 개념을 학습하고 이러한 개념을 프로그래밍 언어로 실습해보면서 데이터 분석과 친해질 수 있는 책입니다. 데이터 분석 분야의 실무자가 번역하여 어색함 없이 쉽게 읽히는 점이 큰 장점인 입문서입니다.

정미래(삼성리서치 Data Research팀 연구원)

오늘날 데이터 분석 도구가 다양해지고 관련 내용을 접하기는 쉬워졌지만 데이터 분석을 시작하려는 초보자가 이를 공부하기는 쉽지 않습니다. 이 책은 프로그래밍을 모르는 독자도 친숙한 엑셀로 데이터 분석에 필수적인 통계 이론을 배울 수 있습니다. 그리고 R과 파이썬을 사용하여 데이터를 스스로 분석할 수 있도록 돕습니다. 데이터에서 무궁무진한 인사이트를 발굴하고 싶은 독자에게 소중한 첫걸음이 되어줄 것입니다.

박예원(네이버 ML 엔지니어)

수많은 기업과 프로젝트에서 통계 모델 및 AI/ML의 활용은 필수 요소가 되고 있습니다. 현업 연구자와 엔지니어가 연구 개발 과정에서 가장 많은 시간을 들이는 작업은 바로 데이터 분석입니다. 이 책은 데이터 분석 실무자가 애정하는 엑셀, R 그리고 파이썬을 모두 아우르고 있습니다. 도구를 다루는 것에 그치지 않고, 기초적인 확률 이론과 가설 검증 과정 같은 중요한 개념도 쉽게 익힐 수 있도록 돕습니다. 실무에서 해결하고자 하는 많은 문제의 답은 결국 '데이터'에 있습니다. 이 책은 데이터에서 답을 찾고자 하는 이들에게 좋은 가이드북이 될 것입니다.

제상현(카카오엔터프라이즈 ML 리서치 엔지니어)

엑셀 활용부터 데이터 과학 이론과 분석까지 필요한 모든 내용을 담았습니다.

조던 골드마이어 Jordan Goldmeier **(마이크로소프트 엑셀 MVP)**

비즈니스와 데이터 분석 입문자를 위한 필독서

에이든 존슨 Aiden Johnson **(Breakthrough Data Science 데이터 과학자 겸 멘토)**

지은이·옮긴이 소개

지은이 **조지 마운트** George Mount

분석 교육 전문 컨설팅 회사인 Stringfest Analytics의 설립자이자 CEO입니다. 최고의 부트 캠프, 학습 플랫폼 및 실습 조직과 협업하여 분석 전문가를 양성합니다. 정기적으로 데이터 분석을 주제로 강연하고 *stringfestanalytics.com*에서 블로그를 운영하고 있습니다. 힐즈데일 대학교 Hillsdale College에서 경제학 학사 학위를 받았으며 케이스 웨스턴 리저브 대학교 Case Western Reserve University에서 재무 및 정보 시스템 석사 학위를 받았습니다. 현재 오하이오주 클리블랜드 Cleveland에 거주하고 있습니다.

옮긴이 **시진** 1sheisjin@gmail.com

국내 대기업에서 인공지능 관련 연구를 진행하고 챗봇 서비스를 개발하는 7년 차 개발자입니다. 주로 자연어 처리 중심의 연구와 자바, 파이썬 위주의 개발 경력을 쌓아가고 있습니다. 개발과 관련된 공부는 분야를 가리지 않고 좋아하며 자기계발과 지식 공유를 목표로 번역에 참여하고 있습니다.

옮긴이의 말

자연어 처리 중심의 연구를 시작한 지 벌써 6년이 흘렀습니다. 인공지능 모델 학습에 사용할 데이터를 모으고 처리하는 데 많은 시간을 쏟으면서도 정작 데이터 자체를 분석하는 일은 익숙하지 않았습니다. 데이터의 경향이 모델 학습에 큰 영향을 미친다는 것을 여러 번 경험하면서 데이터 분석에 관심을 갖게 되었습니다. 공부 방법을 찾던 중에 운좋게도 이 책의 번역 기회를 얻게 되었습니다. 데이터 분석 공부를 어디서부터 시작하면 좋을지 고민하던 제게 딱 맞는 책이었습니다. 데이터 분석의 개념부터 프로그래밍 실습까지 다룬 책을 번역하면서 자연스럽게 이 분야에 익숙해질 수 있었습니다.

이 책은 다양한 데이터 분석 도구를 다루면서 독자에게 두 가지 큰 이점을 제공합니다. 먼저 데이터를 분석할 때 알아야 하는 개념을 소개하여 분석의 기반을 탄탄하게 다질 수 있도록 돕습니다. 또한 엑셀, R, 파이썬을 활용한 다양한 실습을 제공하기 때문에 여러 도구에 대한 경험을 쌓을 수 있습니다. 동일한 문제를 서로 다른 도구로 분석하다 보면 자연스럽게 데이터 분석의 개념을 반복하여 익힐 수 있고, 개념에 익숙해진 후에는 새로운 도구를 사용하더라도 문제 이해와 같은 다른 어려움 없이 도구의 기능에만 온전히 집중할 수 있다는 점에서 아주 매력적인 학습 방식을 제공합니다.

엑셀에만 익숙한 사용자라면 이 책이 R과 파이썬 같은 프로그래밍의 세계에 자연스럽게 입문할 수 있는 계기가 되어주고 프로그래밍 언어에만 익숙한 개발자라면 데이터 분석의 개념을 배우고 구현하는 방법을 살펴볼 수 있는 좋은 길이 되어줄 것이라 생각합니다.

끝으로 도움을 주신 분들께 감사하다는 말씀을 드리고 싶습니다. 먼저 번역이라는 새로운 세상에 발을 디딜 수 있도록 기회를 주신 동양북스 이중민 편집자님께 감사드립니다. 부족한 초보 번역가를 믿고 이 책의 번역을 맡겨주신 한빛미디어 박용규 편집자님과 꼼꼼한 피드백으로 원고 개발에 힘써주신 이채윤 편집자님께 감사드립니다. 어설픈 원고를 잘 갈고 닦아 멋진 책이 될 수 있도록 만들어주셔서 감사합니다. 번역을 진행하는 동안 내내 옆 자리에서 조언을 아끼지 않았던 남편에게도 정말 고맙다는 말을 전합니다. 퇴근 후에도 집에서 아내의 원고를 보느라 야근 아닌 야근을 하게 만든 것 같아 미안한 마음이 듭니다. 끊임없이 질문하는데도 늘 정성

껏 대답해주고 함께 고민하며 큰 힘이 되어줘서 고마워 사랑해! 필명을 손수 지어주시고 든든한 버팀목이 되어주신 아빠, 글을 쓰는 즐거움과 유전자를 물려주신 엄마 아린 작가님, 늘 인생의 영감이 되어주는 영어 스승 언니에게도 무한한 감사와 존경 그리고 사랑을 전합니다.

이 책이 저에게 준 즐거움과 도움만큼 여러분에게도 이 책을 읽은 경험이 좋은 기억으로 남기를 희망합니다.

2022년 4월

시진

통계와 프로그래밍을 포함하여 데이터 분석을 공부하는 중요하고 훌륭한 학습 여정에 함께하게 된 것을 환영합니다. 여정을 시작하기에 앞서 필자의 학습 목표와 이 책을 쓰게 된 계기 그리고 이 책에서 무엇을 얻어갈 수 있는지를 소개하겠습니다.

학습 목표

이 책을 다 읽고 나면 **프로그래밍 언어를 사용하여 탐색적 데이터 분석**exploratory data analysis**과 가설검정**hypothesis test**을 수행**할 수 있게 될 것입니다. 데이터 사이의 관계를 알아내고 검증하는 것이 데이터 분석의 핵심입니다. 이 책에서 다루는 도구와 프레임워크를 사용하면 고급 데이터 분석 기술까지 더 공부해볼 수 있을 것입니다.

이 책에서는 엑셀, R과 파이썬을 사용합니다. 이 세 가지 도구는 모두 강력한 도구이고 데이터 분석을 학습하는 과정을 수월하게 만들어줍니다. 필자와 같은 데이터 분석가에게는 스프레드시트에서 프로그래밍으로 넘어가는 과정이 일반적이지만, 이러한 도구를 모두 다루는 책은 거의 없습니다.

집필 의도

데이터 분석 분야에서 일하는 많은 사람들과 마찬가지로 필자도 먼 길을 돌아서 분석에 정착하였습니다. 학창 시절에 수학은 가장 피하고 싶은 과목이었습니다. 수학의 많은 부분이 철저하게 이론적으로 보였기 때문입니다. 다시 수학에 관심을 갖게 된 계기는 통계학과 계량경제학 강의였습니다. 구체적인 목적에 수학을 적용한다는 점에서 신선한 충격을 받았습니다.

하지만 통계 강의만으로는 대용량의 데이터를 다루는 방법을 배울 수 없었습니다. 자유과liberal arts 대학에 다녔는데 거기서 탄탄한 글쓰기 능력과 사고력을 배웠지만 정량적 분석 기술은 거의 배우지 못했습니다. 처음으로 정규직을 맡았을 때 관리를 담당한 데이터의 깊이와 범위에 압도

당했습니다. 이 데이터의 대부분은 스프레드시트에 저장되어 있었고, 철저한 정리와 준비 없이는 데이터로부터 많은 가치를 얻어내기 어려웠습니다.

데이터를 수작업으로 정리하는 '데이터 랭글링data wrangling'은 데이터 분석에서 빠질 수 없는 과정입니다. 뉴욕 타임스는 데이터 과학자들이 분석을 위해 데이터를 준비하는 데 전체 분석 시간의 50~80%를 소비한다고 보도했습니다.[1] 그래서 데이터의 정리, 관리 및 저장을 위한 더 나은 방법에 대해 고민했습니다. 특히 데이터를 분석하는 데 더 많은 시간을 할애할 수 있도록 이 과정을 효율화하고 싶었습니다. 결과적으로 수동 작업이 필요하고 오류가 발생하기 쉬운 스프레드시트보다는 통계적인 분석이 더 좋다고 판단했습니다.

필자는 글쓰기를 좋아했기 때문에(자유과 학위 덕분이죠) 엑셀에서 얻은 팁에 대한 블로그를 운영하기 시작했습니다. 열심히 노력하고 운까지 따라주면서 블로그가 인기를 얻었고, 필자가 직업적으로 성공한 데는 이 블로그가 큰 역할을 했다고 생각합니다. 이 블로그에 관심이 있다면 *stringfestanalytics.com*을 방문해보세요. 여전히 엑셀과 데이터 분석에 대해 정기적으로 글을 올리고 있습니다.

엑셀을 더 깊게 공부하면서 다른 분석 도구와 기법으로도 관심이 뻗어 나갔습니다. 그 시점에 오픈소스 프로그래밍 언어인 R과 파이썬이 세계적으로 큰 인기를 얻고 있었습니다. 하지만 이 언어를 학습하는 과정에서 엑셀과 프로그래밍 언어 사이에 불필요한 논쟁이 이루어지고 있다고 느꼈습니다.

엑셀은 별로고, 코딩이 최고다?

필자는 대부분의 R 또는 파이썬 교육이 엑셀 사용자에게는 다음과 같이 들린다고 느꼈습니다.

> 여러분은 그동안 코딩을 해야 할 때 엑셀을 사용했습니다. 엑셀 때문에 발생한 이 모든 문제를 보세요! 이제는 안 좋은 습관을 완전히 버려야 합니다.

----

[1] *https://oreil.ly/THah7*

이것은 다음과 같은 이유로 잘못된 태도라고 말할 수 있습니다.

사실이 아닙니다

코딩과 스프레드시트 사이의 선택을 종종 일종의 선과 악 사이의 싸움처럼 비유합니다. 하지만 실제로는 두 도구가 서로를 대체하는 것이 아니라 보완하는 것이라고 생각하는 것이 좋습니다. 스프레드시트와 코딩은 분석 분야에서 각자 자신만의 자리가 있습니다. 따라서 한 가지 도구를 배우고 사용하는 것이 다른 하나를 부정하는 것은 아닙니다. 이 관계는 5장에서 더 자세히 이야기하겠습니다.

잘못된 교육 방식입니다

엑셀 사용자는 데이터 작업 방법을 직관적으로 이해합니다. 엑셀에서는 데이터를 정렬, 필터링, 그룹화하고 결합할 수 있습니다. 엑셀 사용자는 어떤 배열이 분석을 쉽게 만들고 어떤 배열이 더 많이 정리된 것인지 알 수 있습니다. 이것은 다양한 경험으로 쌓아야 하는 풍부한 지식입니다. 좋은 교육은 스프레드시트와 코딩 사이의 거리를 좁혀줍니다. 불행히도 대부분의 교육은 두 가지 도구 사이의 연결 고리를 경멸로 불태워버립니다.

연구에 따르면 배운 내용과 이미 알고 있는 내용을 연관시키는 것이 강력한 학습 방법이라고 합니다. 피터 C 브라운Peter C. Brown의 『어떻게 공부할 것인가』(와이즈베리, 2014)에서도 이것을 다음과 같이 언급하고 있습니다.

> 새로 공부하는 내용이 이미 알고 있는 지식과 어떻게 연관되는지 더 많이 설명할 수 있게 될수록 새로 공부하는 내용을 더 잘 이해하게 되고, 이러한 연관관계를 더 많이 만들어낼수록 나중에 기억할 가능성이 커집니다.

엑셀 사용자에게 누군가 "당신이 이미 알고 있는 지식은 쓰레기다"라고 한다면(물론 앞에서 말했듯이 굉장히 잘못된 말이지만) 이미 알고 있는 지식과 새로운 지식을 연관시키기 어려울 것입니다. 이 책은 그런 태도와는 정반대로 스프레드시트에 대해 이미 알고 있는 지식을 바탕으로 R과 파이썬을 이해할 수 있도록 도우며 여러분은 머릿속에 명확한 프레임워크를 그릴 수 있을 것입니다.

> **NOTE**
>
> 스프레드시트와 프로그래밍 언어는 모두 중요한 분석 도구입니다. R과 파이썬을 선택한다고 해서 엑셀을 버릴 필요는 없습니다.

엑셀을 공부하면 좋은 점

사실 엑셀은 독특하고 환상적인 분석 교육 도구입니다.

엑셀은 인지 부하를 줄여줍니다

인지 부하는 무언가를 이해하는 데 필요한 논리적 연결 또는 단계의 수를 의미합니다. 분석을 공부하는 과정은 다음과 같습니다.

1. 완전히 새로운 기술을 배웁니다.
2. 완전히 새로운 코딩 기술을 사용하여 새로운 기술을 구현하는 방법을 배웁니다.
3. 기본을 충분히 익히기도 전에 고급 기술로 넘어갑니다.

분석의 개념적 기초를 배우는 것만으로도 충분히 어렵습니다. 기초를 배우는 동시에 코딩 방법을 배우려면 엄청난 인지 부하가 발생합니다. 앞으로 이유를 설명하겠지만 코딩을 통해서 데이터를 분석하는 것은 큰 장점이 있습니다. 하지만 코딩 기술을 배우기 전에 기초를 잘 다지는 것이 중요합니다.

엑셀은 시각적인 계산기입니다

처음으로 대량 판매된 스프레드시트 제품의 이름은 '비지칼크VisiCalc'입니다. 시각을 나타내는 '비지Visi'와 계산기를 나타내는 '칼크Calc'가 합쳐진 이름을 보면 이 스프레드시트 애플리케이션이 많이 팔린 이유를 알 수 있습니다. 프로그래밍 언어는 초보자에게 '블랙박스'와 같습니다. 마법의 단어를 입력하고 '실행'을 클릭하면 결과가 나타나기 때문입니다. 프로그램이 제대로 작동한다 해도 초보자가 뚜껑을 열고 작동하는 원리를 확인하거나 제대로 작동하지 않았을 때 원인을 파악하기는 어렵습니다.

반면에 엑셀에서는 분석이 각 단계에서 어떻게 구체화되는지 확인할 수 있습니다. 엑셀 사용자는 시각적으로 계산하고 원하는 방법으로 재계산할 수도 있습니다. 단순히 필자의 말이나 코드를 믿기만 하는 것이 아니라 주요 분석 개념을 시각화하는 데모를 여러분이 엑셀에서 직접 만들게 될 것입니다.

> **NOTE**
>
> 엑셀은 새로운 프로그래밍 언어를 동시에 배울 필요 없이 분석의 기초를 배울 수 있습니다. 엑셀로 분석 공부를 시작하면 인지 부하를 크게 줄일 수 있습니다.

책의 구성

이 책의 철학과 필자가 바라는 학습 목표를 소개했으니 이제 책의 구조를 살펴보겠습니다.

1부 엑셀로 배우는 분석의 기초

분석은 통계를 기반으로 하는 분야입니다. 1부에서는 엑셀을 사용하여 변수 사이의 관계를 탐색하고 검증하는 방법을 배웁니다. 또한 엑셀을 사용하여 통계 및 분석에서 가장 중요한 몇 가지 개념을 쉽게 이해할 수 있는 데모를 만들어봅니다. 분석을 수행하는 통계 이론과 프레임워크의 기초는 데이터 프로그래밍을 공부하는 데 필요한 견고한 기반을 다져줄 것입니다.

2부 엑셀에서 R로

이제 데이터 분석의 기초에 익숙해졌다면 프로그래밍 언어를 선택할 차례입니다. 통계 분석을 위해 특별히 제작된 오픈소스 언어인 R부터 시작하겠습니다. 엑셀에서 배운 데이터 작업을 R로 깔끔하게 옮기는 방법을 살펴봅니다. 데이터 분석을 처음부터 끝까지 연습해볼 수 있는 최종 연습 문제로 2부를 마무리합니다.

3부 엑셀에서 파이썬으로

파이썬은 분석을 위해 배울 가치가 있는 또 다른 오픈소스 언어입니다. 2부와 같은 관점으로 엑셀 데이터를 파이썬으로 옮기고 전체 데이터 분석을 수행하는 방법을 공부합니다.

각 장의 연습 문제

필자는 책을 읽을 때 멈춰서 고민하는 것보다 책을 계속 읽어 나가는 것이 가치 있다고 느끼기 때문에 각 장의 끝에 있는 연습 문제를 건너뛰곤 합니다. **하지만 여러분은 이렇게 하지 마세요!**

대부분의 장 끝에서 여러분이 배운 내용을 연습할 수 있는 기회를 제공합니다. 연습 문제의 해답은 함께 제공되는 깃허브 저장소 exercise-solutions 폴더[2]에서 확인할 수 있습니다. 해답 파일은 각 장의 번호로 이름이 지정되어 있습니다. 연습 문제를 직접 풀어본 다음 여러분의 답과 해답을 비교해보세요. 그렇게 하면 해답에 대한 이해도를 높이면서 동시에 필자에게는 좋은 풀이 예제를 제공할 수 있습니다.

> **TIP**
>
> 적극적으로 학습해야 합니다. 읽은 내용을 바로 연습하지 않으면 잊어버리기 쉽습니다.

---

[2] *https://oreil.ly/KVrIn*

분석 방법을 단순히 길게 나열한 설명서가 아닙니다

필자가 분석을 좋아하는 이유는 동일한 작업을 수행하는 방법이 다양하기 때문입니다. 여러분이 어떤 한 가지 방법에 익숙하다면 필자는 다른 방법으로 분석하는 방법을 소개할 것입니다.

이 책에서는 엑셀을 분석 교육 도구로 사용하고 이 지식을 R과 파이썬에 적용하도록 돕는 것에 중점을 둡니다. 주어진 데이터를 정제 또는 분석할 수 있는 모든 방법을 다 담는다면 이 책은 목표한 바에 초점을 맞출 수 없게 됩니다.

필자가 제안하는 방법과 다른 방법을 선호할 수도 있습니다. 서로 다른 상황에서 더 나은 접근법이 있다는 것에 동의합니다. 그러나 이 책의 상황과 목적을 고려하여 필자는 특정 기술만 다루고 다른 기술은 제외하기로 결정했습니다. 그렇지 않으면 이 책이 분석 기술을 발전시키는 데 도움을 주는 안내서가 아닌 단순한 분석 방법 설명서에 그칠 수 있기 때문입니다.

당황하지 마세요

여러분이 필자를 편안하고 친근하게 느끼길 바랍니다. 그러기 위해서 이 책에는 반드시 지켜야 하는 한 가지 규칙이 있습니다. 바로 **당황하지 않는 것입니다!** 이 책에서는 확률과 통계뿐만 아니라 두 가지 프로그래밍 언어를 공부할 것이기 때문에 가파른 학습 장벽이 있습니다. 이 책은 통계, 컴퓨터과학 등의 개념을 소개합니다. 처음에는 어려울 수 있지만 시간이 지나면서 익숙해질 것입니다. 시행 착오를 겪으면서 배워 나가면 됩니다.

엑셀에 대한 지식만 있다면 이 한 권의 책으로 충분히 많은 내용을 배울 수 있다고 확신합니다. 좌절감과 불안감이 느껴지는 순간이 있을 수도 있습니다. 하지만 모두에게 일어나는 일입니다. 순간의 좌절감으로 여러분이 이루게 될 눈부신 발전을 포기하지 마세요.

준비되셨나요? 1장에서 뵙겠습니다.

소스 코드 내려받기

이 책에서 사용한 코드 예제나 그 외의 추가 자료는 아래 링크에서 내려받을 수 있습니다.

- https://github.com/stringfestdata/advancing-into-analytics-book

일러두기

학습 목표를 달성하려면 몇 가지 기술적인 준비와 기술 지식이 필요합니다.

필요한 기술

필자는 지금 오피스 365 버전의 데스크톱용 엑셀이 설치된 윈도우 컴퓨터에서 이 책을 쓰고 있습니다. 여러분의 컴퓨터에 윈도우 또는 맥용 엑셀 2010 이상의 유료 버전이 설치되어 있다면 피벗 테이블 및 데이터 시각화에서 약간의 차이가 있을 수 있지만, 책에 있는 대부분의 실습을 따라할 수 있을 것입니다.[3]

> **NOTE**
>
> 엑셀은 온라인에서 무료 및 유료 버전을 모두 제공하지만, 이 책에서 다루는 일부 기능을 사용하려면 유료 데스크톱 버전이 필요합니다.

R과 파이썬은 모든 주요 운영체제에서 사용할 수 있는 무료 오픈소스 도구입니다. 이 책의 뒷부분에서 설치 방법을 설명하겠습니다.

배경지식

이 책은 R 또는 파이썬을 전혀 모르는 독자를 대상으로 작성하였습니다. 하지만 R과 파이썬의

---

3 옮긴이_옮긴이 또한 오피스 365 한글판을 이용해 실습하였고, 그 내용을 이곳에 담았으니 참고해주시면 되겠습니다.

학습 장벽을 낮추기 위해서 엑셀은 적절한 수준으로 이해하고 있어야 합니다.

여러분이 익숙하게 다뤄야 하는 엑셀 항목은 다음과 같습니다.

- 절대, 상대 및 혼합 셀 참조
- 조건부 논리와 조건부 집계(IF( ) 문, SUMIF( )/SUMIFS( ) 등)
- 데이터 소스 결합(VLOOKUP( ), INDEX( )/MATCH( ) 등)
- 피벗 테이블을 사용하여 데이터 정렬, 필터링 및 집계
- 기본 그래프 작성(막대 차트, 선 차트 등)

본격적인 데이터 분석 공부에 앞서 이러한 주제를 더 많이 연습하고 싶다면 마이클 알렉산더 Michael Alexander 의 『Excel 2019 Bible』(Wiley, 2018)을 읽어보는 것을 추천합니다.

감사의 말

먼저 제 재능을 계발하고 나눌 수 있는 기회를 주신 하나님께 감사드립니다. 오라일리의 미셸 스미스[Michelle Smith]와 존 하셀[Jon Hassell]과 함께 일할 수 있어서 매우 즐거웠고, 무엇보다 저에게 책을 쓸 기회를 준 것에 깊은 감사를 표합니다. 책을 쓰는 동안 원동력이 되어준 코빈 콜린스[Corbin Collins]에게도 감사의 말을 전합니다. 대니 엘판바움[Danny Elfanbaum]과 제작팀은 저의 원고를 세상에 내놓을 수 있도록 책으로 만들어주셨고 에이든 존슨[Aiden Johnson], 펠릭스 잼스틴[Felix Zumstein]과 조던 골드마이어[Jordan Goldmeier]는 귀중한 기술 검토를 진행해주셨습니다.

책을 검토하는 일이 쉽지 않은데 피드백을 남겨주신 존 데니스[John Dennis], 토비아스 즈윙만[Tobias Zwingmann], 조 밸로그[Joe Balog], 배리 릴리[Barry Lilly], 니콜 라게르[Nicole LaGuerre], 알렉스 보들[Alex Bodle]에게 감사드립니다. 또한 직접적인 보상 없이도 기술과 지식을 사용할 수 있게 해준 커뮤니티에 감사드립니다. 저는 분석 활동을 하면서 시간과 지혜를 아낌없이 나누어주는 멋진 친구들을 사귀었습니다. 파도바 프란체스코 고등학교[Padua Franciscan High School]와 힐즈데일 대학교[Hillsdale College]에서 저를 가르쳐주신 선생님과 교수님들 덕분에 공부에 재미를 느끼고 글쓰기에 빠져들 수 있었습니다. 그분들의 영향을 받지 않았다면 아마 책을 쓸 생각도 못했을 것입니다.

제가 특별한 사람이라는 기분을 누릴 수 있도록 사랑과 지지를 베풀어주신 어머니, 아버지께 감사드립니다. 마지막으로 돌아가신 할아버지께 근면과 예절의 가치를 알려주셔서 감사하다는 말씀을 꼭 전하고 싶습니다.

CONTENTS

PART **1** 엑셀로 배우는 분석의 기초

CHAPTER **1** 탐색적 데이터 분석의 기초

CHAPTER **2** 확률의 기초

CHAPTER 3 통계적 추론의 기초

CHAPTER 4 상관 분석과 회귀 분석

CONTENTS

CONTENTS

CONTENTS

엑셀로 배우는
분석의 기초

Part I

엑셀로 배우는
분석의 기초

탐색적 데이터 분석의 기초

릭 해리슨Rick Harrison은 미국의 인기 프로그램 〈폰 스타스Pawn Stars〉의 오프닝에서 "저 문에서 무엇이 나올지 결코 알 수 없습니다"라고 말하곤 합니다. 분석도 마찬가지입니다. 새로운 데이터셋을 만났을 때 무엇을 찾을지 결코 알 수 없습니다. 이 장에서는 데이터셋을 탐색하고 해석하면서 데이터셋에서 얻고 싶은 정보가 무엇인지 알아갑니다. 이 과정을 탐색적 데이터 분석exploratory data analysis(EDA)이라고 합니다.

1.1 탐색적 데이터 분석이란 무엇인가?

미국의 수학자 존 튜키John Tukey는 자신의 저서 『Exploratory Data Analysis』(Pearson, 2019)에서 EDA를 사용할 것을 장려했습니다. 튜키는 분석가가 가설검정hypothesis test과 통계적 추론statistical inference으로 데이터에서 바로 어떤 **답을 찾으려고** 하기 전에 잠재적인 연구 질문을 먼저 고민하면서 데이터를 **분석해야 한다**고 강조했습니다.

EDA는 종종 데이터 '인터뷰'로 비유됩니다. 분석가는 데이터를 이해하고 데이터가 말하는 흥미로운 이야기를 들을 준비를 해야 합니다. 인터뷰의 일환으로 다음을 수행하고자 합니다.

- 변수를 연속형, 범주형 등으로 분류합니다.
- 기술통계descriptive statistics를 사용하여 변수를 요약합니다.
- 차트를 사용하여 변수를 시각화합니다.

EDA는 많은 것을 제공합니다. 엑셀과 실제 데이터셋을 사용하여 이 인터뷰 과정을 따라가보겠습니다. 이 책의 깃허브 저장소[4] datasets 폴더에서 하위 폴더 star에 있는 star.xlsx 통합 문서에 저장된 데이터를 활용하겠습니다.

이 데이터셋은 학급 규모가 시험 점수에 미치는 영향을 조사하는 목적으로 수집되었습니다. 이 실습을 포함하여 다른 엑셀 기반 실습을 진행할 때 먼저 로데이터[raw data]를 다음과 같은 단계로 처리하는 것이 좋습니다.

1. 원본 데이터셋이 변경되지 않도록 파일의 복사본을 만듭니다. 나중에 이러한 엑셀 파일 중 일부를 R 또는 파이썬에서 다루는 실습도 진행해야 하는데 원본 데이터셋이 변경될 경우 다른 실습에 영향을 미칠 수 있습니다.

2. id라는 인덱스 열을 추가합니다. 이렇게 하면 데이터셋의 각 행에 번호를 매겨서 첫 번째 행의 ID는 1, 두 번째 행의 ID는 2 등으로 지정할 수 있습니다. 열의 처음 몇 행에 숫자를 입력한 다음 입력한 범위를 지정하고 플래시 필[Flash Fill]을 사용하여 해당 규칙을 기반으로 나머지 행을 채우면 엑셀에서 인덱스 열을 빠르게 추가할 수 있습니다. 지정한 셀의 오른쪽 아래에서 작은 사각형을 찾아 마우스를 올리면 작은 더하기 기호가 표시됩니다. 더하기 기호를 끌거나 더블 클릭하여 나머지 범위를 채우세요. 이 인덱스 열을 추가하면 그룹별로 데이터를 더 쉽게 분석할 수 있습니다.

3. 마지막으로 결과 데이터셋의 범위에 있는 임의의 셀을 선택한 다음 리본 메뉴에서 [삽입] → [표]를 클릭하여 결과 데이터셋을 테이블로 변환합니다. 윈도우의 표 삽입 단축키는 Ctrl + T 이고 맥의 단축키는 Cmd + T 입니다. 테이블에 머리글이 있는 경우 [머리글 포함] 옵션이 선택되어 있는지 확인하세요. 테이블은 몇 가지 이점이 있습니다. 그 중에서 가장 중요한 이점은 보기에 아름답다는 점입니다. 또한 테이블 작업에서 이름으로 열을 참조할 수도 있습니다.

[그림 1-1]과 같이 테이블 내부의 아무 곳이나 클릭한 다음 리본 메뉴에서 [테이블 디자인(Table Design)] → [표 이름(Table Name)]을 클릭하면 테이블에 이름을 지정할 수 있습니다.

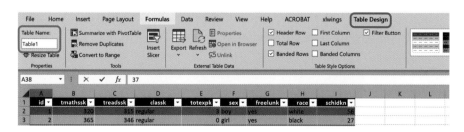

그림 1-1 표 이름(Table Name)

4 https://oreil.ly/VHslH

몇 가지 분석 작업을 실습해보면 여러분이 원하는 데이터셋을 엑셀에서 다룰 때 도움이 될 것입니다. star 데이터셋의 경우 데이터셋을 테이블로 변환하면 결과는 [그림 1-2]와 같습니다. 필자는 테이블 이름을 'star'로 지정했습니다. 이 데이터셋은 여러 행과 열로 이루어진 직사각형 모양으로 배열됩니다.

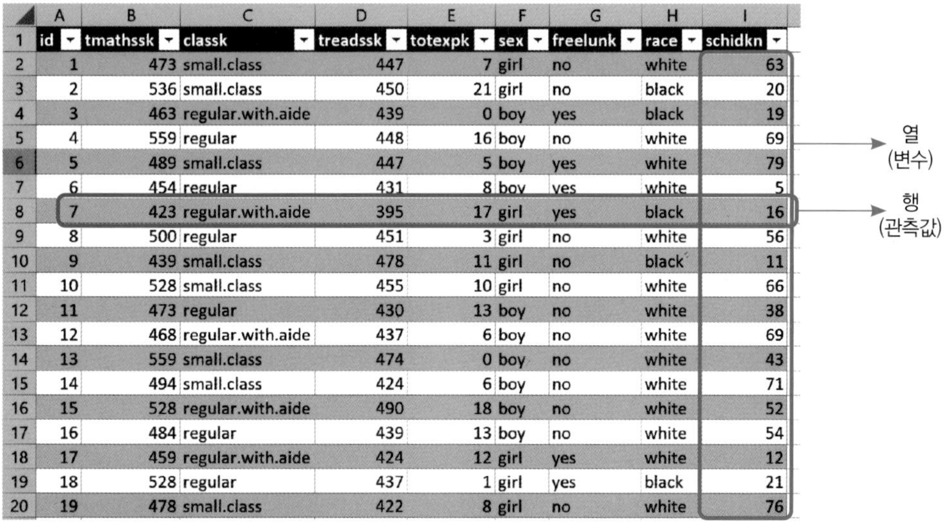

	A	B	C	D	E	F	G	H	I
1	id	tmathssk	classk	treadssk	totexpk	sex	freelunk	race	schidkn
2	1	473	small.class	447	7	girl	no	white	63
3	2	536	small.class	450	21	girl	no	black	20
4	3	463	regular.with.aide	439	0	boy	yes	black	19
5	4	559	regular	448	16	boy	no	white	69
6	5	489	small.class	447	5	boy	yes	white	79
7	6	454	regular	431	8	boy	yes	white	5
8	7	423	regular.with.aide	395	17	girl	yes	black	16
9	8	500	regular	451	3	girl	no	white	56
10	9	439	small.class	478	11	girl	no	black	11
11	10	528	small.class	455	10	girl	no	white	66
12	11	473	regular	430	13	boy	no	white	38
13	12	468	regular.with.aide	437	6	boy	no	white	69
14	13	559	small.class	474	0	boy	no	white	43
15	14	494	small.class	424	6	boy	no	white	71
16	15	528	regular.with.aide	490	18	boy	no	white	52
17	16	484	regular	439	13	boy	no	white	54
18	17	459	regular.with.aide	424	12	girl	yes	white	12
19	18	528	regular	437	1	girl	yes	black	21
20	19	478	small.class	422	8	girl	no	white	76

그림 1-2 star 데이터셋의 행과 열

데이터를 많이 다뤄본 독자라면 star 데이터셋이 분석에 아주 적합한 형태라는 점을 알 수 있을 것입니다. 데이터를 원하는 상태로 만들려면 데이터를 정리해야 합니다. 이 책의 뒷부분에서 몇 가지 데이터 정리 방법을 설명하겠습니다. 지금은 데이터가 이미 잘 정리되어 있으므로 별도의 정리 과정 없이 바로 데이터를 살펴보고 EDA가 무엇인지 알아보겠습니다.

데이터 분석에서는 종종 행과 열보다는 **관측값**observation과 **변수**variable라고 표현합니다. 각 용어가 무엇을 의미하는지 살펴보겠습니다.

관측값

star 데이터셋에는 5,748개의 행이 있습니다. 각 행은 고유한 관측값입니다. 주어진 데이터셋에서는 학생별로 값을 측정했습니다. 관측값은 개별 시민에서 전체 국가에 이르기까지 무엇이든 될 수 있습니다.

변수

각 열은 각각의 관측값에 대한 정보를 나타냅니다. 예를 들어 star 데이터셋에는 각 학생의 읽기 점수(treadssk)와 각 학생이 속한 수업 유형(classk)이 있습니다. 이러한 열을 변수라고 합니다. [표 1-1]은 star 데이터셋에서 각 열이 나타내는 정보를 설명합니다.

표 **1-1** star 데이터셋의 변수 설명

열	설명
id	고유 식별자/인덱스 열
tmathssk	총 수학 환산 점수
treadssk	총 읽기 환산 점수
classk	수업 유형
totexpk	교사의 총 경력 연수
sex	성별
freelunk	무상급식 대상자 여부
race	인종
schidkn	교육구 지표

왜 열을 변수라고 부를까요? 각 열의 값이 관측값에 따라 달라질 수 있기 때문입니다. 모든 관측값이 동일한 측정값을 가진다면 분석할 내용이 많지 않을 것입니다. 각 변수는 관측값마다 서로 다른 정보를 제공할 수 있습니다. 비교적 작은 데이터셋인 star 데이터셋에서도 텍스트, 숫자, '예/아니요' 문과 같이 다양한 변수가 있습니다. 어떤 데이터셋에는 수십 또는 수백 개의 변수가 있을 수 있습니다.

열을 구분하면 변수 유형을 분류하는 데 도움이 됩니다. 데이터를 분석할 때는 변수 유형을 분류하는 것이 중요합니다. 변수 유형은 다소 임의적으로 분류하며 분석의 목적과 상황에 따라 분류 기준을 변경할 수 있습니다. 앞으로 실습을 진행하면서 EDA와 일반적인 분석이 매우 반복적인 작업이라는 점을 느끼게 될 것입니다.

> **NOTE**
>
> 변수는 다소 임의적으로 분류하며 대부분의 분석과 마찬가지로 엄격한 기준이 아닌 경험을 기반으로 분류합니다.

먼저 [그림 1-3]에 있는 다양한 변수 유형을 소개하고 이 유형을 기준으로 star 데이터셋을 분류하겠습니다.

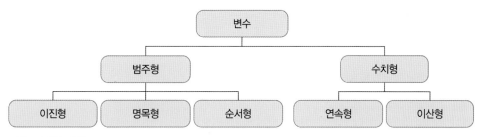

그림 1-3 변수 유형

[그림 1-3]에 있는 변수 유형 외에도 더 많은 변수 유형이 있습니다. 예를 들어 여기서는 구간형^{interval}과 비율형^{ratio} 데이터 사이의 차이는 고려하지 않습니다. 변수 유형을 자세히 알고 싶다면 세라 보즐러프^{Sarah Boslaugh}의 『Statistics in a Nutshell, 2nd edition』(O'Reilly, 2012)을 읽어보세요. 이제 [그림 1-3]의 왼쪽에서 오른쪽 방향으로 변수 유형을 살펴보겠습니다.

범주형 변수

범주형^{categorical} 변수는 **정성적**^{qualitative} 변수라고도 하며 관측값의 품질이나 특성을 나타냅니다. 범주형 변수가 일반적으로 나타내는 정보는 '어떤 종류인가?'입니다. 항상 그런 것은 아니지만 범주형 변수는 종종 숫자가 아닌 값으로 표시합니다.

예를 들어 원산지는 범주형 변수로 나타낼 수 있습니다. 다른 변수와 마찬가지로 범주형 변수는 서로 다른 값(미국, 핀란드 등)을 가질 수 있지만 서로 양적으로 비교할 수는 없습니다. '인도네시아의 두 배는?'과 같은 질문에 답은 없습니다.

범주형 변수가 가질 수 있는 모든 고윳값을 해당 변수의 **레벨**이라고 합니다. 예를 들어 원산지 국가의 레벨은 총 세 가지로 원산지 변수는 미국, 핀란드, 인도네시아 중 한 가지 값을 가질 수 있습니다.

범주형 변수는 수량보다는 관측값의 품질을 나타내기 때문에 이 데이터에는 많은 정량적 연산을 적용할 수 없습니다. 예를 들어 원산지의 평균을 계산할 수 없습니다. 하지만 가장 일반적인 국가나 국가별 빈도수를 계산할 수 있습니다.

범주형 변수가 가질 수 있는 레벨의 개수와 해당 레벨의 순위가 의미가 있는지 여부에 따라 범주형 변수를 더 세부적으로 구분할 수 있습니다.

이진형 변수는 두 개의 레벨만 사용할 수 있습니다. 이러한 변수는 종종 '예/아니요' 응답으로 표시되지만 항상 그런 것은 아닙니다. 이진형 변수의 몇 가지 예를 살펴볼까요?

- 기혼 여부(예 또는 아니요)
- 구매 여부(예 또는 아니요)
- 와인 유형(레드 또는 화이트)

와인 유형의 경우에는 다루는 데이터가 레드 와인 또는 화이트 와인으로만 구성되어 있다고 가정했습니다. 만약 로제 와인도 분석하고 싶다면 어떻게 해야 할까요? 이 경우에는 세 가지 레벨이 필요하기 때문에 데이터를 이진형으로 분석할 수 없습니다.

레벨이 두 개 이상인 정성적 변수를 명목형^{nominal} 변수라고 합니다. 명목형 변수의 몇 가지 예를 살펴보겠습니다.

- 원산지(미국, 핀란드, 인도네시아 등)
- 좋아하는 색(주황색, 파란색, 번트 시에나$^{burnt\ sienna}$ 등)
- 와인 유형(레드, 화이트, 로제)

ID 번호와 같은 정보는 범주형 변수에서 숫자로 표시할 수 있으며 평균을 구할 수는 있지만 이 수치는 의미가 없습니다. 중요한 점은 명목형 변수에 본질적인 순서가 없다는 것입니다. 예를 들어 색상이라는 특성에 따라 빨간색이 본질적으로 파란색보다 높거나 낮다고 순서를 정할 수 없습니다. 본질적인 순서는 언제나 명확하게 정의되지는 않습니다. 본질적인 순서를 적용할 수 있는 몇 가지 예를 살펴보겠습니다.

순서형^{ordinal} 변수는 두 개 이상의 레벨을 사용하며 각 레벨 사이에는 본질적인 순서가 있습니다. 다음은 순서형 변수의 몇 가지 예입니다.

- 음료 크기(소, 중, 대)
- 학년(1학년, 2학년, 3학년, 4학년)
- 요일(월요일, 화요일, 수요일, 목요일, 금요일)

이러한 예제에서는 본질적으로 **레벨에 순서를 부여할 수 있습니다.** 4학년은 1학년보다 높지만 빨간색과 파란색은 어떤 색이 더 높다고 말할 수 없습니다. 레벨에 순위를 매길 수는 있지만 그

사이의 거리를 반드시 정량화할 수 있는 것은 아닙니다. 예를 들어 음료 크기에서 소와 중의 크기 차이는 중과 대의 크기 차이와 다를 수 있습니다.

수치형 변수

수치형 numerical 변수는 **정량적** quantitative 변수라고도 하며 관측값의 측정 가능한 양을 나타냅니다. 수치형 변수가 일반적으로 나타내는 정보는 '양이 얼마인가?' 또는 '몇 개인가?'입니다. 수치형 변수는 거의 항상 숫자로 표시합니다. 수치형 변수는 가질 수 있는 값의 수에 따라 더 세부적으로 구분할 수 있습니다.

연속형 continuous 변수는 이론적으로 임의의 서로 다른 두 값 사이에 있는 무한한 개수의 값을 가질 수 있습니다. 복잡하게 들리겠지만 연속형 변수는 실생활에서 매우 쉽게 발견할 수 있습니다. 몇 가지 예를 들어볼까요?

- 높이(59~75인치 범위 내에서 높이 값은 59.1, 74.99 또는 그 사이의 다른 값이 될 수 있습니다.)
- pH 레벨
- 표면적

연속형 변수의 값은 서로 정량적으로 비교할 수 있기 때문에 더 광범위한 분석을 적용합니다. 예를 들어 연속형 변수의 평균을 계산하는 것은 의미가 있지만 범주형 변수의 경우에는 평균이 의미가 없습니다. 이 장의 뒷부분에서는 연속형 변수의 기술통계를 엑셀에서 찾아 분석하는 방법을 알아보겠습니다.

반면에 **이산형** discrete 변수는 두 값 사이에 고정된 개수의 셀 수 있는 값만 가질 수 있습니다. 이산형 변수는 사회과학 및 비즈니스에서 매우 일반적으로 사용됩니다. 몇 가지 예를 살펴보겠습니다.

- 한 가구의 구성원 수(1~10의 범위 내에서 구성원 수는 2 또는 5일 수 있지만 4.3일 수는 없습니다.)
- 판매 단위
- 숲의 나무 수

많은 레벨이나 관측값을 가지는 이산형 변수를 다룰 때는 더 광범위한 통계 분석을 적용하기 위해서 이산형 변수를 연속형 변수로 취급하기도 합니다. 예를 들어 미국의 한 가정당 평균 1.93명의 자녀가 있다는 표현을 들어본 적이 있을 것입니다. 실제로 1.93명의 자녀를 가진 가정은 없습니다. 자녀의 수는 정숫값을 가지는 이산형 변수여야 마땅합니다. 하지만 실제로 존재하는 값은 아니어도 평균값은 많은 관측값을 기반으로 일반적인 가정에서 예상되는 자녀의 수를 나타낼 때 도움이 될 수 있습니다.

지금까지 여러 유형의 변수를 살펴보았습니다. 고급 분석에서는 이러한 여러 유형의 변수를 다시 계산하고 혼합하기도 합니다. 예를 들어 주어진 분석의 가정을 만족하도록 특정 변수를 **로그 변환**할 수 있고, **차원 축소** 기법을 사용하여 많은 변수의 의미를 더 적은 개수의 변수로 추출할 수도 있습니다. 이 책에서는 로그 변환이나 차원 축소 기법은 다루지 않습니다.

1.1.1 실습: 변수 분류

지금까지 배운 내용을 활용하여 [그림 1-3]에서 다룬 변수 유형을 바탕으로 star 데이터셋의 변수를 분류하세요. 곰곰이 생각해보면서 주저하지 말고 데이터를 살펴보세요. 여기서는 변수 유형을 분류하는 쉬운 방법을 소개하고 이 장의 뒷부분에서 더 구체적인 방법을 살펴보겠습니다.

변수가 어떤 유형인지 이해하는 빠른 방법은 변수가 가지는 고윳값 개수를 확인하는 것입니다. 엑셀의 필터 미리보기 기능을 사용하면 변수가 가지는 고윳값 개수를 확인할 수 있습니다. [그림 1-4]와 같이 sex 변수 옆에 있는 드롭다운 화살표를 클릭하면 이 변수가 두 개의 고윳값(boy와 girl)만 사용한다는 사실을 확인할 수 있습니다. 그렇다면 이 변수는 어떤 유형의 변수일까요? 엑셀의 필터 미리보기 기능이나 다른 방법을 활용하여 변수를 천천히 살펴보세요.

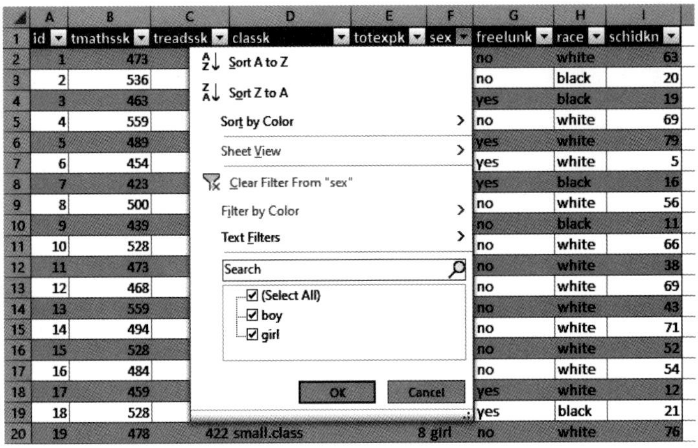

그림 1-4 필터 미리보기를 사용하여 변수의 고윳값 확인

필자는 [표 1-2]와 같이 star 데이터셋의 변수를 분류했습니다.

표 1-2 필자의 변수 분류

변수	설명	범주형 또는 수치형	유형
id	인덱스 열	범주형	명목형
tmathssk	총 수학 환산 점수	수치형	연속형
treadssk	총 읽기 환산 점수	수치형	연속형
classk	수업 유형	범주형	명목형
totexpk	교사의 총 경력 연수	수치형	이산형
sex	성별	범주형	이진형
freelunk	무상급식 대상자 여부	범주형	이진형
race	인종	범주형	명목형
schidkn	교육구 지표	범주형	명목형

classk나 freelunk와 같은 일부 변수는 다른 변수에 비해 분류하기 쉬웠습니다. schidkn, id와 같은 변수는 유형이 명확하지 않았습니다. 이 변수들은 숫자로 표현되지만 양적으로는 비교할 수 없기 때문입니다.

CAUTION

데이터가 수치로 표현되어 있다고 해서 반드시 정량적 변수로 사용할 수 있는 것은 아닙니다.

tmathssk, treadssk, totexpk 이 세 가지 변수만 정량적 변수입니다. 필자는 처음 두 개를 연속형으로 분류하고 마지막 하나를 이산형으로 분류하기로 결정했습니다. 그 이유를 지금부터 설명하겠습니다. 먼저 교사의 총 경력 연수인 totexpk부터 살펴보겠습니다. 이 변수의 모든 관측값은 0에서 27 사이의 정수를 가집니다. 이 변수는 고정된 개수의 셀 수 있는 값만 가지기 때문에 이산형 변수로 분류했습니다.

시험 점수를 나타내는 tmathssk와 treadssk는 어떨까요? 이 두 변수도 정숫값을 가집니다. 즉, 학생은 읽기 점수로 528.5점을 받을 수 없으며 528 또는 529점만 받을 수 있습니다. 따라서 이 관점으로 보면 읽기 점수는 이산형 변수라고 할 수 있습니다. 하지만 읽기 점수는 특정 개수의 값이 아닌 많은 고윳값을 가질 수 있으므로 실제로는 연속형 변수로 분류하는 것이 좋습니다.

분석과 같은 엄격한 분야에 절대적인 기준이 없다는 사실이 신기하게 느껴질 수도 있습니다.

1.1.2 요약: 변수 유형

규칙을 잘 알아야 더욱 효과적으로 규칙을 파괴할 수 있다.

달라이 라마 14세Dalai Lama XIV

변수를 분류하는 방법은 분석에서 변수를 처리하는 방법에 영향을 미칩니다. 예를 들어 연속형 변수의 평균은 계산할 수 있지만 명목형 변수의 평균은 계산할 수 없습니다. 분류한 변수 유형에 맞게 변수를 처리하면서도 종종 편의를 위해 규칙을 어깁니다. 예를 들어 앞에서 설명했던 미국의 한 가정당 평균 자녀 수 1.93명과 같이 이산형 변수의 평균을 구하기도 합니다.

분석을 진행하다 보면 더 많은 규칙을 비틀어 예외를 적용하며 변수를 재분류하거나 새로운 변수를 만들 수 있습니다. EDA는 반복적인 작업이라는 점을 기억하세요.

> **NOTE**
>
> 데이터와 변수를 처리하는 작업은 반복적인 과정입니다. 변수를 분류하는 방법은 나중에 데이터를 탐색하면서 찾은 내용과 데이터에서 얻고 싶은 정보의 종류에 따라 달라질 수 있습니다.

1.2 엑셀에서 변수 탐색하기

기술통계 및 시각화를 사용하여 star 데이터셋을 계속 탐색하겠습니다. R 또는 파이썬에서 동일한 단계를 거쳐 같은 결과를 얻을 수 있지만 여기서는 엑셀에서 분석을 진행하겠습니다. 이 책을 다 읽고 나면 세 가지 방법을 모두 사용하여 EDA를 수행할 수 있습니다.

먼저 star 데이터셋의 범주형 변수부터 탐색하겠습니다.

1.2.1 범주형 변수 탐색하기

범주형 변수는 양이 아니라 품질을 측정한다고 설명했었죠? 예를 들어 범주형 변수는 의미 있는 평균, 최솟값 또는 최댓값을 계산할 수 없습니다. 하지만 빈도를 계산하는 등 몇 가지 분석을 수행할 수 있습니다. 피벗 테이블을 사용하면 엑셀에서 빈도를 계산할 수 있습니다. [그림 1-5]와 같이 star 데이터셋의 아무 곳이나 클릭하여 커서를 놓고 [삽입] → [피벗 테이블]을 선택하고 [확인(OK)]을 클릭합니다.

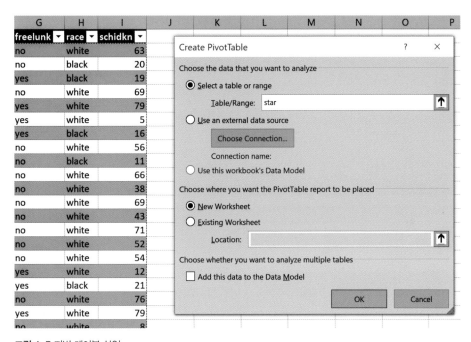

그림 1-5 피벗 테이블 삽입

각 수업 유형마다 얼마나 많은 관측값이 있는지 알고 싶다고 가정하겠습니다. classk를 피벗 테이블의 행 영역으로, id를 값 영역으로 끌어서 놓습니다. 기본적으로 엑셀은 id 필드의 합계를 계산합니다. 이렇게 되면 범주형 변수를 수치형 변수처럼 활용하는 실수가 생긴 것입니다. ID 번호를 정량적으로 비교할 수는 없지만 빈도는 계산할 수 있습니다. 윈도우에서 ID의 빈도를 계산하려면 값 영역에서 [합계: id]를 클릭하고 [값 필드 설정]을 선택합니다. [값 필드 요약 기준]에서 [개수]를 선택하고 [확인]을 클릭합니다. 맥의 경우 [합계: id] 옆에 있는 [i] 아이콘을 클릭하면 동일한 과정으로 ID의 빈도를 계산할 수 있습니다. 이제 궁금했던 정보인 각 수업 유형의 관측값 개수를 확인할 수 있습니다. 이와 같은 표를 **일원 도수분포표** one-way frequency table 라고 하며 결과는 [그림 1-6]과 같습니다.

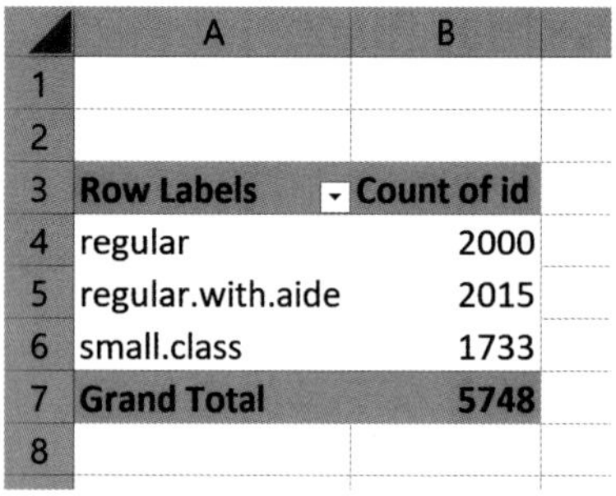

Row Labels	Count of id
regular	2000
regular.with.aide	2015
small.class	1733
Grand Total	**5748**

그림 1-6 수업 유형의 일원 도수분포표

이 빈도수를 무상급식 대상자 여부에 따라 나누어 보겠습니다. 피벗 테이블의 열 영역에 `freelunk`를 배치합니다. 결과는 [그림 1-7]과 같으며 이러한 표를 **이원 도수분포표** two-way frequency table 라고 합니다.

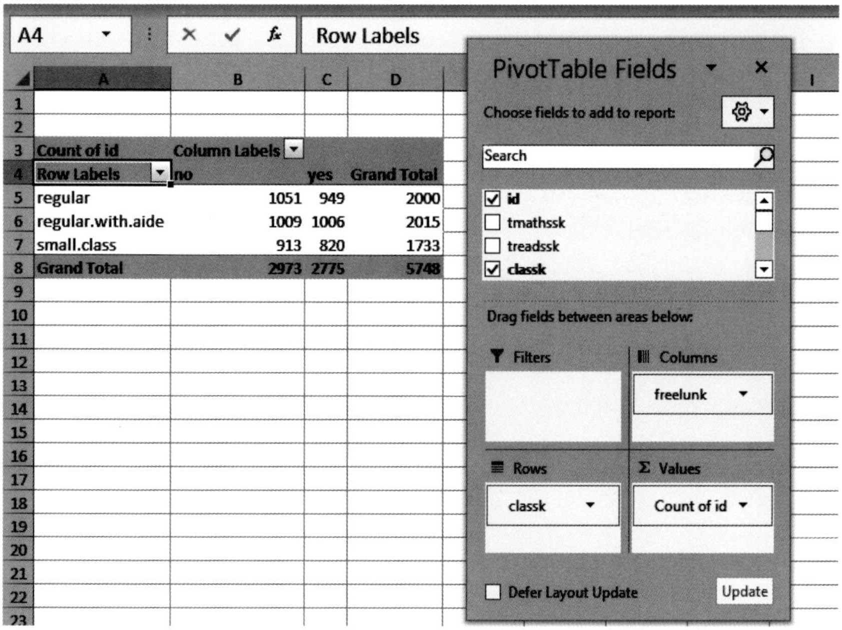

Count of id	Column Labels		
Row Labels	no	yes	Grand Total
regular	1051	949	2000
regular.with.aide	1009	1006	2015
small.class	913	820	1733
Grand Total	2973	2775	5748

그림 1-7 무상급식 대상자 여부에 따른 수업 유형의 이원 도수분포표

이 책 전반에 걸쳐 여러분은 분석 과정의 일부로 시각적인 결과를 만들 것입니다. 하지만 다루어야 하는 내용이 많기 때문에 데이터 시각화의 원리와 기술에 많은 시간을 할애하지 않을 것입니다. 이 책에서는 많이 다루지 않지만 데이터 시각화 분야는 연구할 가치가 있습니다. 이 분야에 관심이 있다면 클라우스 O. 윌크[Claus O. Wilke]의 『데이터 시각화 교과서』(책만, 2020)를 읽어보세요.

일원 도수분포표 또는 이원 도수분포표는 막대 차트(막대 그래프 또는 빈도 그래프라고도 함)로 시각화할 수 있습니다. 피벗 테이블의 내부를 클릭하고 [삽입] → [묶은 세로 막대형]을 클릭하여 이원 도수분포표를 생성하겠습니다. 결과는 [그림 1-8]과 같습니다. 차트의 가장자리를 클릭한 다음 오른쪽 상단에 나타나는 더하기 기호를 클릭하여 차트에 제목을 추가하겠습니다. 표시되는 차트 요소 메뉴에서 [차트 제목] 항목을 선택합니다. 맥의 경우에는 차트를 클릭하고 리본 메뉴에서 [디자인] → [차트 요소 추가]를 선택하면 차트의 제목을 추가할 수 있습니다. 이 책에서 앞으로 차트에 제목을 추가하는 실습이 몇 번 더 있으니 제목을 추가하는 방법을 익혀두면 좋습니다.

피벗 테이블과 막대 차트는 수업 유형별로 무상급식 대상자 여부에 따라 관측값의 개수를 나눕니다. 예를 들어 1,051과 949는 각각 피벗 테이블과 막대 차트의 첫 번째와 두 번째 레이블 및 막대를 나타냅니다.

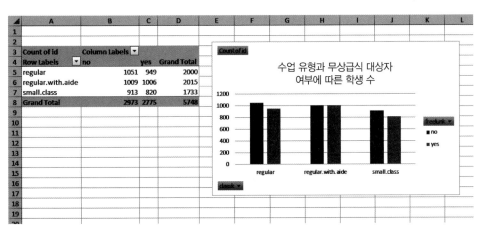

그림 1-8 막대 차트로 시각화한 이원 도수분포표

이원 도수분포표처럼 간단한 분석이라도 결과를 시각화하면 좋습니다. 사람은 표의 숫자보다 차트의 선과 막대를 더 쉽게 인식하기 때문에 분석이 복잡해질수록 결과를 그림으로 나타내는 것이 좋습니다.

범주형 데이터는 정량적으로 비교할 수 없으므로 범주형 데이터를 분석할 때는 해당 데이터의 개수를 기반으로 분석합니다. 개수를 기반으로 분석하는 것이 별것 없어 보일 수 있지만 사실은 중요합니다. 개수를 기반으로 분석하면 여러 레벨 중 어떤 레벨의 값이 가장 일반적인지 알 수 있으며 추가 분석 과정에서 이러한 레벨을 다른 변수와 비교할 수 있습니다. 다음으로 수치형 데이터를 살펴보겠습니다.

1.2.2 수치형 변수 탐색하기

수치형 변수는 범주형 변수보다 더 넓은 범위의 요약 또는 기술통계를 수행할 수 있습니다. 기술통계를 사용하면 정량적인 방법을 사용하여 데이터셋을 요약할 수 있습니다. 빈도는 기술통계의 유형 중 하나입니다. 몇 가지 기술통계 유형을 살펴보고 엑셀에서 계산하는 방법을 살펴보겠습니다.

중심경향 척도measure of central tendency는 일반적인 관측값이 취하는 값을 나타내는 기술통계의 한 축입니다. 여기서는 일반적인 세 가지 척도를 다루겠습니다.

첫 번째는 평균average 또는 평균값mean입니다. 더 구체적으로 말해서 산술arithmetic 평균은 모든 관측값을 더한 결과를 관측값의 개수로 나누어 계산합니다. 여기서 다루는 모든 통계 척도 중에서 평균은 가장 익숙한 척도이자 앞으로 계속 언급할 척도입니다.

다음은 중앙값median입니다. 중앙값은 데이터셋의 중간에 위치한 값을 의미합니다. 중앙값을 계산하려면 데이터를 낮은 것부터 높은 순서로 정렬하거나 순위를 지정한 다음 양쪽 방향에서 데이터를 세면서 중간에 있는 값을 찾으면 됩니다. 중간에서 두 개의 값이 발견된다면 평균을 계산하여 중앙값을 구합니다.

마지막으로 최빈값mode이 있습니다. 최빈값은 가장 많이 관측되는 값입니다. 데이터를 정렬하면 최빈값을 찾기 쉬워집니다. 변수에는 최빈값이 하나일 수도 있고 많거나 없을 수 있습니다.

엑셀에는 [표 1-3]에 나와 있는 중심경향 척도를 계산하는 일부 함수를 포함하여 풍부한 통계 함수 모음이 있습니다.

표 1-3 중심경향 척도를 계산하는 엑셀의 함수

통계	엑셀 함수
평균값	AVERAGE(number1, [number2], ...)
중앙값	MEDIAN(number1, [number2], ...)
최빈값	MODE.MULT(number1, [number2], ...)

MODE.MULT()는 동적 배열 기능을 사용하여 여러 잠재적 최빈값을 반환하는 엑셀의 새로운 함수입니다. 이 함수에 접근할 수 없는 경우 MODE()를 사용하세요. [표 1-3]에서 소개한 함수를 사용하여 tmathssk 점수의 중심경향 척도를 계산합니다. 결과는 [그림 1-9]와 같습니다.

분석 결과를 보면 평균값 485.6, 중앙값 484, 최빈값 489로 세 가지 중심경향 척도의 값이 매우 유사하다는 점을 알 수 있습니다. 이제 최빈값의 발생 빈도(277회)를 구하는 방법을 알아보겠습니다.

	J	K	L	M
1		tmathssk central tendency		
2		Mean	485.6480515	=AVERAGE(star[tmathssk])
3		Median	484	=MEDIAN(star[tmathssk])
4		Mode	489	=MODE.MULT(star[tmathssk])
5		Mode -- how many?	277	=COUNTIF(star[tmathssk],L4)
6				

그림 1-9 엑셀에서 중심경향(central tendency) 척도 계산

세 가지 중심경향 척도 중에서 어떤 값에 초점을 맞춰야 할까요? 간단한 예를 살펴보면서 답을 알아보겠습니다. 비영리단체에서 컨설팅을 하고 있다고 상상해보세요. 여러분은 기부금을 살펴보고 어떤 중심경향 척도를 추적해야 할지 조언해달라는 요청을 받았습니다. 주어진 기부금이 [표 1-4]와 같을 때 잠시 시간을 가지고 중심경향 척도를 계산하면서 어떤 조언을 할지 결정해보세요.

표 1-4 주어진 기부금

$10	$10	$25	$40	$120

일반적으로 평균값을 추적하면 될 것 같지만 $41이 정말로 전체 기부금 데이터를 대표할까요? $120를 제외한 모든 기부금은 실제로 평균값보다 적습니다. 기부금 $120가 평균값을 부풀리고 있습니다. 이것이 바로 평균값의 단점입니다. 극단적인 값은 평균값에 과도하게 영향을 줄 수 있습니다.

중앙값을 사용하면 이 문제가 발생하지 않습니다. $25는 $41보다 '중간 값'을 더 잘 나타냅니다. 이 척도의 문제는 각 관측값의 정확한 값을 나타내지 않는다는 것입니다. 각 관측값의 상대적 크기를 고려하지 않고 단순히 변수의 위치를 세어 가운데에 위치한 변수를 선택합니다.

그렇다면 이제 남은 것은 최빈값입니다. 최빈값이라면 유용한 정보를 주지 않을까요? 주어진 기부금의 최빈값은 $10입니다. 그러나 $10 역시 기부금 전체를 대표하는 것은 아닙니다. 또한 앞에서 설명했듯이 데이터셋에는 최빈값이 여러 개 있거나 없을 수 있으므로 안정적인 척도가 아닙니다.

그렇다면 비영리단체에 여러분이 제시해야 하는 답은 무엇일까요? 모든 척도를 추적하고 평가해야 합니다. 각 척도는 서로 다른 관점에서 데이터를 요약합니다. 그러나 이후의 장에서 보게 되겠지만 고급 통계 분석을 수행할 때는 평균에 초점을 맞추는 것이 가장 일반적입니다.

이제 변수의 중심이 어디에 있는지 알아보았으므로 해당 값이 중심에서 어떻게 확산되는지 살펴보겠습니다. 몇 가지 **변동성 척도** measure of variability 가 있습니다. 여기서는 일반적인 척도에 집중하겠습니다.

첫 번째는 범위 range 또는 최댓값과 최솟값의 차이입니다. 범위는 도출하기 쉽지만 관측값에 매우 민감합니다. 극단값이 하나만 있어도 범위는 대부분의 관측값이 실제로 발견되는 위치와 다르게 지정될 수 있습니다.

다음은 분산 variance 입니다. 분산은 관측값이 평균에서부터 얼마나 퍼져 있는지 나타내는 척도입니다. 분산은 지금까지 다룬 척도보다 계산하기 조금 더 까다롭습니다. 분산을 계산하는 단계는 다음과 같습니다.

- 데이터셋의 평균값을 구합니다.

- 각 관측치에서 평균값을 뺍니다. 이것을 편차^{deviation}라고 합니다.

- 모든 편차의 제곱의 합을 구합니다.

- 제곱의 합을 관측값의 개수로 나눕니다.

단계가 꽤 많죠? 분산을 구하는 단계는 수학적 표기법을 사용하면 도움이 됩니다. 익숙해지는 데 시간이 걸리고 처음에는 겁이 나겠지만 앞에서 말로 풀어 쓴 설명보다 수학적 표기법이 더 이해하기 쉬울 것입니다. 수학적 표기법을 사용하면 말로 설명하는 것보다 무엇을 해야 하는지를 더 정확하게 표현할 수 있습니다. 예를 들어 [수식 1-1]은 분산을 구하는 모든 단계를 담고 있습니다.

수식 1-1 분산을 구하는 공식

$$s^2 = \frac{\sum (X - \overline{X})^2}{N}$$

s^2는 분산입니다. $(X - \overline{X})^2$은 각 관측값 X에서 평균값 $\overline{X}$를 빼서 제곱해야 함을 알려줍니다. $\sum$는 그 결과를 합산해야 함을 의미합니다. 마지막으로 합산한 결과를 관측값의 개수 N으로 나눕니다.

필자는 이 책에서 수학적 표기법을 몇 번 더 사용할 것입니다. 다만 모든 단계를 두서없이 작성하기보다는 주어진 개념을 표현하고 이해하기에 수식이 말보다 더 효율적일 때에만 사용할 것입니다. [표 1-5]에 있는 숫자의 분산을 계산해보세요.

표 1-5 분산 예제 데이터

3	5	2	6	3	2

이 통계는 비교적 도출하기 복잡하므로 엑셀을 사용하여 계산하겠습니다. [그림 1-10]은 엑셀의 내장 함수를 사용하여 분산을 계산한 결과입니다. 엑셀에서 분산을 계산하는 방법은 뒤에서 자세히 설명하겠습니다.

	A	B	C	D
1	observation	average	deviation	deviation squared
2	3	3.5	-0.5	0.25
3	5	3.5	1.5	2.25
4	2	3.5	-1.5	2.25
5	6	3.5	2.5	6.25
6	3	3.5	-0.5	0.25
7	2	3.5	-1.5	2.25
8				
9	sum of deviations squared	13.5	=SUM(D2:D7)	
10	number of observations	6	=COUNT(A2:A7)	
11	variance	2.25	=B9/B10	

그림 1-10 엑셀에서 분산 계산

이 책의 저장소에 있는 ch-1.xlsx 통합 문서는 이 장의 실습 결과를 담고 있습니다. 해당 파일에서 variablilty 워크시트를 보면 [그림 1-10]과 같은 실습 결과를 찾을 수 있습니다.

왜 편차의 제곱으로 분산을 구하는지 궁금할 수도 있습니다. 그 이유를 알아보려면 제곱하지 않은 편차의 합을 구해보세요. 총합은 0입니다. 즉, 각 편차는 서로 상쇄됩니다.

분산은 기존 측정 단위의 **편차 제곱**^{squared deviation}으로 계산하기 때문에 다른 단위로 통계를 구하면 데이터를 직관적으로 분석할 수 없습니다. 이 문제를 해결하기 위해서 **표준편차**^{standard deviation}라고 부르는 분산의 제곱근을 사용합니다. 이제 기존 측정 단위인 평균으로 변동성을 표현할 수 있습니다.

[수식 1-2]는 표준편차를 수학적 표기법으로 나타낸 것입니다.

수식 1-2 표준편차를 구하는 공식

$$s = \sqrt{\frac{\sum (X_i - \overline{X})^2}{N}}$$

[수식 1-2]의 공식을 사용하면 [그림 1-10]의 표준편차는 1.5(2.25의 제곱근)입니다. [표 1-6]의 함수를 사용하여 엑셀에서 변동성 척도를 계산할 수 있습니다. 표본과 모집단에서 분산 및 표준편차를 구할 때는 서로 다른 함수를 사용합니다. 표본의 변동성 척도를 구할 때는 분모에 N 대신 $N-1$을 사용하므로 분산과 표준편차가 더 커집니다.

표 1-6 변동성 척도를 계산하는 엑셀의 함수

통계	엑셀 함수
범위	MAX(number1, [number2], ...)_ - _MIN(number1, [number2], ...)
분산(표본)	VAR.S(number1, [number2], ...)
표준편차(표본)	STDEV.S(number1, [number2], ...)
분산(모집단)	VAR.P(number1, [number2], ...)
표준편차(모집단)	STDEV.P(number1, [number2], ...)

표본과 모집단의 구분은 이후 장에서 핵심 주제가 될 것입니다. 지금은 데이터셋에서 필요한 모든 데이터를 수집했는지 확실하지 않다면 표본 함수를 사용하세요. 살펴보아야 할 기술통계가 몇 가지 있습니다. 엑셀의 함수를 사용하여 이러한 통계를 빠르게 계산할 수도 있지만 엑셀의 '분석 도구 팩'을 사용하면 몇 번의 클릭으로 전체 기술통계를 계산할 수 있습니다.

> **TIP**
>
> 일부 통계 척도는 모집단 또는 표본에서 다르게 계산합니다. 작업하고 있는 데이터가 모집단인지 표본인지 확실하지 않은 경우 표본이라고 가정하세요.

이 추가 기능은 엑셀과 함께 설치되지만 사용하려면 불러와야 합니다. 윈도우의 경우 리본 메뉴에서 [파일] → [옵션] → [추가 기능]을 선택합니다. 그런 다음 메뉴에서 가장 아래에 있는 [이동]을 클릭합니다. 메뉴에서 [분석 도구 팩]을 선택하고 [확인]을 클릭합니다. [분석 도구 – VBA]는 선택할 필요가 없습니다. 맥의 경우 메뉴 바에서 [데이터] → [분석 도구]를 선택합니다. 메뉴에서 [분석 도구 팩]을 선택한 다음 [확인]을 클릭합니다. 설정을 완료하려면 엑셀을 다시 시작해야 할 수도 있습니다. 이제 데이터 탭에 데이터 분석 버튼이 추가된 것을 확인할 수 있습니다.

[표 1–1]에서 tmathssk와 treadssk는 연속형 변수임을 확인했습니다. 이제 분석 도구 팩을 사용하여 기술통계를 계산해보겠습니다. 리본 메뉴에서 [데이터] → [데이터 분석] → [기술통계법]을 선택합니다. 메뉴가 나타나면 [입력 범위(Input Range)]를 B1:C5749로 지정합니다. [첫째 행 이름표 사용(Labels in First Row)] 및 [요약 통계량(Summary statistic)]을 선택해야 합니다. [그림 1–11]과 같이 설정하고 다른 설정은 그대로 둔 상태에서 [확인(OK)]을 클릭합니다.

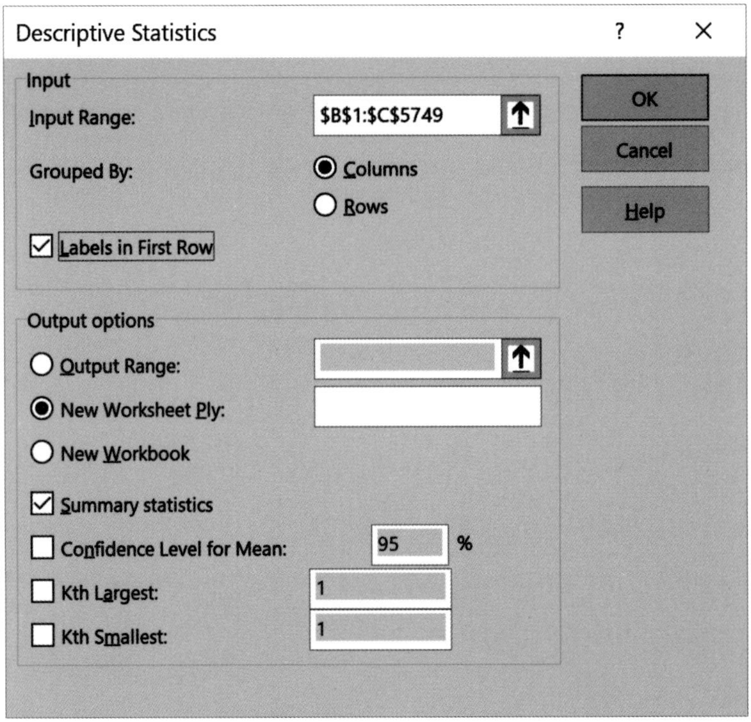

그림 1-11 분석 도구 팩으로 기술통계 도출

	A	B	C	D
1	*tmathssk*		*treadssk*	
2				
3	Mean	485.6480515	Mean	436.7423452
4	Standard Error	0.63010189	Standard Error	0.419080917
5	Median	484	Median	433
6	Mode	489	Mode	437
7	Standard Deviation	47.77153121	Standard Deviation	31.77285677
8	Sample Variance	2282.119194	Sample Variance	1009.514427
9	Kurtosis	0.289321748	Kurtosis	3.83779705
10	Skewness	0.473937363	Skewness	1.340898831
11	Range	306	Range	312
12	Minimum	320	Minimum	315
13	Maximum	626	Maximum	627
14	Sum	2791505	Sum	2510395
15	Count	5748	Count	5748
16				

그림 1-12 분석 도구 팩에서 도출한 기술통계

이 장의 실습 외에도 앞으로 수행할 모든 피벗 테이블 실습에서 테이블 내부를 클릭하고 [디자인] → [총합계] → [행 및 열의 총합계 해제]를 선택하여 모든 합계를 없애는 것이 가장 좋습니다. 이렇게 하면 분석할 때 실수로 총계를 포함하는 일을 방지할 수 있습니다. 이제 분석 도구 팩을 사용하여 기술통계를 삽입할 수 있습니다. 결과는 [그림 1-13]과 같습니다.

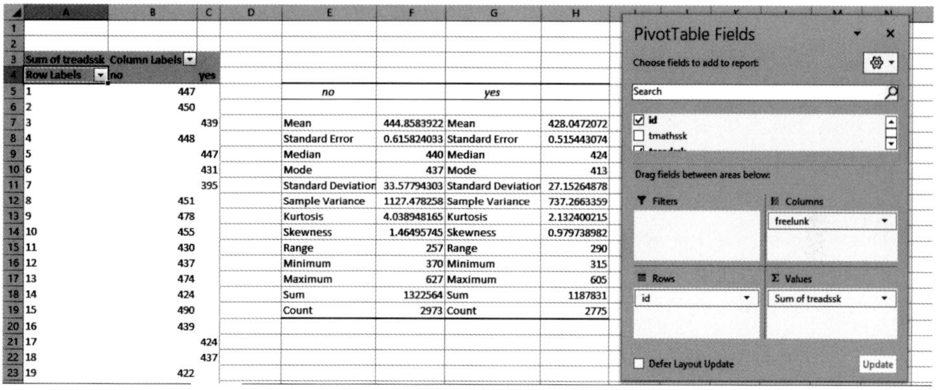

Sum of treadssk Column Labels
Row Labels no yes
1 447
2 450
3 439
4 448
5 447
6 431
7 395
8 451
9 478
10 455
11 430
12 437
13 474
14 424
15 490
16 439
17 424
18 437
19 422
no yes
Mean 444.8583922 Mean 428.0472072
Standard Error 0.615824033 Standard Error 0.515443074
Median 440 Median 424
Mode 437 Mode 413
Standard Deviation 33.57794303 Standard Deviation 27.15264878
Sample Variance 1127.478258 Sample Variance 737.2663359
Kurtosis 4.038948165 Kurtosis 2.132400215
Skewness 1.46495745 Skewness 0.979738982
Range 257 Range 290
Minimum 370 Minimum 315
Maximum 627 Maximum 605
Sum 1322564 Sum 1187831
Count 2973 Count 2775
PivotTable Fields
Choose fields to add to report:
Search
id
tmathssk
Drag fields between areas below:
Filters
Columns
freelunk
Rows
id
Values
Sum of treadssk
Defer Layout Update
Update

그림 1-13 그룹별 기술통계 계산

아마 대부분의 기술통계를 알고 있을 것입니다. 나머지 부분은 이 책의 뒷부분에서 다루겠습니다. 분석 도구 팩에서 모든 정보를 제공하기 때문에 데이터를 시각화할 필요가 없다고 느낄 수 있습니다. 그러나 시각화는 여전히 EDA에서 없어서는 안 되는 역할을 합니다. 특히 변수의 전체 값 범위에 걸친 관측값의 분포를 확인할 때 유용합니다.

먼저 히스토그램을 살펴보겠습니다. 히스토그램을 사용하여 구간별로 관측값의 상대 빈도를 시각화할 수 있습니다. 엑셀에서 `treadssk`의 히스토그램을 작성하려면 해당 데이터 범위를 선택한 다음 리본 메뉴에서 [삽입] → [히스토그램]을 선택하세요. 결과는 [그림 1-14]와 같습니다.

[그림 1-14]에서 가장 빈도가 높은 구간은 426.6과 432.8 사이이며 이 범위에 속하는 관측값이 약 650개라는 것을 확인할 수 있습니다. 실제 시험 점수에는 소수점이 포함되지 않지만 엑셀에서 간격 또는 계급구간[bin]을 설정하는 방법에 따라 x축에 소수점이 포함될 수 있습니다. 차트의 x축을 마우스 오른쪽 버튼으로 클릭하고 [축 서식]을 선택하면 오른쪽에 메뉴가 나타나며 해당 메뉴에서 계급구간 수를 변경할 수 있습니다. 이 기능은 맥에서 사용할 수 없습니다.

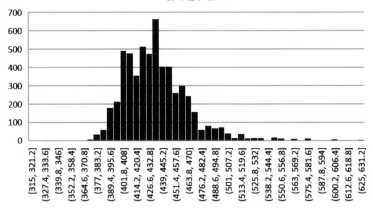

그림 1-14 읽기 점수 분포

기본적으로 엑셀은 51개의 계급구간을 사용했지만 그 수를 25로 줄이거나 100으로 늘리면 어떨까요? 메뉴에서 숫자를 조정해보세요. 다음은 계급구간 수를 변경한 결과를 나타낸 그림입니다. 이것은 분포의 세부사항을 확대 및 축소하여 살펴보는 것입니다.

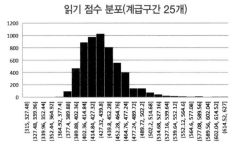

그림 1-15 히스토그램의 계급구간 수 변경

히스토그램으로 시각화된 분포를 보면 분포의 맨 오른쪽에도 상당한 수의 시험 점수가 있지만 대부분의 시험 점수가 400~500 범위에 몰려 있음을 한눈에 알 수 있습니다.

세 학급의 규모에 따라 읽기 점수 분포가 어떻게 다른지 보고 싶다면 어떻게 해야 할까요? 여기에서는 범주형 변수의 세 레벨에 걸쳐 연속형 변수를 비교합니다. 엑셀에서 히스토그램을 사용하여 이 설정을 하려면 일종의 '해킹'이 필요하지만 피벗 테이블을 사용하면 이 작업을 바로 수행할 수 있습니다.

star 데이터셋을 기반으로 새 피벗 테이블을 삽입한 다음 treadssk를 행 영역에, classk를 열 영역에, **개수: id(Count of id)**를 값 영역에 끌어서 놓습니다. 피벗 테이블에서 총계를 제거하면 후속 분석이 더 쉬워집니다.

이제 이 데이터로 차트를 만들어보겠습니다. 피벗 테이블에서 아무 곳이나 클릭하고 리본 메뉴에서 [삽입] → [묶은 세로 막대형]을 선택합니다. [그림 1-16]에 표시된 결과는 읽기가 매우 어렵지만 원본 피벗 테이블을 살펴보면 점수가 380점인 학생의 경우 10명은 정규 수업(regular)에, 2명은 보조 교사가 있는 정규 수업(regular.with.aide)에, 2명은 소규모 수업(small.class)에 참여했다는 것을 알 수 있습니다.

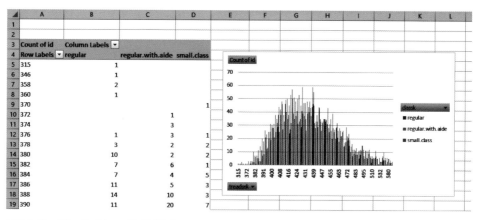

그림 1-16 다중 그룹 히스토그램 시작하기

이제 이 히스토그램에서 값을 더 큰 간격으로 모으겠습니다. 피벗 테이블의 첫 번째 열에 커서를 놓고 마우스 오른쪽 버튼을 클릭하여 [그룹]을 선택합니다. 엑셀은 그룹을 기본적으로 100씩 증가시킵니다. 이 값을 25로 변경하세요.

이렇게 하면 히스토그램이 읽기 쉽게 변하기 시작합니다. 차트가 눈에 더 잘 들어오도록 형식을 바꿔보겠습니다. 차트의 막대 중 하나에 커서를 놓고 마우스 오른쪽 버튼을 클릭하여 [데이터 계열 서식]을 선택합니다. [계열 겹치기]를 75%로, [간격 너비]를 0%로 설정합니다. 이렇게 설정하면 [그림 1-17]과 같은 결과를 얻을 수 있습니다.

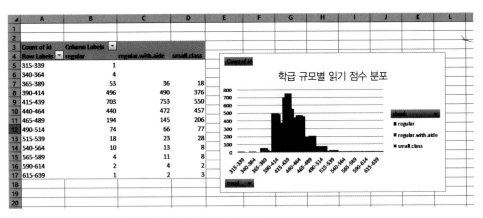

그림 1-17 피벗 테이블을 사용하여 다중 그룹 히스토그램 만들기

막대가 완전히 겹치도록 간격 너비를 설정할 수 있지만 그렇게 하면 정규 수업 규모 분포를 보기가 훨씬 더 어려워집니다. 히스토그램은 연속형 변수의 분포를 보는 시각화 도구지만 쉽게 복잡해집니다.

히스토그램의 대안으로 상자 그림boxplot을 살펴보겠습니다. 여기서는 **사분위수**quartile로 분포를 시각화하겠습니다. 상자 그림의 중심은 익숙한 척도인 **중앙값**입니다.

중앙값은 데이터셋의 중간 값이기 때문에 사분위수를 기준으로 보면 두 번째 사분위수에 해당합니다. 데이터셋을 사분면으로 균등하게 나누고 중간점을 찾아서 첫 번째와 세 번째 사분위수를 찾을 수 있습니다. [그림 1-18]은 상자 그림의 다양한 요소를 표시한 그림입니다.

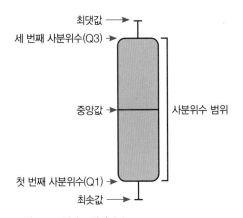

그림 1-18 상자 그림의 요소

[그림 1-18]의 '상자box'는 **사분위수의 범위**로 알려져 있습니다. 이 범위를 기반으로 그림의 다른 부분을 도출합니다. 사분위수 범위의 1.5배 이내인 나머지 범위는 두 줄 또는 '수염whisker'으로 표시합니다. 실제로 엑셀에서는 이러한 유형의 차트를 '상자 수염 그림box & whisker'이라고 합니다.

사분위수 범위 내에서 발견되지 않는 관측값은 그림에 개별 점으로 표시합니다. 이러한 값을 **이상치**outlier라고 합니다. treadssk 예제로 다시 돌아가볼까요? treadssk 범위를 지정하고 리본 메뉴에서 [삽입] → [상자 수염]을 선택합니다.

[그림 1-19]를 보면 사분위수 범위가 약 415~450 사이에 있고 특히 높은 쪽에 몇 가지 이상치가 있음을 확인할 수 있습니다. 히스토그램 데이터에서도 유사한 경향을 발견했지만 전체 분포를 더 시각적으로 볼 수 있었고 다양한 계급구간 너비로 서로 다른 수준의 세부성을 탐색할 수 있었습니다. 기술통계와 마찬가지로 각 시각화는 데이터에 대한 고유한 관점을 제공합니다. 특정 그림이 본질적으로 다른 그림보다 우월하다고 말할 수 없습니다.

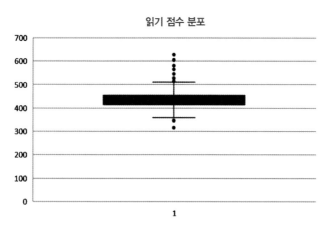

읽기 점수 분포

그림 1-19 읽기 점수의 상자 그림

상자 그림의 한 가지 장점은 데이터의 사분위수가 어디에 있고 어떤 관측값이 이상치인지 정확한 정보를 제공한다는 점입니다. 또 다른 장점은 여러 그룹의 분포를 더 쉽게 비교할 수 있다는 것입니다. 엑셀에서 여러 그룹의 상자 그림을 만드는 가장 쉬운 방법은 관심 있는 범주형 변수를 연속형 변수의 바로 왼쪽에 두는 것입니다. 예를 들어 classk를 데이터 소스에서 treadssk의 왼쪽으로 이동합니다. 이 데이터를 선택한 상태에서 리본 메뉴에서 [삽입] → [상자 수염]을 클릭합니다. 결과는 [그림 1-20]과 같으며 세 그룹의 점수 분포가 유사하다는 점을 확인할 수 있습니다.

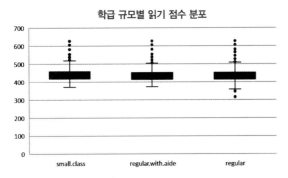

그림 1-20 학급 규모별 읽기 점수 분포

요약하자면 정량적 데이터로 작업할 때는 빈도 계산 이상의 다양한 작업을 수행할 수 있습니다.

- 중심경향 척도를 사용하여 데이터의 중심에 있는 값을 찾을 수 있습니다.
- 변동성 척도를 사용하여 해당 데이터가 얼마나 상대적으로 퍼져있는지 확인할 수 있습니다.
- 히스토그램과 상자 그림을 사용하여 해당 데이터의 분포를 시각화할 수 있습니다.

이 외에도 정량적 변수를 탐색할 수 있는 기술통계 및 시각화 유형이 더 많이 있습니다. 이 책의 뒷부분에서 몇 가지 방법을 더 다룰 것입니다. 하지만 이 장에서 다룬 내용은 EDA로 데이터에서 확인해야 하는 가장 중요한 정보를 얻는 훌륭한 시작점입니다.

1.3 마치며

새로운 데이터셋에서 무엇을 얻게 될지 알 수 없지만 EDA 프레임워크는 얻게 될 결과를 이해할 수 있는 과정을 제공합니다. 이제 여러분은 star 데이터셋에 어떤 종류의 변수가 있는지, 관측값이 전체적으로 어떻게 보이고 작동하는지와 같은 상당히 심층적인 부분까지 알게 되었습니다. 3장에서는 여기서 배운 내용을 기반으로 데이터를 탐색하여 얻은 통찰력을 확인하는 방법을 배울 것입니다. 하지만 그 전에 2장에서 분석 엔진에 더 많은 연료를 제공하는 확률을 먼저 살펴보겠습니다.

1.4 연습 문제

이 책의 저장소[5]에 있는 datasets 폴더의 하위 폴더 housing에서 housing.xlsx를 찾아 housing 데이터셋으로 EDA 기술을 연습하세요. housing 데이터셋은 캐나다 온타리오주의 도시 윈저Windsor의 주택 판매 가격으로 구성된 실제 데이터셋입니다.

파일이 있는 폴더의 readme.md 파일을 보면 원본 데이터 소개 페이지에서 각 변수의 설명을 찾아볼 수 있습니다. 다음 문제를 풀어보면서 여러분만의 EDA를 완성하세요.

- 각 변수의 유형을 분류합니다.
- airco와 prefarea의 이원 도수분포표를 작성하세요.
- price에 대한 기술통계를 계산합니다.
- lotsize의 분포를 시각화합니다.

이 책의 저장소 exercise-solutions 폴더에서 이 연습 문제와 다른 모든 연습 문제의 해답을 찾을 수 있습니다. 각 장의 번호로 이름이 지정된 파일에서 해답을 확인하세요.

---

5 _https://oreil.ly/LHiLl_

## CHAPTER 2

확률의 기초

비가 올 확률이 30%라는 일기예보가 실제로 무엇을 의미하는지 생각해본 적이 있나요? 마법의 수정 구슬이 없다면 그 누구도 비가 올지 안 올지 확실하게 말할 수 없습니다. 즉, 비가 오는 일은 결과가 불확실합니다. 따라서 일기예보는 그 불확실성을 0%(비가 오지 않음)와 100%(비가 올 것이 확실함) 사이의 값으로 **정량화**합니다.

기상학자와 마찬가지로 데이터 분석가에게는 수정 구슬이 없습니다. 대부분의 경우 표본 데이터만 가지고 전체 모집단의 정보를 알아내야 합니다.

따라서 데이터 분석가도 불확실성을 확률로 정량화해야 합니다. 이 장에서는 확률의 작동 방식과 도출 방법을 자세히 살펴보겠습니다. 또한 엑셀을 사용하여 통계학에서 확률을 기반으로 하는 몇 가지 중요한 정리를 실습합니다. 이러한 실습은 3장과 4장에서 엑셀을 사용하여 통계적 추론을 수행하기 위한 훌륭한 기반이 될 것입니다.

확률과 무작위성

일반적으로 어떤 것이 문맥을 벗어나거나 규칙이 없어 보일 때 무작위^random^라고 말합니다. 확률에서는 어떤 사건에 결과가 있다는 것은 알지만 그 결과가 무엇이 될지 확신할 수 없을 때 무작위라고 합니다.

육면체 주사위를 예로 들어보겠습니다. 여러분은 주사위를 던지면 어느 한쪽 면으로 떨어질 것이라는 사실을 알고 있습니다. 주사위가 사라지거나 여러 면으로 떨어지지 않을 것입니다. 결과가 있다는 것은 알지만 어떤 결과가 나올지 모르는 상황을 통계에서 무작위성이라고 합니다.

확률과 표본공간

주사위가 떨어지면 1에서 6 사이의 숫자가 표시됩니다. 이 모든 결과의 집합을 **표본공간**sample space이라고 합니다. 각각의 결과에는 0보다 큰 확률이 할당됩니다. 주사위가 어느 면으로든 떨어질 가능성이 있기 때문입니다. 최종 결과는 표본공간에서 이러한 가능성 중 하나가 될 것이 분명하므로 모든 가능성의 확률을 합하면 1이 됩니다.

확률과 실험

주사위를 던지는 사건이 무작위라고 결론 내리고 표본공간의 윤곽을 그렸습니다. 이제 이 무작위 사건을 실험할 수 있습니다. 확률에서 실험은 가능한 결과의 집합인 일관된 표본공간을 사용하여 무한히 복제할 수 있는 절차입니다.

어떤 실험은 계획하는 데만 몇 년이 걸리지만 다행히도 주사위 던지기 실험은 간단합니다. 그저 주사위를 던지기만 하면 됩니다. 주사위를 던질 때마다 1에서 6 사이의 값을 얻습니다. 주사위의 값이 실험의 결과입니다. 이때 주사위를 던지는 각 행위를 실험의 **시행**trial이라고 합니다.

비조건부확률과 조건부확률

지금까지 확률에서 배운 내용을 바탕으로 주사위 던지기에서 일반적으로 할 수 있는 확률과 관련된 질문은 '주사위를 던져서 4가 나올 확률은 얼마인가?'입니다. 이때 하나의 사건만 따로 보고 있기 때문에 이것을 **주변확률**marginal probability 또는 **비조건부확률**unconditional probability이라고 합니다.

그렇다면 '주사위를 굴려서 1이 나오고 다시 던졌을 때 2가 나올 확률은 얼마인가?'와 같은 질문은 어떨까요? 이 질문에 답하려면 **결합확률**joint probability을 알아야 합니다. 때때로 두 사건의 확률을 연구할 때 한 사건의 결과는 알지만 다른 사건의 결과는 알지 못합니다. 이것을 **조건부확률**conditional probability이라고 하며 베이즈 정리Bayes' rule를 사용하여 계산할 수 있습니다.

베이즈 정리를 적용하는 확률 및 통계의 분야는 많지만 이 책에서는 베이즈 정리를 다루지 않습니다. 하지만 베이즈 정리는 연구할 가치가 있습니다. 이 분야에 관심이 있다면 윌 커트Will Kurt의 『흥미로운 베이지안 통계』(에이콘출판사, 2020)를 읽어보길 추천합니다. 베이즈주의Bayesianism가 몇 가지 인상적인 분석 애플리케이션을 사용하여 데이터를 다루는 독특한 접근법을 제공한다는 것을 볼 수 있습니다.

2.1 확률분포

지금까지 무엇이 주사위 던지기를 무작위 실험으로 만드는지 배웠고 실험의 시행이 가질 수 있는 값의 표본공간을 살펴보았습니다. 또한 각 결과에 대한 확률의 합이 1이어야 한다는 사실을 알아보았습니다. 그렇다면 각 결과의 상대적인 확률은 얼마일까요? 이 질문에 답하려면 **확률분포**probability distribution를 공부해야 합니다. 확률분포는 사건이 취할 수 있는 결과와 각 결과가 얼마나 흔한가를 나열한 것입니다. 확률분포는 공식적인 수학 함수로 작성할 수 있지만 여기서는 수학 함수 대신 정량적 결과에 초점을 맞추겠습니다.

1장에서 이산형 변수와 연속형 변수의 차이점을 배웠습니다. 확률분포에도 이산확률분포와 연속확률분포가 있습니다. 이산확률분포부터 자세히 알아보겠습니다.

2.1.1 이산확률분포

주사위 던지기 예제를 계속 활용하겠습니다. 이 예제는 셀 수 있는 결과가 있기 때문에 **이산확률분포**discrete probability distribution입니다. 예를 들어 주사위를 던지면 2 또는 3이 나올 수 있지만 2.25는 나올 수 없습니다.

더 자세하게 말하면 주사위 던지기는 **이산 균등**uniform 확률분포입니다. 각 결과는 모든 시행에서 동일한 확률로 결과가 될 가능성이 있기 때문입니다. 즉, 각 결과는 1/6의 확률을 가집니다.

이 장의 엑셀 실습을 따라하려면 이 책의 저장소[6]에 있는 ch-2.xlsx 파일을 확인하세요. 실습에 필요한 대부분의 내용은 이미 워크시트에 준비해두었으며 나머지는 여기에서 여러분과 함께 작업할 것입니다. uniform-distribution 워크시트부터 시작하겠습니다. 결과 X는

---

6 *https://oreil.ly/1hlYj*

A2:A7 범위에 열거되어 있습니다. 각 결과가 발생할 가능성이 모두 같다는 것을 알고 있으므로 B2:B7의 공식은 '=1/6'이 되어야 합니다. $P(X = x)$는 주어진 사건에서 열거된 결과가 나올 확률을 나타냅니다.

이제 A1:B7 범위를 선택하고 리본 메뉴에서 [삽입] → [묶은 세로 막대형]을 선택합니다. 확률분포와 차트는 [그림 2-1]과 같아야 합니다.

확률분포를 처음 공부한다면 첫 번째 확률분포 세상에 오신 것을 환영합니다. 막대 차트에서 값 사이의 간격이 보이나요? 주어진 사건의 결과가 연속적이지 않고 불연속적이라는 점을 나타내기에는 막대 차트가 적격입니다.

때로는 결과의 **누적확률**cumulative probability이 필요할 수도 있습니다. 이 경우 표본공간의 합이 1이 되어야 하기 때문에 100%에 도달할 때까지 모든 확률의 누적 합계를 구합니다. C열에 사건의 결과가 주어진 값보다 작거나 같을 확률을 표시합니다. '=SUM($B$2:B2)' 공식을 사용하여 C2:C7 범위에 누적 합계를 설정할 수 있습니다.

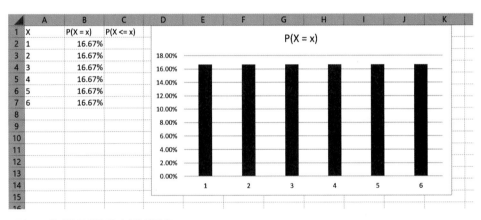

그림 2-1 육면체 주사위 던지기의 **확률분포**

이제 A1:A7 범위를 선택하고 윈도우의 경우에는 [Ctrl] 키를, 맥의 경우에는 [Cmd] 키를 누른 상태에서 C1:C7을 선택합니다. 이렇게 비연속적인 범위를 선택한 상태에서 두 번째 묶은 세로 막대형 차트를 생성합니다. [그림 2-2]에서 확률분포와 누적확률분포의 차이가 보이나요?

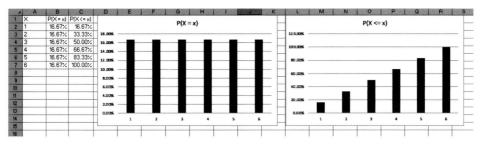

그림 2-2 육면체 주사위 던지기의 확률분포와 누적확률분포

논리와 수학적 추론을 기반으로 주사위의 각 면이 결과가 될 확률이 1/6이라고 가정했습니다. 이것을 **이론적 확률**theoretical probability이라고 합니다. 주사위를 여러 번 던지고 결과를 기록하여 경험적으로 확률분포를 찾을 수도 있습니다. 이것을 **실험적 확률**experimental probability이라고 합니다. 실험을 하다 보면 주사위의 각 면의 확률이 이론적으로 추론된 1/6이 아니며 실제로는 특정 면에 치우친다는 점을 알게 될 수도 있습니다.

실험적 확률을 도출하기 위한 몇 가지 방법이 있습니다. 첫째, 실제로 실험을 수행합니다. 물론 주사위를 수십 번 던지고 결과를 기록하는 일이 꽤 지루할 수 있습니다. 아니면 컴퓨터가 무거운 짐을 대신 짊어지고 실험을 **시뮬레이션**할 수도 있습니다. 시뮬레이션은 현실에 근접한 결과를 제공하는 경우가 많으며 실제 환경에서 실험을 실행하는 것이 너무 어렵거나 시간이 많이 걸리는 경우에 시뮬레이션을 사용하곤 합니다. 하지만 시뮬레이션은 표현하려는 실제 실험의 이상 징후나 특이점을 반영하지 못할 수 있다는 단점이 있습니다.

> **NOTE**
> 실제 실험을 통해 결과를 알아내기가 너무 어렵거나 심지어 불가능할 때 실생활에서 일어날 수 있는 사건을 수집하는 방법으로 분석에서 시뮬레이션을 자주 사용합니다.

주사위 던지기 실험을 시뮬레이션하려면 무작위로 1에서 6 사이의 숫자를 일관되게 선택하는 방법이 필요합니다. 엑셀의 난수 생성기 RANDBETWEEN( )을 사용하여 이 작업을 수행할 수 있습니다. 책에서 보는 결과는 직접 시행했을 때 얻는 결과와 다를 수 있습니다. 하지만 모든 결과가 1에서 6 사이의 임의의 숫자라는 점은 동일합니다.

이제 experimental-probability 워크시트로 이동하세요. A열에는 결과를 기록하기 위해 100번의 주사위 던지기 시행에 번호를 매겨 놓았습니다. 실제로 주사위를 던져서 나온 결과를 B열에 기록하면 됩니다. 더 효율적으로 실험을 수행하려면 덜 현실적이더라도 RANDBETWEEN() 을 사용하여 결과를 시뮬레이션하면 됩니다.

이 함수는 두 개의 인수를 취합니다.

```
RANDBETWEEN(bottom, top)
```

여기서는 육면체 주사위를 사용하고 있기 때문에 범위를 1에서 6 사이로 지정합니다.

```
RANDBETWEEN(1, 6)
```

주사위 던지기는 이산분포로, 주사위의 결과가 정수여야 하기 때문에 정수만 반환하는 RANDBETWEEN()은 이 실험에 아주 적합합니다. 플래시 필을 사용하여 100번의 시행에 해당하는 결과를 모두 생성할 수 있습니다. 현재 생성된 결과에 너무 집중하지 마세요. 윈도우에서는 F9, 맥에서는 Fn + F9을 누르거나 리본 메뉴에서 [수식] → [지금 계산]을 선택합니다. 이렇게 하면 통합 문서가 다시 계산되고 난수가 다시 생성됩니다.

D–F열에서 주사위 던지기의 이론적 확률과 실험적 확률을 비교해보겠습니다. D열은 표본공간 (1에서 6까지의 숫자)을 열거하는 데 사용합니다. E열에는 이론적 분포 1/6 또는 **16.67%**를 넣으세요. F열에서는 A열과 B열의 실험적 분포를 계산합니다. 실험적 분포란 모든 시행에서 각 결과를 얻은 횟수의 백분율입니다. 다음 공식을 사용하여 F열을 계산할 수 있습니다.

```
=COUNTIF($B$2:$B$101, D2)/COUNT($A$2:$A$101)
```

D1:F7 범위를 선택하고 리본에서 [삽입] → [묶은 세로형 막대]를 선택합니다. 결과는 [그림 2-3]과 같습니다. 난수를 여러 번 다시 생성해보면서 결과를 확인해보세요.

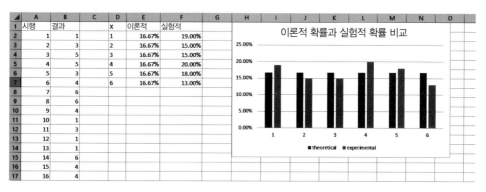

그림 2-3 육면체 주사위 던지기의 이론적 확률과 실험적 확률

실험적 분포를 보면 주사위를 굴렸을 때 모든 숫자가 나올 확률이 동일하다고 예측했던 것이 사실이라는 점을 확인할 수 있습니다. 물론 실험적 분포가 이론적 분포와 완전히 같지는 않습니다. 실험의 무작위성 때문에 항상 약간의 오차는 발생하기 마련입니다.

그러나 실제로 실험을 하면 시뮬레이션에서 도출한 결과와 다른 결과를 얻을 수 있습니다. 어쩌면 실제 주사위에서는 모든 숫자가 공평한 확률을 갖지 않을 수도 있고 개인적인 추론과 엑셀의 알고리즘을 사용하면서 이러한 사실을 간과했을 수도 있습니다. 사소해 보이지만 현실에서의 확률은 사람 또는 컴퓨터가 기대하는 대로 작동하지 않는 경우가 많습니다.

이산 균등은 이산확률분포 유형 중 하나입니다. 분석에서 일반적으로 사용하는 이상 확률분포 유형에는 이항분포 binomial distribution 와 푸아송분포 poisson distribution 가 있습니다.

2.1.2 연속확률분포

서로 다른 두 값 사이에 있는 가능한 모든 값을 결과로 취할 수 있는 경우 연속분포라고 합니다. 여기에서는 정규분포 normal distribution 에 초점을 맞추겠습니다. [그림 2-4]는 정규분포 또는 **종형 곡선** bell curve 을 나타낸 히스토그램입니다. 워낙 유명한 모양이라 여러분도 익숙할 것입니다.

이 차트에서는 변수의 평균값(μ)을 중심으로 완벽하게 대칭인 분포를 볼 수 있습니다. 이제 정규분포가 무엇인지 그리고 정규분포가 의미하는 바가 무엇인지 자세히 알아보겠습니다. 엑셀을 사용하여 정규분포를 기반으로 기본적인 통계 개념을 설명하겠습니다.

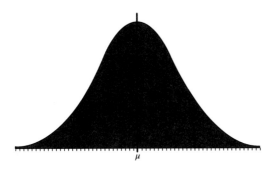

그림 2-4 정규분포의 히스토그램

정규분포는 실생활에서 매우 흔하게 볼 수 있기 때문에 잠시 짚고 넘어가겠습니다. 예를 들어 [그림 2-5]는 학생의 키 분포와 와인의 pH 레벨 분포를 나타낸 히스토그램입니다. 두 가지 데이터셋은 이 책의 저장소[7] datasets 폴더의 하위 폴더 heights와 wine에서 확인할 수 있습니다.

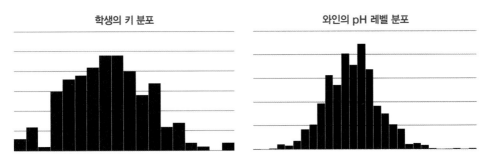

그림 2-5 실생활에서 얻은 두 가지 데이터셋의 정규분포: 학생의 키와 와인의 pH 레벨

변수가 정규분포를 따르는지 어떻게 알 수 있냐구요? 좋은 질문입니다! 주사위 던지기 예제를 다시 떠올려보겠습니다. 가능한 모든 결과를 열거하고 이론적 분포를 도출한 다음 (시뮬레이션으로) 실험적 분포를 도출하여 두 가지를 비교했습니다. [그림 2-5]의 히스토그램은 **실험적 분포**에 해당한다고 이해하면 됩니다. 이 실험적 분포의 경우 실험 데이터는 시뮬레이션이 아닌 수동으로 수집한 데이터입니다.

실제 데이터셋의 실험적 분포가 이론적 정규분포와 비슷한지 확인하는 몇 가지 방법이 있습니다. 여기서는 대부분의 값이 중심 근처에 있는 대칭 모양의 종형 곡선 히스토그램을 살펴보겠

------

7 *https://oreil.ly/1hlYj*

습니다. 이 외에도 분포의 대칭성을 측정하는 비대칭도^{skewness}(또는 왜도)와 정점을 측정하는 첨도^{kurtosis}라는 두 가지 요약 통계를 평가하는 방법이 있습니다. 통계적 추론 방법을 사용해서 정규성을 확인할 수도 있습니다. 3장에서 통계적 추론의 기초를 배우게 될 것입니다. 하지만 '보면 안다(I know it when I see it)'[8]라는 말이 있습니다. 지금은 자세히 설명하기보다는 직관적으로 분포의 대칭성을 판단하는 방법을 살펴보겠습니다.

> **CAUTION**
> 실제 데이터를 다루는 것은 실험적 분포를 다룬다는 것을 의미합니다. 실험적 분포는 이론적 분포와 완벽하게 일치하지 않습니다.

정규분포는 평균의 표준편차 범위마다 존재하는 데이터의 비율이 정해져 있습니다. 이 특징은 다음과 같이 기억하기 쉬운 규칙으로 나타낼 수 있습니다.

- 68%의 관측값이 평균에서 1 표준편차 범위에 존재합니다.
- 95%의 관측값이 평균에서 2 표준편차(표준편차의 2배수) 범위에 존재합니다.
- 99.7%의 관측값이 평균에서 3 표준편차(표준편차의 3배수) 범위에 존재합니다.

이 규칙을 **경험적인 규칙**^{empirical rule} 또는 **68-95-99.7 규칙**이라고 합니다. 엑셀을 사용하여 경험적인 규칙을 눈으로 확인해보겠습니다. 실습 문서에서 empirical-rule 워크시트로 이동하면 [그림 2-6]과 같은 화면을 확인할 수 있습니다.

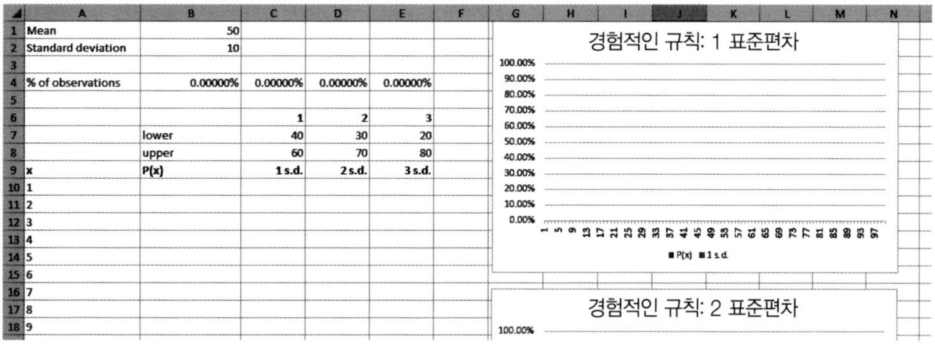

그림 2-6 empirical-rule 워크시트의 초기화면

---

[8] 옮긴이_미국의 대법관 포터 스튜어트(Potter Stewart)의 유명한 발언입니다.

A10:A109에는 1에서 100까지의 값이 있습니다. 실습의 목표는 B10:B109에서 평균(Mean)이 50(셀 B1)이고 표준편차(Standard deviation)가 10(셀 B2)인 정규분포 변수에 대해 관측 치의 몇 퍼센트가 각 표준편차 범위에 해당하는지 확인하는 것입니다. 그런 다음 C10:E109에서 평균의 1, 2, 3 표준편차(1, 2, 3 s.d.)에 포함되는 관측치의 백분율을 계산합니다. 이렇게 하면 오른쪽에 있는 차트가 채워집니다. C4:E4에서는 각 열에 대한 총 백분율을 계산합니다.

정규분포는 연속형이기 때문에 이론적으로 관측값이 서로 다른 두 값 사이의 어떤 값이든 취 할 수 있습니다. 이렇게 되면 확률을 계산해야 하는 결과가 엄청나게 많아집니다. 따라서 정규 분포를 단순화하기 위해 일반적으로 관측값을 이산 구간으로 나누어 묶습니다. 확률질량함수 probability mass function (PMF)는 관측값의 범위에 따라 각 이산 구간의 확률을 반환합니다. 엑셀의 NORM.DIST() 함수를 사용하여 1에서 100까지 범위의 변수에 대한 PMF를 계산합니다. 이 함 수는 지금까지 사용했던 다른 함수보다 복잡합니다. [표 2-1]은 NORM.DIST() 함수의 인수를 설명한 표입니다.

표 2-1 NORM.DIST()에 필요한 인수

인수	설명
X	확률을 구하려는 결과
Mean	분포의 평균
Standard_dev	분포의 표준편차
Cumulative	TRUE면 누적함수를, FALSE면 질량함수를 반환합니다.

워크시트의 A열에는 결과가 있고 B1에는 평균, B2에는 표준편차가 있으며 결과로 누적분포 대 신 질량분포를 구하고자 합니다. Cumulative가 TRUE면 누적함수를 반환하기 때문에 여기서 는 질량함수를 반환하도록 FALSE로 설정합니다. 결과적으로 B10에 들어갈 공식은 다음과 같 습니다.

```
=NORM.DIST(A10, $B$1, $B$2, 0)
```

플래시 필을 사용하면 1에서 100까지의 값을 가지는 각 관측값의 가능도 likelihood 백분율을 계 산할 수 있습니다. 예를 들어 셀 B43을 보면 관측값이 34와 같을 확률이 약 1.1%임을 알 수 있 습니다.

셀 **B4**를 보면 관측값의 결과가 1과 100 사이에 있을 가능성이 99.99%임을 알 수 있습니다. 중요한 것은 이 숫자가 100%가 아니라는 점입니다. 연속분포의 관측값은 1에서 100 외에도 그 사이에 있는 가능한 모든 값을 가질 수 있기 때문입니다. **C7:E8**에는 평균의 1, 2, 3 표준편차 범위에 있는 값의 범위를 찾는 수식을 작성했습니다.

조건부 논리와 임곗값을 사용하여 B열에 있는 확률질량함수의 각 부분이 어느 표준편차 영역에 해당하는지 확인할 수 있습니다. 셀 **C10**에 다음 수식을 입력합니다.

```
=IF(AND($A10 > C$7, $A10 < C$8), $B10, "")
```

이 함수는 A열의 값이 표준편차 범위에 있는 경우 B열에서 확률을 가져옵니다. A열의 값이 표준편차 범위를 벗어나면 셀은 비어 있습니다. 플래시 필을 사용하여 이 수식을 전체 범위 **C10:E109**에 적용할 수 있습니다. 결과는 [그림 2-7]과 같습니다.

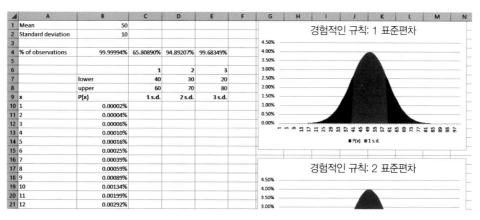

그림 2-7 엑셀에서 경험적인 규칙 실습

C4:E4를 보면 평균의 1, 2, 3 표준편차 범위에서 각각 약 65.8%, 94.9%, 99.7%의 관측값을 찾았음을 알 수 있습니다. 이 숫자는 68-95-99.7 규칙과 매우 유사합니다.

이제 결과 차트를 살펴보세요. 1 표준편차 범위에 상당한 수의 관측값이 있고 2 표준편차 범위에도 제법 관측값이 있습니다. 3 표준편차 범위에는 [그림 2-8]에서 잘 보이진 않지만 분명히 관측값이 존재합니다. 3 표준편차는 전체 관측값의 0.3%에 불과하기 때문에 아주 작게 표시되어 있습니다.

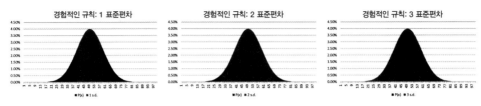

그림 2-8 엑셀로 시각화한 경험적인 규칙

예제의 표준편차를 8로 변경하면 어떻게 될까요? 또는 12로 변경하면 어떻게 될까요? 종형 곡선의 모양은 평균 50을 중심으로 대칭을 유지하면서 수축하거나 확장합니다. 표준편차가 작을수록 곡선이 더 좁아지며 반대로 표준편차가 클수록 곡선이 더 넓어집니다. 어쨌든 데이터에는 대략적으로 경험적인 규칙이 적용됩니다. 평균을 49 또는 51로 수정하면 곡선의 중심이 x축을 따라 이동하는 것을 볼 수 있습니다. 변수는 평균과 표준편차로 어떤 값이든 가질 수 있으며 값과 상관없이 정규분포를 따릅니다. 확률질량함수의 결과만 달라집니다.

[그림 2-9]는 평균과 표준편차가 다른 두 개의 정규분포를 나타낸 그림입니다. 모양은 완전히 다르지만 두 그림 모두 경험적인 규칙을 따릅니다.

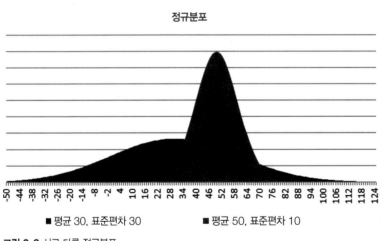

그림 2-9 서로 다른 정규분포

> **NOTE**
>
> 정규분포는 평균과 표준편차로 어떤 값이든 가질 수 있습니다. 모든 평균 및 표준편차 조합에서 확률밀도함수의 결과만 달라지고 전체적으로 경험적인 규칙을 따릅니다.

정규분포는 중심극한정리^{central limit theorem}의 핵심이기 때문에 중요합니다. 필자는 중심극한정리를 '통계의 잃어버린 고리^{missing link}[9]'라고 부릅니다.

잘 알려진 확률 게임인 룰렛을 예로 들어 중심극한정리를 살펴보겠습니다. 유럽식 룰렛은 0에서 36 사이의 숫자를 가지며 모든 숫자가 동일한 확률로 발생합니다. 미국식 룰렛은 0 외에 00도 포함합니다. 주사위 던지기에서 배운 내용을 바탕으로 생각했을 때 유럽식 룰렛은 어떤 종류의 확률분포일까요? 바로 이산 균등 확률분포입니다. 정규분포 실습에서 이산 균등 확률분포를 분석하는 게 이상한가요? 자, 이때 필요한 것이 바로 중심극한정리입니다. 이 정리가 실제로 작동하는지 확인하려면 roulette-dist 워크시트를 확인하세요. RANDBETWEEN()을 사용하여 B2:B101에서 룰렛 스핀을 100회 시뮬레이션하세요.

RANDBETWEEN(0, 36)

히스토그램을 사용하여 결과를 시각화합니다. 결과는 [그림 2-10]과 같습니다. 시뮬레이션을 여러 번 다시 돌려보세요. 아마 매번 다소 평평한 모양의 히스토그램을 그릴 것입니다. 이것이 바로 이산 균등 확률분포이며, 0과 36 사이의 모든 숫자가 동일한 확률로 발생합니다.

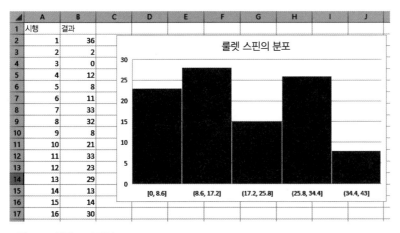

그림 2-10 룰렛 스핀의 분포

---

9 옮긴이_잃어버린 고리는 진화론에서 한 종이 다른 종으로 진화할 때의 중간 과정 또는 과도기적 단계의 생물종을 의미합니다. 미싱링크 (missing link)라고도 합니다.

이제 roulette-sample-mean-dist 워크시트로 이동하세요. 여기에서는 약간 다른 작업을 수행합니다. 100번의 스핀을 시뮬레이션한 다음 전체 스핀의 평균을 구합니다. 이 작업을 100번 수행하고 전체 시행에서 평균의 분포를 다시 히스토그램으로 표시합니다. 이 '평균의 평균'을 **표본평균**^{sample mean}이라고 합니다. RANDBETWEEN( )과 AVERAGE( ) 함수를 사용하여 표본평균을 구하면 [그림 2-11]과 같은 결과를 얻을 수 있습니다.

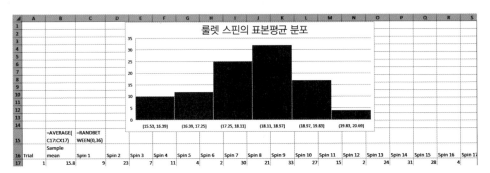

그림 2-11 룰렛 스핀의 표본평균 분포

이 분포는 이제 직사각형이 아니라 종형 곡선처럼 보입니다. 분포가 대칭이며 대부분의 관측값이 가운데에 몰려 있습니다. 이렇게 정규분포가 완성되었습니다. 룰렛 스핀은 정규분포가 아닌데 어떻게 표본평균의 분포가 정규분포가 될 수 있을까요? 중심극한정리(CLT)라는 아주 특별한 마법의 세계에 오신 것을 환영합니다.

CLT는 다음과 같은 사실을 대표합니다.

표본평균의 분포는 표본의 크기가 충분히 클 때 정규 또는 정규에 가까운 분포가 됩니다.

이 현상은 아주 중요한 역할을 합니다. 변수 자체가 정규분포가 아닐 때에도 정규분포의 고유한 특성(예를 들어 경험적인 규칙)을 사용하여 변수의 표본평균을 나타낼 수 있기 때문입니다.

앞에서 소개한 CLT의 설명을 자세히 읽어보세요. 함정을 찾으셨나요? CLT는 **표본의 크기가 충분히 큰 경우**에만 적용됩니다. 중요한 제약사항임에도 불구하고 표현이 모호하게 느껴질 수 있습니다. 충분히 크다는 것은 얼마나 커야 한다는 것일까요? 다른 엑셀 실습을 하면서 몇 가지 아이디어를 생각해보겠습니다. law-of-large-numbers 워크시트로 이동하여 따라해보세요. B열에서 RANDBETWEEN(0, 36)을 사용하여 룰렛 스핀을 300번 시행하고 결과를 시뮬레이션합니다.

C열에서 결과의 이동평균^{running average}을 구하려고 합니다. 엑셀의 혼합 참조^{mixed reference}를 사용하여 이동평균을 구할 수 있습니다. C열에 다음을 입력하고 드래그하여 300번의 시행을 모두 채우세요.

```
=AVERAGE($B$2:B2)
```

이렇게 하면 B열의 이동평균을 구할 수 있습니다. C열에 있는 데이터를 선택한 다음 리본 메뉴에서 [삽입] → [꺾은선형]을 선택합니다. 꺾은선형 차트를 보면서 통합 문서를 여러 번 다시 계산해보세요. 각각의 시뮬레이션 결과는 [그림 2-12]와 다르겠지만 시행이 늘어날수록 평균이 18로 수렴하는 경향이 있습니다. 평균이 18로 수렴하는 것은 의미 있는 결과입니다. 18이 바로 0에서 36 사이의 평균이기 때문입니다. 이 예상 수치를 **기댓값**^{expected value}이라고 합니다.

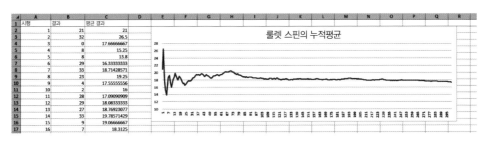

그림 2-12 엑셀에서 큰 수의 법칙 시각화

이 현상을 **큰 수의 법칙**^{the law of large numbers}(LLN)이라고 합니다. LLN은 다음과 같은 사실을 대표합니다.

시행에서 얻은 결과의 평균은 시행이 늘어날수록 기댓값에 가까워집니다.

LLN의 정의는 앞에서 질문했던 것처럼 'CLT를 적용하려면 표본의 크기가 얼마나 커야 하는가?'라는 고민을 하게 합니다. 얼마나 많이 시행해야 기댓값에 가까워질까요? 일반적으로 30을 임곗값으로 사용합니다. 더 보수적으로 임곗값을 설정하면 표본크기를 60 또는 100으로 설정할 수도 있습니다. 충분한 표본크기가 30~100이라고 가정하고 [그림 2-12]를 다시 살펴보세요. 실제로 대략 30~100 주변에서 기댓값에 가까워진다는 점을 확인할 수 있습니다.

> **NOTE**
>
> 큰 수의 법칙은 일반적으로 CLT를 충족하는 적절한 표본크기에서 적용됩니다.

표본크기 30, 60, 100은 순전히 경험을 기반으로 결정한 크기입니다. CLT를 적용하기 위해 필요한 표본크기를 결정하는 더 엄격한 방법이 있습니다. LLN에 따라 표본평균이 기댓값에 가깝고 CLT에 따라 표본평균이 정규분포를 따를 때 표본크기가 임곗값을 충족한다고 말할 수 있습니다.

지수분포나 삼각분포와 같은 여러 가지 연속확률분포가 있습니다. 정규분포가 실생활에서 쉽게 마주할 수 있고 특별한 통계적 속성을 가지기 때문에 이 장에서는 정규분포에 초점을 맞추었습니다.

2.2 마치며

이 장의 시작 부분에서 언급했듯이 데이터 분석가는 불확실성이 가득한 세상에서 살고 있습니다. 특히 데이터 분석가는 표본 데이터만 가지고 전체 모집단의 정보를 알아내야 하는 일이 많습니다. 이 장에서 다루는 확률의 프레임워크를 사용하여 표본 데이터로 모집단의 정보를 예측할 수 있으며 내재된 불확실성을 정량화할 수 있습니다. 3장에서는 데이터 분석의 핵심 기술인 가설검정의 요소를 자세히 살펴보겠습니다.

2.3 연습 문제

지금까지 배운 확률 지식과 엑셀을 사용하여 다음 문제를 풀어보세요.

1. 육면체 주사위 던지기의 기댓값은 얼마인가요?

2. 평균이 100이고 표준편차가 10인 정규분포 변수가 있습니다.
   - 주어진 변수의 관측값이 87일 확률은 얼마인가요?
   - 80에서 120 사이에 있는 관측값의 비율은 얼마일까요?

3. 유럽식 룰렛 스핀의 기댓값이 18이라면 다른 숫자보다 18에 베팅하는 것이 더 나을까요?

## CHAPTER 3

통계적 추론의 기초

1장에서는 변수를 분류, 요약 및 시각화하여 데이터셋을 탐색하는 프레임워크를 설명했습니다. 이러한 프레임워크는 분석을 시작할 때 반드시 해야 하는 작업이지만 일반적으로 데이터셋을 탐색만 하고 끝내는 경우는 없습니다. 표본 데이터에서 확인한 사실을 모집단 데이터셋에 대해 **일반화**할 수 있는지 확인하고 싶을 것입니다.

문제는 모집단 데이터셋이 없기 때문에 모집단에서 실제로 무엇을 찾을지 알 수 없다는 점입니다. 하지만 2장에서 소개한 확률의 원리를 사용하면 표본에서 확인한 사실이 모집단에서도 발견될 것이라는 불확실성을 정량화할 수 있습니다.

주어진 표본으로 모집단의 값을 추정하는 것을 **통계적 추론**statistical inference이라고 하며 **가설검정** hypothesis testing으로 통계적 추론을 수행할 수 있습니다. 이 장의 주제가 바로 통계적 추론과 가설 검정 프레임워크입니다. 통계적 추론을 공부해본 독자라면 공감하겠지만 통계적 추론은 이론만으로는 이해하기 어렵고 응용하기 까다롭게 느껴지곤 합니다. 그렇기 때문에 3장에서는 엑셀을 사용하여 실생활에서 수집한 데이터셋을 탐색하고 다양한 실습으로 통계적 추론을 응용하는 경험을 최대한 많이 쌓을 수 있도록 돕겠습니다.

이 장을 다 읽고 나면 분석에 필요한 여러 기능을 제공하는 이 기본 프레임워크를 능숙하게 다룰 수 있게 될 것입니다. 이후 4장에서 더 다양한 응용 방법을 살펴보겠습니다.

이 장에서 중점적으로 활용하는 housing 데이터셋은 이미 1장에서 연습 문제로 살펴보았습니다. 이 책의 저장소 datasets 폴더의 하위 폴더 housing에서 housing 데이터셋을 찾을 수 있습니다. 데이터셋의 복사본을 만들고 인덱스 열을 추가한 후에 데이터셋을 housing이라는 이름의 테이블로 변환하세요.

3.1 통계적 추론의 프레임워크

표본을 기반으로 모집단의 특성을 추론할 수 있다니 마술 같지 않나요? 모든 마술이 그러하듯 통계적 추론은 밖에서 보면 쉬워 보입니다. 하지만 안을 들여다보면 정교하게 조정된 일련의 단계의 정점입니다.

1. 가설검정을 시작하기 전에 **대표표본**representative sample**을 수집합니다.** 가설검정이 성공하려면 반드시 적합한 대표표본을 수집해야 합니다. 또한 수집한 표본은 모집단을 고르게 반영해야 합니다.

2. **가설을 세웁니다.** 먼저, 분석의 목표 또는 가정하고 있는 모집단의 특성을 나타내는 연구 가설research hypothesis을 세웁니다. 그런 다음, 데이터가 이 가설을 뒷받침하는지 검정하는 통계적 가설statistical hypothesis을 정의합니다.

3. **분석 계획을 수립합니다.** 그런 다음, 검정을 수행할 방법과 평가할 기준을 간략하게 세웁니다.

4. **데이터를 분석합니다.** 이 단계에서 실제 숫자를 분석하고 검정을 평가할 증거를 마련합니다.

5. **결정을 내릴 시간입니다.** 2단계에서 세운 평가 기준을 3단계의 실제 결과와 비교하고 증거가 통계적 가설을 뒷받침하는지 여부를 결론짓습니다.

각 단계의 개념을 간략하게 소개하고 바로 housing 데이터셋에 적용하면서 실습하겠습니다.

3.1.1 대표표본 수집하기

2장에서는 큰 수의 법칙에 따라 표본크기가 증가할수록 표본평균의 평균이 기댓값에 가까워진다는 점을 배웠습니다. 즉, 표본평균의 평균이 기댓값에 가까우면 표본의 크기가 충분히 크다고 말할 수 있습니다. 통계적 추론에서도 비슷한 원리로 적절한 표본크기를 설정해야 합니다. 단, 여기서의 표본은 모집단을 고르게 반영하는 대표표본 또는 일련의 관측값이라고 가정합니다. 표본에 대표성이 없다면 표본평균이 모집단의 평균에 가깝다고 가정할 수 없습니다.

연구 가설을 세우고 데이터를 수집하는 단계에서 모집단을 최대한 고르게 반영하는 대표표본을 수집해야 합니다. 데이터를 모두 수집한 다음에는 표본 추출에 문제가 있어도 되돌리기 어렵습니다. 데이터를 수집하는 방법은 여러 가지가 있고 분석 과정에서 데이터 수집은 매우 중요한 개념이지만 이 책에서는 다루지 않습니다.

> **NOTE**
>
> 대표표본은 데이터를 수집하면서 골라내는 것이 가장 좋습니다. 사전에 구축된 데이터셋으로 작업하는 경우 적합한 대표표본을 골라내려면 여러 단계를 거쳐야 합니다.

> **통계적 편향**
>
> 실험에 편향이 생기는 이유는 다양하며, 대표성이 없는 표본을 수집하는 것도 실험에 편향이 생기는 이유입니다. 어떤 사물이나 사람에 대한 편견, 반대되는 성향과 같이 문화적인 의미로 편향을 생각할 수도 있습니다. 실제로 데이터 분석에서 이러한 편견도 편향을 발생시키는 잠재적 원인으로 봅니다. 정리하자면 어떤 값이 추정되는 기본 모수와 다른 체계의 방식으로 계산되는 경우 '통계적으로 편향되었다'고 말합니다. 편향을 감지하고 수정하는 것은 분석의 핵심 작업입니다.

대표표본이 모집단을 대표하는 표본이라면, 여기서 표적모집단target population은 무엇일까요? 모집단은 원하는 정도에 따라 일반적일 수도 있고 구체적일 수도 있습니다. 예를 들어 개의 키와 몸무게 데이터를 분석하고 싶다고 가정하겠습니다. 이때 모집단은 개의 모든 품종일 수도 있고 특정 품종일 수도 있습니다. 또는 특정 연령대나 특정 성별의 개일 수도 있습니다. 일부 표적모집단은 이론적으로 더 중요하거나 논리적으로 표본을 추출하기 더 쉬울 수 있습니다. 표적모집단은 무엇이든 될 수 있지만 해당 모집단의 표본은 대표성이 있어야 합니다.

546개의 관측값이 있는 housing 데이터셋은 유효한 통계적 추론을 수행하기에 충분한 표본을 가지고 있습니다. 하지만 과연 대표성이 있을까요? 수집 방법이나 표적모집단에 대한 이해가 없으면 대표성 여부를 판단하기 어렵습니다. housing 데이터셋은 동료평가peer-review를 거친 응용계량경제학 저널Journal of Applied Econometrics에서 나온 데이터셋이기 때문에 신뢰할 수 있습니다. 직장에서 얻은 데이터는 정돈된 상태가 아닐 수 있으므로 수집과 표본 추출 방법을 고민하고 논의하는 것이 좋습니다.

데이터 표적모집단의 경우 이 책의 저장소 datasets 폴더의 하위 폴더 housing에서 readme.md 파일을 보면 캐나다 온타리오주의 도시 윈저Windsor의 주택 판매 데이터로 구성되어 있음을 알 수 있습니다. 여기서는 윈저의 주택 가격을 가장 적합한 표적모집단이라고 볼 수 있습니다.

예를 들어 조사 결과는 캐나다나 온타리오주 전역의 주택 가격을 의미할 수도 있지만 readme.md의 설명에 따라 원저의 주택 가격이 표적모집단이라고 보는 것이 가장 합리적입니다. 그리고 housing 데이터셋은 1990년대에 작성된 논문에서 가져온 오래된 데이터셋입니다. 따라서 이 연구 결과가 오늘날의 주택 시장, 심지어 표적모집단이라고 가정한 원저의 주택 시장에 적용된다고 보장할 수 없습니다.

3.1.2 가설 세우기

표본 데이터가 모집단을 대표한다는 사실을 어느 정도 확신했다면 이제 가설을 세워서 정확히 무엇을 추론하고 싶은지 생각할 차례입니다. 데이터에 어떤 경향이나 특징이 있다는 이야기를 들었거나 EDA 중에 데이터를 살펴보면서 어떤 분석 결과를 얻으면 좋겠다는 생각이 떠올랐을 수도 있습니다. 이제 여러분의 생각이 맞는지 확인해볼 시간입니다. housing 예제를 생각해보겠습니다. 필자는 주택에 에어컨을 설치하는 것을 싫어할 사람은 거의 없다고 생각합니다. 그렇다면 에어컨이 있는 주택이 없는 곳보다 더 비싸게 팔리는 것이 당연하겠죠. 이와 같이 데이터에서 찾고자 하는 관계를 나타내는 형식이 없는 진술을 **연구 가설**이라고 합니다. 에어컨과 주택 가격의 관계를 나타내는 또 다른 방법은 에어컨이 주택 가격에 영향을 미친다는 점을 보이는 것입니다. 원저에 있는 모든 주택이 예제의 모집단이고 에어컨의 유무에 따라 모집단을 그룹이나 **하위 모집단**subpopulation으로 나눌 수 있습니다.

에어컨이 주택 가격에 미치는 영향에 대한 여러분만의 가설을 세운 것을 축하합니다! 분석가로서 스스로의 작업에 대한 강력한 직관과 생각을 갖는 것은 매우 중요합니다. 하지만 미국의 엔지니어 에드워즈 데밍W. Edwards Deming은 다음과 같은 명언을 남겼습니다.

> 우리는 신을 믿는다. 그러나 신이 아닌 모든 사람들은 신뢰를 얻고 싶다면 근거가 되는 데이터를 반드시 제시해야 한다.
>
> 에드워즈 데밍

가설을 세웠다면 추측한 관계가 실제로 모집단에 존재하는지 알아내야 하며 추측한 관계를 모집단에서 찾으려면 통계적 추론을 사용해야 합니다.

보다시피 통계 언어는 일상 언어와 다릅니다. 처음에는 복잡하게 느껴질 수 있지만 용어의 미묘한 뜻 차이를 보면 데이터 분석이 어떻게 작동하는지 이해할 수 있습니다. **통계적 가설**이 이러한 통계 용어의 한 예입니다. 데이터가 목표한 관계를 지지하는지 여부를 검정하기 위해 다음과 같은 두 가지 통계적 가설을 세웁니다. 각 통계 가설은 뒤에서 자세히 설명하겠습니다.

H0

에어컨이 있는 주택과 없는 주택의 평균 판매 가격에는 차이가 없습니다.

Ha

에어컨이 있는 주택과 없는 주택의 평균 판매 가격에는 차이가 있습니다.

의도적으로 두 가설을 상호 배타적으로 작성했습니다. 한 가설이 참이면 다른 가설은 거짓이어야 합니다. 두 가설은 모두 입증 및 반증할 수 있습니다. 즉, 실제 증거를 사용하여 이를 평가하고 반박할 수 있습니다. 입증가능성 testability 과 반증가능성 falsifiability 은 과학철학 philosophy of science 에서 중요한 개념입니다. 가설을 세울 때 가장 중요한 점은 실제로 데이터를 사용하여 검정할 수 있는 가설을 세워야 한다는 점입니다.

이 시점에서는 연구 가설에서 추측한 것과 같은 데이터에 대한 모든 선입견을 버려야 합니다. 이제 데이터에 어떤 특이사항도 없다고 가정합니다. 왜 이렇게 가정할까요? 전체 모집단 데이터가 아닌 표본 데이터만 있으므로 모집단의 실제 값이나 모수를 제대로 알 수 없기 때문입니다. 이러한 이유로 첫 번째 가설 H0을 특이하게 작성하였으며 이러한 가설을 **귀무가설** null hypothesis 이라고 부릅니다.

가설 Ha는 H0과 대조되며 **대립가설** alternative hypothesis 이라고 부릅니다. 데이터에 귀무가설을 뒷받침하는 증거가 없다면 귀무가설의 반대인 대립가설을 뒷받침하는 증거가 있다는 의미입니다. 하지만 모집단의 모수를 모르기 때문에 어느 쪽도 사실이라고 증명할 수 없습니다. 표본에서 발견한 효과는 단지 우연일 수 있으며 모집단에서 발견하지 못할 수도 있습니다. 가설검정에서 주로 하는 일이 이런 효과가 발생할 확률을 측정하는 것입니다.

> **NOTE**
> 모집단의 참 모수가 애초에 알려져 있지 않기 때문에 어느 가설도 옳다고 증명할 수 없습니다.

3.1.3 분석 계획 수립하기

이제 통계적 가설을 정리했으니 데이터를 검정할 방법을 구체화할 차례입니다. 주어진 가설을 통계적으로 검정하는 방법은 분석에서 사용하는 변수 유형(연속형, 범주형 등) 등의 다양한 요인에 따라 달라집니다. 이러한 이유로 EDA에서 변수를 분류합니다. 여러 요인 중에서도 특히 독립변수와 종속변수의 유형에 따라 사용해야 하는 검정 방법이 달라집니다.

원인과 결과를 잘 알아야 어떻게 분석 할지를 결정할 수 있습니다. 원인과 결과의 관계를 모델링하고 분석하기 위해 **독립변수**independent variable와 **종속변수**dependent variable를 사용합니다. 하지만 표본 데이터를 다루고 있기 때문에 인과관계를 확실하게 보증할 수 없다는 점을 기억하세요. 2장에서 정의된 결과 집합을 무작위로 생성하는 반복 가능한 사건으로 '실험'의 개념을 설명했습니다. 실험의 예제로 주사위 던지기를 살펴보았습니다. 현실에서 하는 실험은 대부분 더 복잡합니다. 예를 살펴보겠습니다.

여러분이 식물의 성장에 기여하는 요소가 무엇인지 연구하는 연구원이라고 생각해보세요. 한 동료가 식물에 물을 주면 성장에 긍정적인 영향을 줄 수 있다고 추측했습니다. 여러분은 물을 주는 실험으로 식물의 성장에 물이 영향을 주는지 살펴보기로 결정했습니다. 여러 식물(관측값)에 서로 다른 양의 물을 주면서 데이터를 기록합니다. 며칠을 기다리고 그 결과로 식물이 얼마나 자라났는지 측정합니다. 이 실험에는 물의 양과 식물의 성장도라는 두 가지 변수가 있습니다. 어떤 변수가 독립변수고 어떤 변수가 종속변수인지 알겠나요?

물의 양은 독립변수입니다. 연구원이 실험의 일부로 제어하는 요소이기 때문입니다. 식물의 성장도는 가정한 독립변수의 변화에 따라 바뀌기 때문에 종속변수입니다. 독립변수를 먼저 설정하는 경우가 많습니다. 예를 들어 식물에 물을 먼저 준 다음 식물이 자라는 것을 확인합니다.

> **NOTE**
>
> 일반적으로 독립변수를 종속변수보다 먼저 설정합니다. 원인이 결과보다 먼저 와야 하기 때문입니다.

다시 에어컨과 주택 가격 예제로 돌아가겠습니다. 에어컨과 주택 가격 사이의 관계를 더 합리적으로 모델링하는 방법은 무엇일까요? 에어컨을 먼저 설치하고 그 다음에 주택이 팔리는 게 당연합니다. 따라서 에어컨(`airco`)이 독립변수고 주택 가격(`price`)이 종속변수입니다.

연속형 종속변수에 대한 이항 독립변수의 효과를 검정해야 하기 때문에 **독립 표본 t 검정**independent sample t-test을 사용합니다. 주어진 상황에 적합한 검정 방법을 다 외울 필요는 없습니다. 목표는 주어진 표본 집단에서 추론의 전반적인 틀을 잡는 것입니다.

대부분의 통계적 가설검정은 데이터에 대해 몇 가지 가정을 합니다. 이러한 가정이 충족되지 않으면 검정 결과가 부정확할 수 있습니다. 예를 들어 독립 표본 t 검정은 다른 관측값에 영향을 주는 관측값이 없으며 각 관측값이 하나의 그룹에서만 발견된다(즉, **독립적**이다)고 가정합니다. 모집단의 평균을 적절하게 추정하기 위해 검정에서는 일반적으로 정규분포 표본을 가정합니다. 데이터셋의 크기가 충분히 크다면 CLT로 정규성을 가정할 수 있습니다. 또한 두 모집단의 분산이 동일하다고 가정하며 엑셀을 사용하면 등분산을 가정할 수 있습니다.

검정 방법을 정했다면 이제 구현에 대한 몇 가지 규칙을 설정해야 합니다. 우선 검정의 **통계적 유의성**statistical significance을 결정해야 합니다. 앞에서 언급한 시나리오로 돌아가보겠습니다. 표본에서 유추한 효과는 단지 우연일 뿐이고 모집단에서 발견되지 않았다고 가정하겠습니다. 실제로도 모집단의 평균을 절대로 알 수 없기 때문에 이런 시나리오는 분명 일어날 가능성이 있습니다. 다시 말해, 검정의 결과는 **불확실**합니다. 또한 2장에서 배웠듯이 불확실성을 0에서 1 사이의 숫자로 **정량화**할 수 있습니다. 이 숫자를 **알파**alpha라고 하며 알파는 검정의 통계적 유의성을 나타냅니다.

알파는 모집단에서는 발견되지 않았지만 표본에서 우연히 하나를 발견했을 가능성에 대해 얼마나 만족하는지를 나타냅니다. 이 책에서 사용할 알파의 공통 임곗값은 5%입니다. 다시 말해, 모집단에서 의미가 없을 확률이 5% 이하라면 데이터에서 관계를 주장할 수 있습니다.

> **NOTE**
> 이 책은 5%의 통계적 유의 수준으로 양측 가설검정을 수행하는 표준 규칙을 따릅니다.

일반적으로 10% 또는 1%의 유의수준을 사용하기도 합니다. 알파의 '올바른' 수준은 없습니다. 알파는 연구의 목적, 해석의 용이성 등 다양한 요인에 따라 다르게 설정합니다.

아무 효과가 없을 때 효과를 주장할 수 있는 가능성이 왜 필요할까요? 다시 말해서, 왜 알파는 0이 아닐까요? 알파가 0이면 표본이 주어졌을 때 모집단에 대해 아무것도 주장할 수 없습니다. 사실상 알파가 0이면 모집단의 실제 값이 무엇인지 모르기 때문에 어떤 추측도 하고 싶지 않다는 의미입니다. 하지만 추론을 하려면 어느 정도 틀릴 가능성은 감수해야 합니다.

또한 관심이 있는 **방향**을 명시해야 합니다. 예를 들어 에어컨이 주택 가격에 긍정적인 영향을 미친다고 가정하겠습니다. 즉, 에어컨이 설치된 주택의 평균 판매 가격이 설치되지 않은 주택보다 높다고 가정합니다. 그러나 실제로는 부정적인 영향이 있다고 밝혀질 수 있습니다. 에어컨이 없는 주택을 선호하는 모집단을 분석하고 있을 수도 있습니다. 또는 에어컨을 사용할 필요가 없는 기후여서 에어컨을 설치하는 것이 불필요한 지출인 나라의 모집단을 분석하고 있을 수 있습니다. 이론적으로 불가능한 시나리오는 아니죠. 만약 데이터가 가설에 맞지 않는 특징을 가졌다고 의심된다면 통계적 검정에서 긍정적 효과와 부정적 효과를 모두 검사해야 합니다. 이러한 검정을 **양측검증**two-tailed test이라고 하며 이 책에서 앞으로 사용할 검증 방법입니다. 단측검증one-tailed test도 있지만 상대적으로 덜 사용되며 이 책에서는 다루지 않습니다.

데이터에 손도 대기 전인데 살펴본 내용이 워낙 많다 보니 분석을 끝낸 것 같이 지친 기분이 들 수도 있습니다. 하지만 분석가가 데이터를 분석하면서 계산할 때 데이터를 공정하게 다루려면 이러한 단계가 필요합니다. 가설검정의 결과는 통계적 유의 수준과 검정하는 방향의 수에 따라 다릅니다. 나중에 보게 되겠지만 통계적 유의 수준 등의 입력을 살짝만 바꿔도 검정 결과가 달라질 가능성이 매우 높습니다. 이러한 특징 때문에 여러 가지 입력으로 검정을 수행해본 다음 가장 유리한 결과가 나오는 검정 방법을 선택하고 싶은 유혹이 클 수도 있습니다. 하지만 가설에 맞게 결과를 조작하는 행위는 최대한 피하는 것이 좋습니다.

3.1.4 데이터 분석하기

이제 드디어 기다리던 순간이 왔습니다! 데이터를 처리할 시간입니다. 대부분의 경우 데이터 분석 단계에 가장 많은 관심을 보이고 초점을 맞추지만 사실 데이터 분석 단계는 가설검정의 여러 단계 중 하나일 뿐이라는 점을 명심할 필요가 있습니다. 데이터 분석은 반복적인 과정이라고 했었죠? 가설검정을 수행하기 전에 데이터를 전혀 살펴보지 않는 것은 굉장히 어리석은 일입니다. EDA는 가설검정 또는 **확증적 데이터 분석**confirmatory data analysis의 선행 단계로 설계되었습니다. 항상 데이터셋에 대해 추론하기 전에 데이터셋의 기술통계를 먼저 숙지해야 합니다. 그런 의미에서 housing 데이터셋도 EDA를 먼저 수행하고 다음 분석으로 넘어가겠습니다.

[그림 3-1]은 airco의 두 레벨의 price 분포에 대한 기술통계를 계산하고 히스토그램으로 시각화한 그림입니다. 이 단계가 익숙하지 않다면 1장을 복습하세요. 분석 도구 팩의 출력 결과에서 레이블을 수정하여 각 그룹에서 측정 중인 항목을 표시하도록 했습니다.

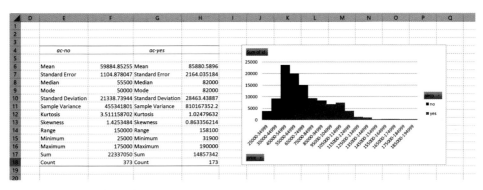

그림 3-1 housing 데이터셋의 EDA

[그림 3-1]의 히스토그램을 보면 두 데이터 그룹이 거의 정규분포를 따르고 기술통계를 보면 표본크기가 상대적으로 크다는 것을 알 수 있습니다. 에어컨을 설치하지 않은 주택(ac-no)의 관측값의 개수(Count)가 373개로 에어컨을 설치한 주택(ac-yes) 173개보다 훨씬 더 많지만 t 검정에서는 문제되지 않습니다.

> **NOTE**
>
> 독립 표본 t 검정은 각 그룹이 충분히 큰 경우 두 그룹 간 표본크기 차이에 민감하지 않습니다. 다른 통계 검정은 표본크기 차이에 영향을 받을 수 있습니다.

또한 [그림 3-1]에서 그룹의 표본평균(Mean)을 확인할 수 있습니다. 에어컨을 설치한 주택은 약 $86,000, 설치하지 않은 주택은 약 $60,000입니다. 표본의 평균을 아는 것도 중요하지만 전체 모집단에서 이런 효과를 기대할 수 있을지 알아내는 것이 정말 중요합니다. 여기서 t 검정을 수행합니다. 이제 다시 피벗 테이블과 분석 도구 팩을 사용하여 검정을 실시하겠습니다.

새 워크시트에 피벗 테이블을 삽입하여 행 영역에 id를, 열 영역에 airco를, 값 영역에 **합계: price**를 배치합니다. 결과에서 모든 총계를 제거합니다. 이제 완성된 피벗 테이블 데이터를 t 검정에 사용할 수 있습니다. 리본 메뉴에서 [데이터] → [데이터 분석] → [t-검정: 이분산 가정 두집단(t-Test: Two-Sample Assuming Unequal Variances)]을 선택하고 데이터를 입력합니다. 여기서의 '분산(variances)'은 하위 모집단의 분산을 의미합니다. 실제로 두 분산이 동일한지는 알 수 없으므로 조금 더 보수적인 결과를 얻으려면 분산이 다르다고 가정하고 이 옵션을 선택하는 것이 좋습니다.

대화 상자가 뜨면 [그림 3-2]와 같이 작성합니다. [이름표(Lables)]가 선택되어 있는지 확인합니다. 이 선택 항목 바로 위에는 [가설 평균차(Hypothesized Mean Difference)]라는 옵션이 있습니다. 기본적으로 비워져 있으며 평균차를 0으로 검정하는 것을 의미합니다. 해당 줄 바로 아래에는 [유의 수준(Alpha)]이라는 항목이 있습니다. 이것은 통계적 유의 수준을 명시하는 항목입니다. 엑셀은 기본적으로 통계적 유의 수준을 5%로 설정하고 앞에서 설명했듯이 이 책에서도 5%를 사용하므로 값을 그대로 사용하면 됩니다.

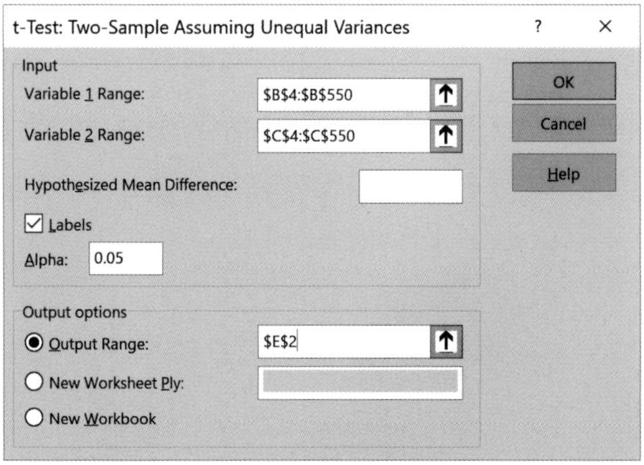

그림 3-2 분석 도구 팩의 t 검정 메뉴

결과는 [그림 3-3]과 같습니다. 그림에서는 각 그룹의 이름을 ac-no와 ac-yes로 수정하여 어떤 그룹인지 명확하게 표시했습니다. 결과의 일부를 살펴보겠습니다.

D	E	F	G
1			
2	t-Test: Two-Sample Assuming Unequal Variances		
3			
4		ac-no	ac-yes
5	Mean	59884.85255	85880.5896
6	Variance	455341801	810167352.2
7	Observations	373	173
8	Hypothesized Mean Difference	0	
9	df	265	
10	t Stat	-10.69882732	
11	P(T<=t) one-tail	9.6667E-23	
12	t Critical one-tail	1.650623976	
13	P(T<=t) two-tail	1.93334E-22	
14	t Critical two-tail	1.968956281	
15			

그림 3-3 t 검정 결과

먼저 F5:G7에 두 표본의 평균(Mean), 분산(Variance), 표본크기(Observations) 정보가 표시됩니다. 0으로 설정한 가설 평균차(Hypothesized Mean Difference)도 포함됩니다.

나머지 결과는 건너뛰고 셀 F13에 있는 '양측검정(P(T<=t) two-tail)'을 살펴보겠습니다. 값이 무엇을 의미하는지는 아직 이해하기 어려울 수도 있지만 양측이라는 표현은 익숙할 것입니다. 앞에서 단측검정 대신에 이 책에서는 양측검정이라는 검정 유형에 초점을 맞춘다고 소개했었죠? 이 수치를 **p-값**p-value이라고 하며 가설검정에 대한 결정을 내릴 때 사용합니다.

3.1.5 결정하기

앞에서 알파는 통계적 유의 수준, 즉 표본에서 찾은 효과가 우연에 의한 것이기 때문에 모집단에 실제 효과가 없을 때 효과가 있다고 가정해도 되는 수준이라는 것을 설명했습니다. p-값은 데이터에서 이 시나리오를 찾을 확률을 정량화하고 분석가는 알파와 이 값을 비교하여 다음과 같은 결론을 내립니다.

- p-값이 알파보다 작거나 같으면 귀무가설을 기각합니다.
- p-값이 알파보다 크면 귀무가설을 기각할 수 없습니다.

이 통계 용어를 자세히 알아보겠습니다. p-값은 항상 0과 1 사이의 값을 갖는 확률입니다. 셀 F13의 p-값은 매우 작아서 엑셀이 과학적 표기법scientific notation으로 표시했습니다. 이 값은 1.93×10^{23}으로 매우 작은 숫자입니다. 따라서 모집단에 실제로 효과가 없는 경우 표본에서 찾은 효과를 발견할 확률은 1% 미만입니다. 이 값은 알파값인 5%보다 훨씬 작으므로 귀무가설을 기각할 수 있습니다. p-값이 너무 작아서 p-값을 과학적 표기법으로 표기해야 할 때 결과를 'p < 0.05'로 요약해서 작성하는 경우가 많습니다.

반면에 p-값이 0.08 또는 0.24라고 가정하겠습니다. 이러한 경우 귀무가설을 기각할 수 없습니다. 왜 '기각'이라는 표현을 쓸까요? 왜 귀무가설 또는 대립가설 중 하나를 '증명'했다는 표현을 사용하지 않을까요? 바로 통계적 추론의 고유한 불확실성 때문입니다. 분석에서는 진정한 하위 모집단의 값을 절대 알 수 없으므로 두 가설의 가능성이 같다는 전제를 하고 검정을 시작하는 것이 안전합니다. 검정의 결과로 둘 중 하나에 대한 증거를 확인하거나 기각할 수 있지만 결코 증명할 수는 없습니다.

p-값을 가설검정의 결과를 해석할 때 사용하는 지표로만 볼 수도 있지만 p-값으로 알 수 없는 것이 무엇인지도 이해해야 합니다. 흔히 p-값을 '실수할 확률'이라고 잘못 해석하곤 합니다. 사실 p-값은 표본에서 발견한 것과 상관없이 귀무가설이 참이라고 가정합니다. 표본에 '실수'가 있다고 해도 이 가정은 변하지 않습니다. p-값은 그저 모집단에서 아무런 효과가 없는 상태일 때 표본에서 찾은 효과가 발견할 횟수의 백분율만 나타냅니다.

> **NOTE**
>
> p-값은 '실수할 확률'이 아닙니다. 모집단에서 효과가 없는 상태일 때 표본에서 찾은 효과를 발견할 확률입니다.

또한 일반적으로 p-값이 작을수록 효과가 더 크다고 오해하기도 합니다. 그러나 p-값은 통계적 유의성의 척도로 모집단에서 효과가 나타날 **가능성**을 알려줄 뿐 실질적 유의성이나 해당 효과의 크기를 나타내지는 않습니다. 통계 소프트웨어는 일반적으로 통계적인 의미만 보고하고 실질적 유의성은 보고하지 않습니다. 엑셀의 결과도 마찬가지입니다. p-값을 반환하지만 **신뢰구간**confidence interval 또는 모집단을 찾을 것으로 예상하는 범위는 반환하지 않습니다.

[그림 3-3]의 셀 F14에 표시된 검정의 임곗값을 사용하여 신뢰구간을 도출할 수 있습니다. 해당 값(약 1.97)은 임의의 수처럼 보일 수 있지만 2장에서 배운 내용을 떠올려보면 의미 있는 수입니다. t 검정으로 평균 주택 가격의 표본 차이를 구했습니다. 다음으로 무작위 표본을 추출하고 평균 차이의 분포를 그려본다면 어떤 분포가 될까요? 맞습니다. CLT에 따라 정규분포가 됩니다.

> **정규분포와 t 분포**
>
> 더 작은 표본의 경우 **t 분포**를 사용하여 t 검정에 대한 임곗값을 도출합니다. 그러나 표본크기가 증가함에 따라 임곗값은 정규분포에서 발견되는 값으로 수렴합니다. 앞으로 이 책에서 특정 임곗값을 언급한다면 그 값은 정규분포에서 찾은 값입니다. 표본의 크기 때문에 엑셀에서 보는 것과 약간 다를 수 있습니다. 예제와 같이 표본크기가 수백 개라면 차이는 무시할 수 있습니다.

정규분포를 사용하면 경험적인 규칙에 따라 약 95%의 관측값이 평균의 2 표준편차 범위에 존재한다고 기대할 수 있습니다. 평균이 0이고 표준편차가 1인 정규분포(표준 정규분포) 변수와 같이 특별한 경우 모든 관측값의 약 95%가 −2와 2 사이에 있다고 말할 수 있습니다. 더 구체적으로 말하면 −1.96과 1.96 사이가 되며 이러한 방식으로 양측 임곗값을 도출합니다. [그림 3-4]는 95%의 신뢰도로 모집단의 모수를 찾을 것으로 예상되는 영역을 나타낸 그림입니다.

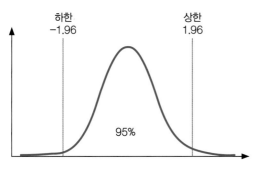

그림 3-4 95%의 신뢰구간과 임곗값을 나타낸 히스토그램

검정통계와 임곗값

[그림 3-3]의 셀 F10은 검정통계를 반환합니다. 가설검정의 결과를 해석할 때 p-값을 사용했지만 검정통계를 사용할 수도 있습니다. 검정통계가 임곗값의 내부 범위를 벗어나면 귀무가설을 기각합니다. 검정통계와 p-값은 기본적으로 같은 의미를 나타냅니다. 즉, 하나가 유의성을 나타내면 다른 하나도 유의성을 나타냅니다. 대부분의 경우 p-값이 해석하기 쉽기 때문에 검정통계보다 많이 사용됩니다.

[수식 3-1]은 양측 독립 표본 t 검정의 신뢰구간을 계산하는 공식입니다. 라벨로 표시된 요소를 엑셀에서 계산합니다.

수식 3-1 신뢰구간을 계산하는 공식

$$c.i. = (\overline{X}_1 - \overline{X}_2) \pm ta_{/2} \times \sqrt{\frac{s_1^2}{n_1} + \frac{s_2^2}{n_2}}$$

이 공식을 하나씩 살펴보겠습니다. $(\overline{X}_1 - \overline{X}_2)$는 점추정치point estimate, $ta_{/2}$는 임곗값critical value, $\sqrt{\frac{s_1^2}{n_1} + \frac{s_2^2}{n_2}}$은 표준오차standard error 입니다. 임곗값과 표준오차의 곱은 허용오차margin of error 입니다.

[수식 3-1]이 어렵게 느껴질 수 있기 때문에 예를 들어 구체적으로 살펴보겠습니다. [그림 3-5]에 신뢰구간과 여러 요소를 계산한 결과를 나타냈습니다. 공식에 몰두하기보다는 결과를 계산하고 해석하고 이해하는 데 초점을 맞추겠습니다.

▲	D	E	F	G
1				
2		t-Test: Two-Sample Assuming Unequal Variances		
3				
4			ac-no	ac-yes
5		Mean	59884.85255	85880.5896
6		Variance	455341801	810167352.2
7		Observations	373	173
8		Hypothesized Mean Difference	0	
9		df	265	
10		t Stat	-10.69882732	
11		P(T<=t) one-tail	9.6667E-23	
12		t Critical one-tail	1.650623976	
13		P(T<=t) two-tail	1.93334E-22	
14		t Critical two-tail	1.968956281	
15				
16		point estimate	25995.73705	=G5-F5
17		critical value	1.968956281	=F14
18		standard error	2429.774429	=SQRT((F6/F7)+(G6/G7))
19		margin of error	4784.119625	=F17*F18
20		confidence interval lower bound	21211.61742	=F16-F19
21		confidence interval upper bound	30779.85667	=F16+F19

그림 3-5 엑셀의 신뢰구간 계산

첫째, 셀 F16은 **점추정치** 또는 모집단에서 찾을 가능성이 가장 높은 효과입니다. 이 값은 두 표본평균의 차이입니다. 표본이 모집단을 대표하는 경우 표본평균과 모집단평균의 차이는 무시할 수 있습니다. 하지만 표본평균과 모집단평균이 완전히 같지는 않습니다. 95%의 신뢰도로 실제 차이를 찾을 수 있는 값의 범위를 도출합니다.

다음으로 셀 F17에 있는 임곗값을 살펴보겠습니다. 앞에서 엑셀로 계산한 값이지만 분석하기 쉽도록 셀 F17에 값을 옮겨 두었습니다. 앞에서 설명한 대로 이 값을 사용하여 평균의 2 표준편차 범위에서 관측값의 95%를 찾을 수 있습니다.

이제 셀 F18에 있는 표준오차를 보겠습니다. 이 용어는 분석 도구 팩의 기술통계 결과에서도 사용합니다. [그림 3-1]을 참조하세요. 표준오차가 어떻게 작동하는지 이해할 수 있도록 예를 들겠습니다. 여러분이 밖으로 나가 모집단에서 주택 가격을 계속 다시 추출한다고 상상해보세요. 아마 매번 표본평균이 약간씩 달라질 것입니다. 이 변동성을 **표준오차**라고 합니다. 표준오차가 클수록 표본이 모집단을 나타내는 정확도가 떨어짐을 의미합니다.

하나의 표본에 대한 표준오차는 표준편차를 표본크기로 나누어 찾을 수 있습니다. 예제에서는 두 표본평균의 차이에 대한 표준오차를 찾아야 하기 때문에 공식이 조금 더 복잡하지만 규칙은 동일합니다. 즉, 표본의 변동성이 분자에 들어가고 관측값의 수가 분모에 들어갑니다. 각 표본평균 자체의 변동성이 클수록 표본 차이에서도 변동성이 커야 하기 때문에 표본의 변동성이 분자에 들어갑니다. 또한 표본크기가 클수록 모집단과의 변동성이 작아야 하기 때문에 관측값의 수가 분모에 들어갑니다.

이제 임곗값과 표준오차를 곱하여 셀 F19의 **허용오차**를 구합니다. 아마 설문조사 결과 같은 것에서 이 용어를 들어봤을 것입니다. 허용오차는 점추정치 주변에 얼마나 많은 변동성이 있는지에 대한 추정치를 제공합니다. [그림 3-5]의 경우 모집단의 차이가 $25,996라고 계산했지만 허용오차에 따라 $4,784만큼 떨어질 수 있습니다.

이 검정은 양측 검정이기 때문에 이 차이는 어느 방향에서나 찾을 수 있습니다. 따라서 신뢰구간의 하한과 상한을 도출하려면 허용오차를 빼거나 더해야 합니다. 이 수치는 각각 F20과 F21에 나와 있습니다. 계산하면 결과는 어떨까요? 95%의 신뢰도로 에어컨을 설치한 주택의 평균 판매 가격은 에어컨을 설치하지 않은 주택 가격보다 $21,211에서 $30,780만큼 더 높다고 추정합니다.

왜 이렇게까지 복잡한 과정을 거쳐 꼭 신뢰구간을 도출해야 할까요? 신뢰구간은 통계적 유의성보다는 실질적 유의성을 측정하는 척도로, 통계적 가설검정의 결과를 연구 가설의 언어로 다시 바꿔 주기 때문에 대중적입니다. 예를 들어 여러분이 주택 가격에 대한 연구 결과를 경영진에게 보고하는 은행의 분석가라고 생각해보세요. 경영진과 같은 관리자는 분석 전문가가 아니기 때문에 t 검정으로 보고하면 내용을 이해하기 어려울 것입니다. 경영진은 분석 결과를 보고 결정을 내리는 역할을 하기 때문에 아마 여러분은 분석가로서 경영진이 현명한 결정을 내릴 수 있도록 분석 결과를 가능한 한 이해하기 쉽게 설명하고 싶을 것입니다. 다음 중 어떤 문장이 경영진에게 더 도움이 될까요?

- $p < 0.05$에서 에어컨을 설치하거나 설치하지 않은 주택의 평균 판매 가격에 차이가 없다는 귀무가설을 기각했습니다.

- 95%의 신뢰도로, 에어컨을 설치한 주택의 평균 판매 가격이 설치하지 않은 주택에 비해 약 $21,200에서 $30,800 더 높습니다.

두 번째 문장은 거의 모든 사람이 이해할 수 있지만 첫 번째 문장은 상당한 양의 통계 지식이 있어야 이해할 수 있습니다. 그러나 신뢰구간은 일반인만을 위한 것은 아닙니다. 연구 및 데이터 분야에서도 p-값과 함께 신뢰구간을 보고하도록 하는 움직임이 일고 있습니다. p-값은 실질적 효과가 아닌 통계적 효과만 측정한다는 한계가 있기 때문입니다.

p-값과 신뢰구간이 서로 다른 관점에서 결과를 설명하지만 기본적으로는 항상 같은 의미를 나타냅니다. housing 데이터셋에 대한 또 다른 가설검정을 수행하면서 p-값과 신뢰구간의 관계를 설명하겠습니다. 이번에는 잘 꾸며진 지하실(fullbase)이 있는 주택과 없는 주택의 평균 대지 크기(lotsize)에 큰 차이가 있는지 알아봅시다. 이 관계는 t 검정으로도 검정할 수 있습니다. [그림 3-6]과 같이 새 워크시트에서 이전 예제와 동일한 단계를 수행합니다. 새로운 변수의 기술통계를 먼저 탐색하는 것을 잊지 마세요.

D	E	F	G	H
1				
2	t-Test: Two-Sample Assuming Unequal Variances			
3				
4		*fullbase-no*	*fullbase-yes*	
5	Mean	5074.814085	5290.502618	
6	Variance	4683966.27	4726820.23	
7	Observations	355	191	
8	Hypothesized Mean Difference	0		
9	df	387		
10	t Stat	-1.107303893		
11	P(T<=t) one-tail	0.134425163		
12	t Critical one-tail	1.648800515		
13	P(T<=t) two-tail	0.268850325		
14	t Critical two-tail	1.966112774		
15				
16	point estimate	215.6885333	=G5-F5	
17	critical value	1.966112774	=F14	
18	standard error	194.7871173	=SQRT((F6/F7)+(G6/G7))	
19	margin of error	382.9734396	=F17*F18	
20	confidence interval lower bound	-167.2849064	=F16-F19	
21	confidence interval upper bound	598.6619729	=F16+F19	
22				

그림 3-6 잘 꾸며진 지하실이 대지 크기에 미치는 영향

이 검정의 결과는 통계적 유의성이 없습니다. p-값 0.27을 바탕으로 모집단에 효과가 없다고 가정할 때 표본의 1/4 이상에서 발견한 효과를 찾을 수 있을 것이라고 예상합니다. 실질적 유의성에 관해서는 평균 대지 크기의 차이가 약 $167ft^2$ 이상 $599ft^2$ 미만의 범위에 있다고 95% 신뢰합니다. 즉, 실제 차이는 양수 또는 음수일 수 있으며 확신할 수는 없습니다. 이러한 결과에 기초하여 귀무가설을 기각할 수 없습니다. 다시 말해, 평균 대지 크기에 큰 차이가 없는 것으로 보입니다. 알파는 p-값을 평가하는 방법을 결정하고 신뢰구간을 도출하는 데 사용되는 임곗값을 설정합니다. 따라서 두 결과는 모두 부분적으로 알파, 즉 통계적 유의 수준에 기반하기 때문에 항상 일치합니다.

재무 모델을 구축해본 적이 있다면 입력이나 가정에 따라 결과가 어떻게 변화할 수 있는지 확인할 때 가정What-if 분석을 수행한 경험이 있을 것입니다. 같은 목적으로 여기서도 지하실과 대지 크기에 대한 t 검정의 결과가 어떻게 달라질 수 있는지 알아보겠습니다. 분석 도구 팩의 출력 결과를 조작할 것이기 때문에 E2:G21의 데이터를 복사한 뒤 새로운 영역에 붙여 넣어 원본을 보존하세요. 여기서는 현재 워크시트의 J2:L21 영역에 붙여 넣겠습니다. 또한 출력 결과에 레이블을 다시 설정하고 변경한 값을 명확하게 관찰하고자 K7:L7과 K14를 색칠하여 강조합니다.

이제 표본크기(Observations)와 임곗값(t Critical two-tail)을 조작해보겠습니다. 결과 신뢰구간을 보지 말고 수치가 서로 어떤 연관이 있는지 알고 있는 내용을 바탕으로 어떤 일이 일어날지 추측해보세요. 먼저 각 그룹별로 표본크기를 550개로 설정하겠습니다. 실제로는 550개의 관측값을 수집하지 않았기 때문에 표본크기를 임의로 수정하는 작업은 상당히 위험하지만 통계를 이해하려면 때때로 손을 더럽힐 필요도 있습니다. 다음으로 통계적 유의성을 95%에서 90%로 변경합니다. 이때 결과 임곗값은 1.64입니다. 이것 또한 위험한 작업입니다. 지금부터 통계적 유의성이 분석 전에 고정되어야 하는 이유를 알아보겠습니다.

[그림 3-7]은 가정 분석의 결과입니다. 신뢰구간이 $1에서 $430 사이라는 점은 통계적 유의성을 나타내지만 거의 0에 가깝습니다.

해당 p-값을 계산하는 방법은 여러 가지가 있지만 기본적으로 항상 신뢰구간과 일치한다는 것을 알고 있기 때문에 이 실습은 생략하겠습니다. 검정은 중요하며 검정의 결과는 재산, 명성, 영광에 큰 변화를 가져올 수 있습니다.

◢	D	I	J	K	L
1					
2			t-Test: Two-Sample Assuming Unequal Variances WHAT-IF ANALYSIS		
3					
4				*fullbase-no*	*fullbase-yes*
5			Mean	5074.814085	5290.502618
6			Variance	4683966.27	4726820.23
7			Observations	550	550
8			Hypothesized Mean Difference	0	
9			df	387	
10			t Stat	-1.107303893	
11			P(T<=t) one-tail	0.134425163	
12			t Critical one-tail	1.648800515	
13			P(T<=t) two-tail	0.268850325	
14			t Critical two-tail	1.64	
15					
16			point estimate	215.6885333	=L5-K5
17			critical value	1.64	=K14
18			standard error	130.8071898	=SQRT((K6/K7)+(L6/L7))
19			margin of error	$215	=K17*K18
20			confidence interval lower bound	$1	=K16-K19
21			confidence interval upper bound	$430	=K16+K19
22					

그림 3-7 신뢰구간의 가정(What-if) 분석

이 이야기의 교훈은 가설검정의 결과를 쉽게 조작할 수 있다는 것입니다. 때로는 귀무가설을 기각하는 방향으로 균형을 맞추는 데 필요한 통계적 유의 수준이 다릅니다. 표본을 다시 추출하거나 관측값의 수를 거짓으로 늘리는 것도 가능합니다. 반칙행위가 없더라도 여러분이 알지 못하는 모집단의 모수를 찾는다고 주장하는 데는 항상 애매한 부분이 있을 것입니다.

3.2 해석은 당신의 손에 달려있다

추리 통계를 수행할 때 데이터 수집이나 실질적 유의성에 대한 폭넓은 고려 없이 바로 p-값을 공식에 대입하여 거의 자동으로 결론을 내리고 싶은 유혹이 클 수도 있습니다. 결과가 통계적 유의성 또는 표본크기의 변화에 얼마나 민감한지 이미 확인했습니다. 또 다른 가능성을 살펴볼까요? housing 데이터셋에서 한 가지 더 예를 들어보겠습니다.

가스 온수기가 있는 주택과 없는 주택의 판매 가격에 의미 있는 차이가 있는지 직접 검정해보세요. 관련 변수는 price와 gashw입니다. 결과는 [그림 3-8]과 같습니다.

	F	G	H	I	J
1					
2					
3		t-Test: Two-Sample Assuming Unequal Variances			
4					
5			*gas-yes*	*gas-no*	
6		Mean	79428	67579.06334	
7		Variance	923472100	698250450.3	
8		Observations	25	521	
9		Hypothesized Mean Difference	0		
10		df	26		
11		t Stat	1.915131244		
12		P(T<=t) one-tail	0.033268787		
13		t Critical one-tail	1.70561792		
14		P(T<=t) two-tail	0.066537575		
15		t Critical two-tail	2.055529439		
16					
17		point estimate	-11848.93666	=I6-H6	
18		critical value	2.055529439	=H15	
19		standard error	6187.010263	=SQRT((H7/H8)+ (I7/I8))	
20		margin of error	12717.58173	=H18*H19	
21		confidence interval lower bound	-24566.51839	=H17-H20	
22		confidence interval upper bound	868.6450729	=H17+H20	
23					

그림 3-8 가스 온수기가 있을 때 판매 가격에 미치는 영향의 t 검정 결과

p-값만 고려하면 귀무가설을 기각할 수 없습니다. p-값이 0.05보다 크기 때문입니다. 그러나 0.067은 0.05와 그다지 차이가 없기 때문에 예제를 더 주의 깊게 살펴볼 필요가 있습니다. 한 가지 예로 표본크기를 살펴보세요. 가스 온수기가 있는 주택을 25개만 관측했다는 점을 확인할 수 있습니다. 귀무가설을 확실히 기각하기 전에 더 많은 데이터를 수집하는 것이 좋습니다. 물론 검정을 수행하기 전에 기술통계를 계산하면서 이 표본크기를 이미 관찰했을 것입니다.

마찬가지로 신뢰구간은 실제 차이가 $900 이상 $24,500 미만의 범위에 있다고 가정합니다. 테이블에 이런 종류의 신뢰구간이 있다면 문제를 더 깊이 파고들어야 합니다. p-값만 보고 귀무가설을 맹목적으로 기각하면 잠재적으로 중요한 관계를 놓칠 수 있습니다. 이러한 잠재적인 경계조건edge case에 유의하세요. 데이터셋에서 경계조건을 하나 발견했다면 더 많은 경계조건이 존재한다고 볼 수 있습니다.

3.3 마치며

분석을 주제로 하는 책에서 확률이라는 모호해 보이는 주제에 한 장을 할애한 이유가 궁금했을 수도 있습니다. 이 장을 다 읽고 난 지금은 확률의 중요성이 여러분에게 와 닿았기를 바랍니다. 모집단의 모수를 모르기 때문에 불확실성을 확률로 정량화해야 합니다. 이 장에서는 통계적 추론 및 가설검정의 프레임워크를 사용하여 두 그룹 간의 평균 차이를 살펴보았습니다. 다음 장에서는 선형회귀linear regression라는 방법으로 한 연속 변수가 다른 연속 변수에 미치는 영향을 조사할 것입니다. 검정 방법은 다르지만 그 이면에 있는 통계 개념은 동일하게 적용됩니다.

3.4 연습 문제

이제 데이터셋을 보면서 확률적 추론을 연습해보세요. 이 책과 함께 제공되는 저장소[10] datasets 폴더의 하위 폴더 tips에 있는 tips.xlsx 데이터셋으로 다음 문제를 풀어보세요.

1. 시간대(점심 또는 저녁)와 총 청구서 사이의 관계를 검정하세요.
   - 통계적 가설은 무엇인가요?
   - 결과가 통계적으로 유의미한가요? 어떤 증거가 여러분의 가설을 뒷받침하나요?
2. 시간대와 팁 사이의 관계를 1번 문제의 같이 검정하세요.

---

10 *https://oreil.ly/1hlYj*

## CHAPTER 4

상관 분석과 회귀 분석

아이스크림 소비와 상어 공격이 관련 있다는 말을 들어본 적이 있나요? 상어가 민트 초코칩 아이스크림을 얼마나 좋아하는지 알면 정말 깜짝 놀랄 거예요. [그림 4-1]은 아이스크림 소비와 상어 공격의 관계를 나타낸 그림입니다.

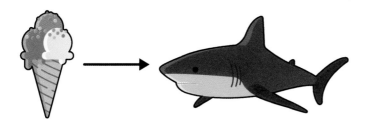

그림 4-1 아이스크림 소비와 상어 공격의 관계

'그렇지 않다'고 반박하는 사람도 있을 것입니다. '아이스크림을 소비하기 때문에 상어가 공격한다는 인과관계를 증명할 수 없다'고 말이죠.

'그럴 수도 있다'고 생각하는 사람이라면 '외부 온도가 올라갈수록 아이스크림이 더 많이 소비된다. 또한 사람들은 날씨가 더울 때 바다 근처에서 더 많은 시간을 보내기 때문에 **우연의 일치**로 더 많은 상어 공격이 발생한다'고 추측할 수도 있습니다.

상관관계가 인과관계를 의미하지 않는다

'상관관계가 인과관계를 의미하지 않는다'는 말을 들어본 적이 있을 것입니다.

3장에서 인과관계는 통계에서 확실하게 보증하기 어려운 표현이라는 점을 배웠습니다. 인과관계를 확실히 주장할 수 있는 전체 데이터가 없기 때문에 귀무가설을 기각합니다. 상관관계와 인과관계의 의미 차이를 생각하지 않았을 때 상관관계는 인과관계와 관련이 있을까요? 일반화된 표현은 상관관계와 인과관계의 관계를 다소 지나치게 단순화합니다.

이 장에서는 앞에서 선택한 추리 통계 도구를 사용하는 이유를 살펴보겠습니다.

4장은 엑셀 위주로 진행하는 마지막 장입니다. 다음 장부터 R과 파이썬으로 넘어갈 수 있도록 분석 프레임워크를 충분히 파악해봅시다.

4.1 상관관계의 개요

3장까지는 한 번에 한 변수씩 통계 분석을 수행했습니다. 예를 들어 평균 읽기 점수나 주택 가격의 변동을 살펴보았습니다. 이것을 **일변량 분석**univariate analysis이라고 합니다.

이변량 분석bivariate analysis도 일부 수행했습니다. 예를 들어 이원 도수분포표를 사용하여 두 범주형 변수의 빈도를 비교했습니다. 또한 범주형 변수의 여러 레벨로 그룹화하고 연속형 변수를 분석하여 각 그룹의 기술통계를 계산했습니다.

이제 상관관계를 사용하여 두 연속형 변수의 이변량 척도를 계산합니다. 더 구체적으로 **피어슨 상관계수**Pearson correlation coefficient를 사용하여 두 변수 사이의 선형관계의 강도를 측정합니다. 선형관계가 없으면 피어슨 상관 분석을 수행할 수 없습니다.

그렇다면 데이터가 선형인지 어떻게 알 수 있을까요? 더 엄격한 확인 방법이 있지만 늘 그렇듯이 시각화로 가볍게 시작하겠습니다. **산점도**scatterplot를 사용하여 모든 관측값을 x와 y 좌표로 나타내겠습니다.

산점도에서 전체 경향을 요약하는 직선을 그릴 수 있으면 선형관계이며 피어슨 상관 분석을 수행할 수 있습니다. 곡선이나 다른 모양으로 경향을 요약해야 한다면 선형관계가 아니므로 피어슨 상관 분석을 수행할 수 없습니다. [그림 4-2]는 하나의 선형관계와 두 개의 비선형관계를 나타낸 그림입니다.

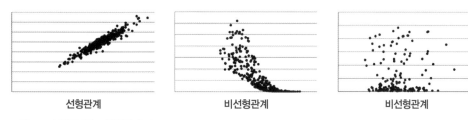

그림 4-2 선형관계와 비선형관계 비교

[그림 4-2]의 선형관계는 더 자세히 말하면 양의 선형관계입니다. x축의 값이 증가하면 y축의 값도 선형 비율로 증가합니다.

음의 상관관계를 나타내는 음의 직선이나 상관관계가 전혀 없음을 나타내는 평평한 직선으로 경향을 요약할 수도 있습니다. [그림 4-3]은 이러한 서로 다른 유형의 선형관계를 나타낸 그림입니다. 상관관계를 적용하려면 모두 선형관계여야 합니다.

그림 4-3 음의 상관관계, 무상관관계, 양의 상관관계

데이터가 선형임을 확인하면 상관계수를 찾을 수 있습니다. 상관계수는 −1과 1 사이의 값을 가지며 −1은 완전한 음의 선형관계, 1은 완전한 양의 선형관계, 0은 상관관계가 없음을 나타냅니다. [표 4-1]은 상관계수의 강도를 평가하는 몇 가지 경험적 규칙을 나타낸 표입니다. 공식 표준은 아니지만 상관계수의 강도를 대략적으로 해석할 수 있습니다.

표 4-1 상관계수의 해석

상관계수	해석	상관계수	해석
−1.0	완벽한 음의 선형관계	+0.3	약한 양의 관계
−0.7	강한 음의 관계	+0.5	중간 정도의 양의 관계
−0.5	중간 정도의 음의 관계	+0.7	강한 양의 관계
−0.3	약한 음의 관계	+0.9	완벽한 양의 선형관계
0	선형관계 없음		

상관관계의 기본 개념 프레임워크를 염두에 두고 엑셀에서 몇 가지 분석을 해보겠습니다. 자동차 연비 데이터셋을 활용하겠습니다. 이 책의 저장소[11] datasets 폴더의 하위 폴더 mpg에서 자동차 연비 데이터셋 파일 mpg.xlsx를 찾을 수 있습니다. 새롭게 등장한 데이터셋이죠? 천천히 한 번 살펴보세요. 어떤 유형의 변수를 사용하고 있나요? 1장에서 다룬 도구를 사용해서 변수를 요약하고 시각화하세요. 앞으로의 분석에 유용하도록 인덱스 열을 추가하고 데이터셋을 mpg라는 이름의 테이블로 변환하세요.

엑셀에는 두 배열 사이의 상관계수를 계산하는 CORREL() 함수가 있습니다.

```
CORREL(array1, array2)
```

이 함수를 사용하여 데이터셋에서 무게(weight)와 연비(mpg) 사이의 상관계수를 계산하겠습니다.

```
=CORREL(mpg[weight], mpg[mpg])
```

이 함수는 −1과 1 사이의 값을 반환하며 여기서는 −0.832를 반환합니다. 이 값을 어떻게 해석할 수 있는지 [표 4−1]에서 살펴봤죠?

상관행렬correlation matrix은 모든 변수 쌍에 대한 상관관계를 나타냅니다. 분석 도구 팩을 사용하여 상관행렬을 하나 생성하겠습니다. 리본 메뉴에서 [데이터] → [데이터 분석] → [상관 분석]을 선택합니다.

상관계수는 두 연속형 변수 사이의 선형관계의 척도이므로 origin과 같은 범주형 변수를 제외해야 하고 cylinders 또는 model.year와 같은 이산형 변수를 포함할 때는 신중해야 합니다.

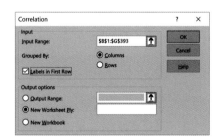

그림 4-4 엑셀에서 상관행렬 삽입하기

---

11 https://oreil.ly/VHslH

분석 도구 팩은 모든 변수가 연속적인 범위에 있다고 가정하기 때문에 cylinders를 조심스럽게 포함하겠습니다. [그림 4-4]는 분석 도구 팩의 메뉴입니다.

생성된 상관행렬은 [그림 4-5]와 같습니다.

	A	B	C	D	E	F	G	H
1		*mpg*	*cylinders*	*displacement*	*horsepower*	*weight*	*acceleration*	
2	mpg	1						
3	cylinders	-0.777617508	1					
4	displacement	-0.805126947	0.950823301	1				
5	horsepower	-0.778426784	0.842983357	0.897257002	1			
6	weight	-0.832244215	0.89752734	0.932994404	0.864537738	1		
7	acceleration	0.423328537	-0.504683379	-0.543800497	-0.68919551	-0.416839202	1	
8								
9								
10								

그림 4-5 엑셀의 상관행렬

셀 B6은 weight와 mpg의 교차점으로 값은 −0.83입니다. 셀 F2에서도 동일한 값을 확인할 수 있어야 하지만 중복 정보이기 때문에 엑셀은 행렬의 절반을 공백으로 남겨둡니다. 모든 변수는 자기 자신과 완벽하게 상관관계가 있으므로 대각선에 있는 값은 모두 1입니다.

CAUTION

피어슨 상관계수는 두 변수 사이의 관계가 선형일 때만 적합한 척도입니다.

상관관계를 분석함으로써 변수에 대한 가정을 크게 발전시켰습니다. 어떤 가정이었는지 기억하나요? 앞에서 두 변수의 관계가 선형이라고 가정했죠. 산점도로 그 가정을 확인해보겠습니다. 아쉽게도 기본 엑셀에서는 각 변수 쌍의 산점도를 한 번에 생성할 수 있는 방법이 없습니다. 연습 삼아 모든 변수 쌍의 산점도를 그려볼 것을 추천합니다. 여기서는 weight와 mpg 변수의 산점도를 그리겠습니다. 두 데이터의 범위를 지정한 다음 리본 메뉴에서 [삽입] → [분산형]을 클릭합니다.

사용자 정의 차트 제목을 추가하고 해석을 돕기 위해 축의 레이블을 다시 지정하겠습니다. 차트 제목을 변경하려면 차트 제목을 더블 클릭하세요. 축의 레이블을 다시 지정하려면 차트 가장자리를 클릭한 다음 표시되는 더하기 기호를 클릭하여 차트 요소 메뉴를 확인하세요. 맥에서는 차트 내부를 클릭한 다음 [차트 디자인] → [차트 요소 추가]를 클릭하여 차트 요소 메뉴를 확인할 수 있습니다. 메뉴에서 [축 제목]을 선택하세요. 생성된 산점도는 [그림 4–6]과 같습니다. 축에 측정 단위를 표시하면 다른 사람이 데이터를 이해하기 쉽습니다.

[그림 4–6]은 음의 선형관계로 보이며 무게가 적고 연비가 높을수록 점이 퍼져있습니다. 기본적으로 엑셀은 선택한 데이터의 첫 번째 변수를 x축, 두 번째 변수를 y축에 표시합니다. 축을 반대로 그리려면 어떻게 해야 할까요? mpg가 E열에 있고 weight가 F열에 있도록 워크시트에서 열의 순서를 바꾼 다음 산점도를 다시 그려보세요.

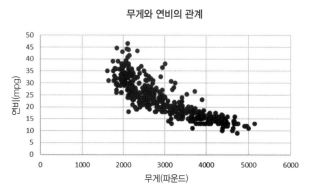

그림 4-6 무게와 연비의 산점도

[그림 4–7]은 축을 전환한 산점도입니다. 엑셀은 훌륭한 도구지만 다른 도구와 마찬가지로 무엇을 해야 하는지 알려줘야 합니다. 엑셀은 관계가 선형인지 여부에 관계없이 상관계수를 계산합니다. 또한 어떤 변수가 어느 축으로 가야 하는지 신경 쓰지 않고 산점도를 생성합니다.

그렇다면 어떤 산점도가 '올바른' 산점도일까요? 그게 중요할까요? 일반적으로 독립변수는 x축에 있고 종속변수는 y축에 있습니다. 무게와 연비 예제에서 어떤 변수가 독립변수고 어떤 변수가 종속변수인지 한번 생각해보세요. 확실하지 않은 경우에는 일반적으로 독립변수가 먼저 측정된 변수라는 점을 떠올리세요.

주어진 예제에서 독립변수는 weight입니다. 무게는 자동차의 디자인과 제조에 따라 결정되기 때문입니다. mpg, 즉 연비는 자동차의 무게에 영향을 받는다고 가정하기 때문에 종속변수입니다. 따라서 weight가 x축, mpg가 y축에 있어야 합니다.

비즈니스 분석에서는 통계 분석을 목적으로 데이터를 수집하는 일이 흔하지 않습니다. 예를 들어 mpg 데이터셋은 자동차에서 무게가 연비에 미치는 영향을 연구하는 목적이 아니라 수익을

창출하기 위한 목적으로 제작되었습니다. 독립변수와 종속변수가 항상 명확하지는 않기 때문에 이러한 변수가 무엇을 측정하고 어떻게 측정되는지 잘 알아야 합니다. 따라서 여러분이 공부하고 있는 영역에 대한 약간의 지식을 쌓거나 변수의 의미와 관측값이 수집된 방법을 아는 것이 매우 중요합니다.

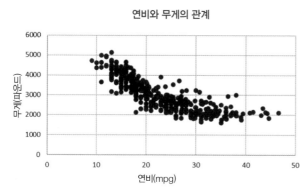

그림 4-7 연비와 무게의 산점도

4.2 상관 분석에서 회귀 분석으로

일반적으로 독립변수를 x축에 배치하지만 변수를 배치하는 축이 바뀌어도 상관계수는 변하지 않습니다. 그러나 변수를 배치하는 축은 산점도에서 직선을 사용하여 관계를 요약할 때 영향을 주기 때문에 주의 깊게 결정해야 합니다. 이제 상관 분석에서 벗어나 아마도 들어본 적이 있을 **선형회귀**로 넘어갈 시간입니다.

상관 분석은 어떤 변수가 독립변수인지, 어떤 변수가 종속변수인지 신경 쓰지 않습니다. 변수의 독립 또는 종속 여부가 '두 변수가 선형으로 함께 움직이는 정도'라는 정의에 영향을 미치지 않습니다.

반면에 선형회귀 분석은 본질적으로 '독립변수 X의 단위 변화가 종속변수 Y에 미치는 영향'을 정의하므로 변수의 독립 또는 종속 여부에 영향을 받습니다.

산점도의 관계를 요약하는 직선을 방정식으로 표현할 수 있습니다. 상관계수와 달리 이 방정식은 독립변수와 종속변수를 정의하는 방법에 따라 달라집니다.

상관 분석과 마찬가지로 선형회귀 분석은 두 변수 사이에 선형관계가 있다고 가정합니다. 몇 가지 다른 가정도 존재하며 이러한 가정은 데이터를 모델링할 때 고려해야 합니다. 예를 들어 선형관계의 전체 경향에 불균형을 초래할 수 있는 극단적인 관측값은 없는 것이 좋겠죠.

이러한 가정은 엑셀에서 검정하기 어려운 경우가 많기 때문에 실습에서는 일일이 살펴보지 않겠습니다. 통계 프로그래밍에 대한 지식이 있다면 선형회귀 분석을 더 깊게 이해할 수 있을 것입니다.

심호흡을 하고 긴장을 푸세요. 이제 방정식을 살펴볼 차례입니다.

수식 4-1 선형회귀 방정식

$$Y = \beta_0 + \beta_1 \times X + \varepsilon$$

[수식 4-1]은 좌변에 있는 종속변수 Y를 추정하는 방정식입니다. 직선 그래프는 **기울기**[slope]와 **절편**[intercept]으로 나누어 나타낼 수 있다는 점을 학교에서 배웠을 것입니다. 이에 따라 방정식에서 β_0가 절편을, $\beta_1 \times X_i$가 기울기를 나타냅니다. 두 번째 항에서는 독립변수에 **기울기계수**를 곱합니다.

마지막으로 독립변수와 종속변수의 관계에서 모델 자체가 아닌 외부의 영향으로 설명해야 하는 부분도 있습니다. 이것은 모델의 **오차**라고 하며 ε_i로 표시합니다.

이전 장에서 독립 표본 t 검정을 사용하여 두 그룹 사이의 유의한 차이를 살펴보았습니다. 여기서는 하나의 연속형 변수가 다른 연속형 변수에 미치는 선형 영향을 측정합니다. 적합 회귀선의 기울기가 통계적으로 0과 다른지 여부를 조사하여 선형 영향을 측정합니다. 즉, 가설검정은 다음과 같이 작동합니다.

H0

독립변수가 종속변수에 미치는 선형 영향이 없습니다(회귀선의 기울기는 0 입니다).

Ha

독립변수가 종속변수에 미치는 선형 영향이 있습니다(회귀선의 기울기는 0이 아닙니다).

[그림 4-8]은 회귀선의 기울기를 나타낸 그림입니다.

전체 데이터가 있는 것이 아니기 때문에 모집단의 '진짜' 기울기를 알 수 없다는 점을 기억하세요. 대신 주어진 표본에서 이 기울기가 통계적으로 0과 다른지 여부를 추론합니다. 두 그룹의 평균 차이를 찾을 때 사용한 p-값 방법론을 동일하게 사용하여 기울기의 유의성을 추정할 수 있습니다. 95%의 신뢰구간에서 양측 검정을 수행합니다. 엑셀을 사용하여 결과를 알아볼까요?

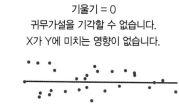

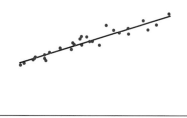

그림 4-8 유의미한 기울기와 무의미한 기울기의 회귀 모델

4.3 엑셀의 선형회귀 분석

엑셀에서 mpg 데이터셋의 선형회귀 실습을 진행합니다. 자동차의 무게(weight)가 연비(mpg)에 유의미한 영향을 미치는지 검정합니다. 가설은 다음과 같습니다.

H0

무게가 연비에 미치는 선형 영향이 없습니다.

Ha

무게가 연비에 미치는 선형 영향이 있습니다.

실습을 시작하기 전에 [수식 4-2]와 같이 살펴보려는 변수의 이름을 사용하여 회귀 방정식을 작성하는 것이 좋습니다.

수식 4-2 연비를 추정하는 회귀 방정식

$$mpg = \beta_0 + \beta_1 \times weight + \varepsilon$$

먼저 회귀 결과를 시각화하겠습니다. 결과 산점도는 [그림 4-6]과 같습니다. 이제 회귀선을 위에 겹쳐서 표시하거나 적합 회귀선을 구하면 됩니다. 차트의 가장자리를 클릭한 다음 표시되는 더하기 기호를 클릭하여 차트 요소 메뉴를 확인하세요. [추세선]의 오른쪽에 있는 화살표를 클릭하여 [기타 옵션]을 선택하세요. [추세선 서식] 화면의 하단에 있는 [수식을 차트에 표시] 체크 박스를 클릭합니다.

이제 그래프에서 결과 방정식을 클릭하여 굵은 서식을 지정하고 글꼴 크기를 14로 늘립니다. 그래프에서 추세선을 클릭한 다음 [추세선 서식] 메뉴 상단에 있는 페인트 통 모양의 아이콘을 클릭하고 색을 검정색으로, 너비를 2.5pt로, 대시 종류를 실선으로 설정합니다. 이제 선형회귀 결과를 완성했습니다. 추세선이 있는 결과 산점도는 [그림 4-9]와 같습니다. 또한 엑셀은 [수식 4-2]와 같이 자동차의 무게로 연비를 추정하는 회귀 방정식을 결과 산점도에 표시합니다.

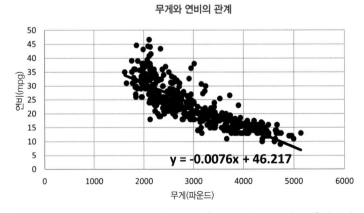

그림 4-9 무게가 연비에 미치는 영향을 나타내는 추세선 및 회귀 방정식이 포함된 산점도

절편을 기울기보다 먼저 배치하면 [수식 4-3]과 같은 방정식을 완성할 수 있습니다.

수식 4-3 연비를 추정하는 적합 회귀 방정식

$$mpg = 46.217 - 0.0076 \times weight$$

엑셀은 회귀 방정식에 오차항을 포함하지 않습니다. 적합 회귀선을 구하여 방정식에서 추정하는 값과 데이터에서 찾은 값의 차이를 정량화했습니다. 이 차이를 **잔차**[residual]라고 합니다. 잔차는 이 장의 뒷부분에서 다시 설명하고 지금은 통계적 유의성을 확립하는 것에 집중하겠습니다.

엑셀이 자동으로 적합 회귀선과 결과 방정식을 구해주니 참 편리하죠? 하지만 이것만으로 가설검정을 수행하기에는 정보가 부족합니다. 직선의 기울기가 통계적으로 0과 다른지 여부는 아직 알 수 없습니다. 이 정보를 얻으려면 분석 도구 팩을 다시 사용해야 합니다. 리본 메뉴에서 [데이터] → [데이터 분석] → [회귀 분석]을 선택하세요. 종속변수 Y와 독립변수 X의 범위를 선택합니다. [그림 4-10]과 같이 [이름표(Labels)]를 선택하세요.

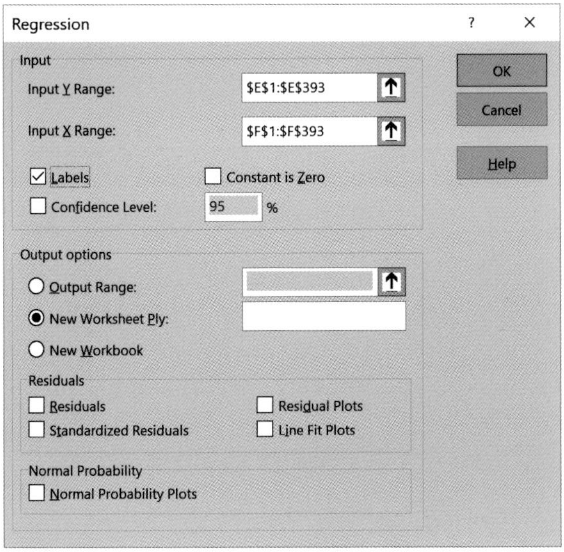

그림 4-10 분석 도구 팩의 회귀 분석 메뉴

결과는 [그림 4-11]과 같습니다. 그림에서 보듯이 상당히 많은 정보를 얻을 수 있습니다. 자세히 살펴볼까요?

A3:B8에 있는 첫 번째 구역은 나중에 살펴보고 지금은 잠시 넘어가겠습니다. A10:F14에 있는 두 번째 구역은 ANOVA[12]라는 레이블이 지정되어 있습니다. 이 구역에 있는 정보는 절편만 있는 회귀 분석보다 기울기계수를 포함한 회귀 분석의 성능이 더 나은지 여부를 알려줍니다.

◢	A	B	C	D	E	F	G	H	I
1	SUMMARY OUTPUT								
2									
3	*Regression Statistics*								
4	Multiple R	0.832244215							
5	R Square	0.692630433							
6	Adjusted R Square	0.691842306							
7	Standard Error	4.332712097							
8	Observations	392							
9									
10	ANOVA								
11		*df*	*SS*	*MS*	*F*	*Significance F*			
12	Regression	1	16497.75976	16497.75976	878.8308864	6.0153E-102			
13	Residual	390	7321.233706	18.77239412					
14	Total	391	23818.99347						
15									
16		*Coefficients*	*Standard Error*	*t Stat*	*P-value*	*Lower 95%*	*Upper 95%*	*Lower 95.0%*	*Upper 95.0%*
17	Intercept	46.21652455	0.798672463	57.86668086	1.6231E-193	44.64628231	47.78676679	44.64628231	47.78676679
18	weight	-0.007647343	0.000257963	-29.64508199	6.0153E-102	-0.008154515	-0.00714017	-0.008154515	-0.00714017
19									

그림 4-11 회귀 분석 결과

[표 4-2]는 비교할 두 가지 방정식을 나타낸 표입니다.

표 4-2 절편만 있는 회귀 모델과 계수가 있는 완전한 회귀 모델

절편만 있는 회귀 모델	계수가 있는 회귀 모델
$mpg = 46.217$	$mpg = 46.217 - 0.0076 \times weight$

통계적 유의성의 결과는 계수가 모델의 성능을 개선함을 나타냅니다. [그림 4-11]의 셀 F12에 있는 p-값에서 검정 결과를 확인할 수 있습니다. p-값은 과학적 표기법으로 작성되어 있으며 6.01 곱하기 10의 -102 제곱으로 읽습니다. 이 값은 0.05보다 훨씬 작습니다. weight를 회귀 모델에서 계수로 사용할 가치가 있다는 결론을 내릴 수 있습니다.

이제 A16:I18에 있는 세 번째 구역으로 이동하겠습니다. 익숙한 값들이 보이죠? 열을 기준으로 살펴보겠습니다. B17:B18에 있는 계수는 [수식 4-3]에서 보았던 직선의 절편과 기울기입니다.

---

12 옮긴이_분산 분석을 나타내는 'analysis of variance'의 줄임말입니다.

다음으로 C17:C18은 표준오차입니다. 표준오차는 3장에서 설명했듯이 반복적인 표본 추출에 의한 변동성의 척도이며 여기서는 계수의 정밀도 척도로 생각할 수 있습니다.

't Stat'으로 표시된 D17:D18은 t 통계량 또는 검정통계량이라고 합니다. t 통계량은 계수를 표준오차로 나누어 도출할 수 있습니다. 이 값을 임곗값인 1.96과 비교하여 95%의 신뢰도에서 통계적 유의성을 확립할 수 있습니다.

그러나 일반적으로는 t 통계량과 같은 정보를 제공하는 p-값을 보고 해석합니다. 해석해야 하는 p-값은 두 개입니다. 첫 번째는 E17에 있는 절편계수입니다. 이 값을 보면 절편이 0과 유의미하게 다른지 여부를 알 수 있습니다. 절편의 유의성은 가설검정의 영역을 벗어나므로 이 정보는 필요 없습니다. 이것이 엑셀의 결과를 항상 액면 그대로 사용할 수 없는 이유입니다.

> **CAUTION**
> 엑셀을 포함한 대부분의 통계 패키지는 절편의 p-값을 제공하지만 일반적으로 필요 없는 정보입니다.

절편계수 대신 셀 E18에 있는 weight의 p-값이 필요합니다. 이 값은 직선의 기울기와 관련이 있습니다. p-값은 0.05보다 훨씬 작으므로 귀무가설을 기각할 수 없으며 무게가 연비에 영향을 미칠 가능성이 있다는 결론을 내립니다. 즉, 직선의 기울기는 0과 크게 다릅니다. 이전 가설검정과 마찬가지로 관계를 증명했다고 결론짓거나 무게가 많을수록 연비가 낮아진다고 결론짓지는 않겠습니다. 다시 말하지만, 표본을 기반으로 모집단을 추론하고 있기 때문에 불확실성이 있습니다.

또한 F17:I18에서 절편과 기울기에 대한 95%의 신뢰구간을 볼 수 있습니다. 기본적으로 신뢰구간은 두 번 표시됩니다. 입력 메뉴에서 다른 신뢰구간을 설정하면 95% 신뢰구간과 설정한 신뢰구간을 확인할 수 있습니다.

이제 회귀 분석 결과를 해석하는 방법을 배웠으니 방정식을 기반으로 **점추정치**를 계산하겠습니다. 무게가 3,021 파운드인 자동차의 연비는 얼마로 추정할 수 있을까요? [수식 4-4]의 회귀 방정식에 대입하겠습니다.

수식 4-4 회귀 방정식으로 점추정치 계산

$$mpg = 46.217 - 0.0076 \times 3021$$

[수식 4-4]에 따라 무게가 3,021 파운드인 자동차의 연비를 23.26으로 추정합니다. 데이터셋을 살펴보세요. 데이터셋의 101행에 있는 `ford maverick` 관측값을 보면 무게가 3,021파운드일 때 연비는 23.26이 아닌 18입니다. **왜 이런 차이가 발생할까요?**

이 차이가 바로 앞에서 언급했던 **잔차**로, 회귀 방정식에서 추정한 값과 데이터에서 찾은 값의 차이를 의미합니다. [그림 4-12]에 이 예제를 포함한 여러 관측값을 나타냈습니다. 각 점은 데이터셋에 있는 실제 관측값을 나타내고 직선은 회귀 분석으로 예측한 값을 나타냅니다.

이러한 값의 차이를 최소화하고 싶은 생각이 드는 것이 당연합니다. 엑셀을 포함한 대부분의 회귀 분석 애플리케이션은 이 차이를 최소화하기 위해 **정규방정식**ordinary least squares(OLS)을 사용합니다. OLS의 목표는 잔차, 특히 **잔차 제곱의 합**을 최소화하여 음의 잔차와 양의 잔차가 동일하게 측정되도록 하는 것입니다. 잔차 제곱의 합이 작을수록 실제 값과 추정 값의 차이가 작고 회귀 방정식이 추정하는 성능이 좋습니다.

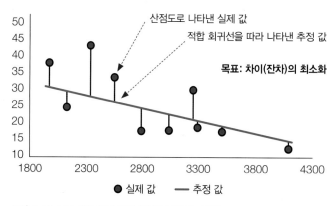

그림 4-12 실제 값과 추정 값의 차이를 나타내는 잔차

기울기의 p-값으로부터 독립변수와 종속변수 사이에 유의미한 관계가 있음을 알아냈습니다. 그러나 이 값은 독립변수가 종속변수의 변동성을 어느 정도 나타내는지 알려주지 않습니다.

변동성은 분석가가 연구해야 하는 핵심입니다. 변수는 변하고 분석가는 변수가 왜 변하는지 연구합니다. 실험으로 독립변수와 종속변수 사이의 관계를 이해하여 변수가 변하는 이유를 연구할 수 있습니다. 하지만 독립변수로 종속변수의 모든 것을 설명할 수는 없습니다. 언제나 설명할 수 없는 오차가 있기 마련입니다.

R^2 또는 결정계수는 회귀 모델로 종속변수의 변동성을 설명할 수 있는 정도를 백분율로 나타냅니다. 예를 들어 R^2이 0.4이면 Y의 변동성의 40%를 모델로 설명할 수 있음을 나타냅니다. 즉, $1 - R^2$은 모델이 설명할 수 없는 변동성을 의미합니다. R^2이 0.4이면 Y의 변동성의 60%를 설명할 수 없습니다.

엑셀은 회귀 분석 결과의 첫 번째 구역에서 R^2을 계산합니다. [그림 4-11]의 셀 B5를 다시 살펴보세요. R^2의 제곱근은 셀 B4에 표시된 다중 상관계수(multiple R)입니다. 셀 B6에 표시된 조정된 결정계수(Adjusted R Square)는 여러 독립변수가 있는 모델에서 R^2보다 보수적인 추정치로 사용합니다. 이 측정값은 **다중 선형회귀 분석**에서 유용하지만 다중 선형회귀 분석은 이 책의 범위를 벗어나므로 자세히 설명하지 않겠습니다.

다중 선형회귀 분석

이 장에서는 **일변량** 선형회귀 분석 또는 하나의 독립변수가 하나의 종속변수에 미치는 영향에 중점을 두었습니다. 종속변수에 대한 여러 독립변수의 영향을 추정하기 위해 다중 또는 **다변량** 선형회귀 모델을 구축할 수도 있습니다. 이러한 독립변수에는 연속형 변수 외에도 범주형 변수, 변수 사이의 상호작용 등이 포함될 수 있습니다. 엑셀에서 더 복잡한 선형회귀 분석을 수행하는 방법을 공부하고 싶다면 콘래드 칼베르그 Conrad Carlberg 의 『엑셀로 하는 회귀분석』(에이콘출판사, 2018)을 읽어보세요.

R^2 외에도 회귀 분석의 성능을 측정하는 또 다른 방법이 있습니다. 엑셀의 회귀 분석 결과에 있는 표준오차([그림 4-11]의 셀 B7)입니다. 이 측정값은 관측값이 회귀선에서 벗어나는 평균 거리를 나타냅니다. 일부 분석가는 R^2보다 이 측정값 또는 다른 측정값으로 회귀 모델을 평가하는 것을 선호하기도 하지만 R^2을 활용하는 것이 가장 일반적입니다. 선호도에 관계없이 적절한 맥락에서 여러 가지 수치를 평가하는 것이 가장 좋은 평가 방법입니다.

축하합니다! 여러분은 완전한 회귀 분석을 수행하고 해석했습니다.

4.4 결과 다시 보기: 허위관계

시간적 순서와 논리에 따르면 연비 예제에서 weight는 독립변수고 mpg는 종속변수여야 합니다. 하지만 변수를 반대로 하여 적합 회귀선을 구하면 어떻게 될까요? 분석 도구 팩을 사용하여 실험해보세요. 결과 회귀 방정식은 [수식 4-5]와 같습니다.

수식 4-5 연비를 기반으로 무게를 추정하는 회귀 방정식

$$weight = 5101.1 - 90.571 \times mpg$$

독립변수와 종속변수를 뒤집어도 상관계수는 동일합니다. 하지만 회귀 분석에서는 두 변수를 뒤집으면 계수가 바뀝니다.

`mpg`와 `weight`가 동시에 어떤 외부 변수의 영향을 받는다는 것을 알게 된다면 두 모델 모두 정확하지 않은 모델이 됩니다. 그리고 이러한 점은 아이스크림 소비와 상어 공격에서도 마찬가지입니다. 아이스크림 소비가 상어 공격에 영향을 미친다고 말하는 것은 어리석은 일입니다. [그림 4-13]에서 볼 수 있듯이 둘 다 온도의 영향을 받기 때문입니다.

그림 4-13 아이스크림 소비와 상어 공격: 허위관계

이와 같은 관계를 허위관계^{spurious relationship}라고 합니다. 허위관계는 데이터에서 자주 관찰되며 이 예제만큼 분명하게 판단하기 어려울 수도 있습니다. 연구 중인 데이터의 영역에 대한 지식을 갖추면 허위관계를 탐지하는 데 매우 큰 도움이 됩니다.

> **CAUTION**
> 변수는 상관관계가 있을 수 있으며 인과관계의 증거도 있을 수 있습니다. 하지만 그 관계는 설명조차 하지 않은 변수에 의해 좌우될 수 있습니다.

4.5 마치며

앞에서 언급했던 문구를 기억하시나요?

상관관계가 인과관계를 의미하지 않는다.

분석은 매우 점진적입니다. 일반적으로 점점 더 복잡한 분석을 구축하기 위해 하나의 개념을 그 다음 개념 위에 차곡차곡 쌓아 올립니다. 예를 들어 모집단의 모수를 추론하기 전에 항상 표본의 기술통계를 먼저 구합니다. 상관관계가 인과관계를 의미하지는 않지만 인과관계는 상관관계를 기반으로 합니다. 즉, 관계를 다음과 같이 요약할 수 있습니다.

상관관계는 인과관계의 필요조건이지만 충분조건은 아니다.

3장과 4장은 통계적 추론의 맛보기에 불과합니다. 하지만 모든 검정은 여기에서 사용한 것과 동일한 가설검정 프레임워크를 사용합니다. 여기에서 배운 내용을 여러분의 것으로 만든다면 모든 유형의 데이터 관계를 검정할 수 있습니다.

4.6 프로그래밍으로 나아가기

엑셀이 통계와 분석을 배우기에 탁월한 도구라는 점을 느끼고 공감했기를 바랍니다. 통계와 분석에서 큰 부분을 차지하는 통계 원리를 직접 살펴본 후 실제 데이터셋에서 관계를 탐색하고 검정하는 방법을 살펴보았습니다.

하지만 고급 분석에서는 엑셀의 장점을 발휘하기 어렵습니다. 예를 들어 시각화를 사용하여 정규성 및 선형성과 같은 특성을 확인했었죠. 시각화는 검정의 시작으로써 좋지만 더 강력한 검정 방법이 있습니다. 실제로 시각화보다는 통계적 추론을 사용하는 경우가 많습니다. 이러한 기술은 종종 행렬대수 연산이나 엑셀에서 도출하기 어려운 계산 집약적 연산이 필요한 경우가 많습니다. 이러한 단점을 보완하기 위해 추가 기능을 사용할 수 있지만 비용이 많이 들고 특정 기능이 부족할 수도 있습니다. 반면에 오픈소스 도구인 R과 파이썬은 무료이며 거의 모든 사용 사례 use case 를 지원하는 '패키지'라는 애플리케이션과 유사한 기능을 포함합니다. 이러한 환경에서는 원시 계산보다 데이터의 개념 분석에 집중할 수 있지만 프로그래밍 방법을 배워야 합니다.

5장에서 이러한 도구와 분석 툴킷을 집중적으로 살펴보겠습니다.

4.7 연습 문제

이 책의 저장소 datasets 폴더[13]에 있는 ais 데이터셋을 분석하여 상관 분석과 회귀 분석을 연습하세요. ais 데이터셋에는 서로 다른 스포츠 종목의 호주 남성과 여성 선수의 키, 체중 및 혈액 수치가 있습니다.

데이터셋을 사용하여 다음을 수행하세요.

1. 이 데이터셋에 있는 관련 변수의 상관행렬을 생성하세요.

2. 키(ht)와 몸무게(wt)의 관계를 시각화하세요. 두 변수는 선형관계인가요? 만약 그렇다면 음의 관계인가요, 양의 관계인가요?

3. ht와 wt 중에 어떤 변수가 독립변수고 어떤 변수가 종속변수일까요?
   - 독립변수가 종속변수에 유의미한 영향을 미치나요?
   - 적합 회귀선의 기울기는 얼마인가요?
   - 독립변수로 설명할 수 있는 종속변수의 변동성 비율은 얼마인가요?

4. 이 데이터셋에는 체질량 지수를 나타내는 bmi 변수가 있습니다. 체질량 지수가 무엇인지 모른다면 계산 방법을 먼저 검색해보세요. 그런 다음 ht와 bmi의 관계를 분석해보세요. 통계적 추론 외에 상식적인 측면도 고려하여 관계를 살펴보세요.

---

13 *https://oreil.ly/hazKQ*

## CHAPTER 5

데이터 분석 스택

4장까지 열심히 달려오면서 여러분은 엑셀로 분석의 핵심 원리와 방법을 공부했습니다. 5장은 책의 나머지 장을 위한 중간 다리 역할을 하며 여기에서 배운 내용을 R과 파이썬에 적용합니다.

이 장에서는 통계, 데이터 분석 및 데이터 과학 분야를 자세히 설명하고 엑셀, R 및 파이썬이 **데이터 분석 스택**에서 어떤 역할을 하는지 살펴보겠습니다.

5.1 통계, 데이터 분석 그리고 데이터 과학

이 책의 목표는 여러분이 데이터 분석의 원리를 완벽하게 이해하도록 돕는 것입니다. 앞에서 살펴보았듯이 통계는 분석에서 매우 중요하기 때문에 통계와 분석 사이에 선을 그어서 확실하게 경계를 나누긴 어렵습니다. 통계와 분석 외에 데이터 과학이라는 용어도 있죠. 이 세 가지 용어는 서로 구분하기 어려울 수 있기 때문에 용어를 하나씩 자세히 살펴보겠습니다.

통계

통계는 데이터를 수집, 분석하고 표시하는 방법과 가장 관련이 높습니다. 4장까지 실습하면서 통계 분야의 많은 개념을 활용했었죠? 예를 들어 주어진 표본으로 모집단을 추론하고 히스토그램과 산점도 같은 차트를 사용하여 데이터의 분포와 관계를 표현했습니다.

지금까지 사용한 대부분의 검정과 기술은 선형회귀 및 독립 표본 t 검정과 같은 통계의 개념에서 가져왔습니다. 데이터 분석이 **목적**이라면 통계는 **수단**입니다.

데이터 분석

데이터 분석에서는 분석 방법보다는 결과를 사용하여 외부 목표를 달성하는 데 더 집중합니다. 데이터를 분석하는 것과 결과를 활용하는 것은 다릅니다. 예를 들어 어떤 관계는 통계적으로 유의미하지만 비즈니스에는 실질적인 의미가 없을 수도 있습니다.

데이터 분석은 이러한 통찰력을 구축하는 데 필요한 기술과도 관련이 있습니다. 예를 들어 데이터셋을 정리하고 대시보드를 설계하며 이러한 자산을 빠르고 효율적으로 배포해야 할 수도 있습니다. 지금까지 이 책은 분석의 **통계적** 기초에 초점을 맞춰왔지만 이 장의 뒷부분에서 살펴볼 **계산**과 **기술적** 기초도 알아야 합니다.

비즈니스 분석

데이터 분석은 특히 비즈니스 목표를 세우고 충족할 때 사용하며 비즈니스 이해 관계자를 지원하는 데 사용됩니다. 분석 전문가는 종종 비즈니스 운영 세계에 한 발을 걸치고 정보 기술 분야에도 한 발을 걸칩니다. **비즈니스 분석**이라는 용어는 이러한 업무의 조합을 설명할 때 자주 사용됩니다.

데이터 또는 비즈니스 분석 프로젝트의 예로 영화 대여 데이터 분석을 들 수 있습니다. 분석가는 EDA를 기반으로 코미디 영화가 휴일 주말에 특히 잘 팔린다는 가설을 세울 수 있습니다. 제품 관리자 또는 기타 비즈니스 이해 관계자와 협력하여 작은 실험을 통해 가설을 수립하고 검정할 수 있습니다. 가설검정은 4장에서 공부한 내용이므로 익숙할 것입니다.

데이터 과학

마지막으로 데이터 과학입니다. 데이터 과학은 통계와 뗄 수 없는 관계지만 고유한 결과에 초점을 맞추고 있는 또 다른 분야입니다.

또한 데이터 과학자는 비즈니스 목표를 염두에 두고 작업을 하지만 그 범위는 데이터 분석과는 상당히 다릅니다. 영화 대여 예제로 돌아가면 데이터 과학자는 알고리즘에 따라 구동되는 시스템을 구축하여 비슷한 고객이 대여한 영화를 기반으로 특정 고객에게 영화를 추천할 수 있습니다. 이러한 시스템을 구축하고 활용하려면 상당한 엔지니어링 기술이 필요합니다. 데이터 과학자가 비즈니스와 관련이 없다고 말할 수는 없지만 데이터 분석가보다 엔지니어링 또는 정보 기술과 더 관련이 있는 경우가 많습니다.

머신러닝

용어 사이의 차이점을 요약하면 데이터 분석은 데이터의 관계를 이해하고 설명하는 것과 관련이 있는 반면에 데이터 과학은 머신러닝 기술을 사용하여 **예측** 시스템 및 제품을 구축하는 것과 관련이 있다고 말할 수 있습니다.

머신러닝machine learning은 명시적으로 프로그래밍하지 않은 상태에서 더 많은 데이터를 사용하여 개선할 수 있는 알고리즘을 구축하는 작업입니다. 예를 들어 은행이 머신러닝을 사용하여 고객이 대출금을 상환할 수 없는지 여부를 탐지할 수 있습니다. 더 많은 데이터를 입력하면 알고리즘이 데이터에서 규칙과 관계를 찾아 불이행 가능성을 더 잘 예측할 수 있습니다. 머신러닝 모델은 놀라운 예측 정확도를 제공할 수 있으며 다양한 시나리오에서 사용될 수 있습니다. 하지만 간단한 알고리즘으로 충분할 때도 복잡한 머신러닝 알고리즘을 구축하고 싶은 욕심이 생길 수 있으며 이러한 욕심으로 모델을 해석하고 활용하는 데 어려움을 겪을 수 있습니다.

머신러닝은 이 책의 범위를 벗어나기 때문에 자세히 다루지 않겠습니다. 머신러닝에 관심이 있다면 오렐리앙 제롱Aurelien Géron의 『핸즈온 머신러닝(2판)』(한빛미디어, 2020)을 강력하게 추천합니다. 이 책은 파이썬을 주로 다루기 때문에 3부를 먼저 읽은 후에 이 책을 읽는 것이 가장 좋습니다.

완벽한 경계는 없다

통계, 데이터 분석과 데이터 과학을 구별하는 것은 의미가 있지만 불필요한 경계를 만들지 않도록 주의해야 합니다. 이러한 분야에서 범주형 종속변수와 연속형 종속변수의 차이는 의미가 있습니다. 세 분야 모두 가설검정을 사용하여 문제를 구성합니다. 통계 덕분에 공통된 용어로 데이터 작업을 설명할 수 있습니다.

데이터 분석과 데이터 과학의 역할도 종종 혼용됩니다. 사실 여러분은 이 책에서 핵심 데이터 과학 기술의 기초인 선형회귀 분석을 배웠습니다. 간단히 말해서 이러한 분야를 나누기보다는 통합하는 경우가 더 많습니다. 이 책은 데이터 분석에 초점을 맞추고 있지만 R과 파이썬을 공부하고 나면 데이터 과학도 공부할 수 있습니다.

통계 및 데이터 과학과 데이터 분석의 차이를 살펴보았으므로 이제 분석에서 배울 수 있는 엑셀, R과 파이썬 및 기타 툴 사이의 차이도 살펴보겠습니다.

5.2 데이터 분석 스택의 중요성

분석 전문가는 어떤 한 가지 도구를 기술적으로 잘 다루는 능력도 중요하지만 그보다 앞서 각 도구의 장단점을 고려하여 서로 다른 도구를 선택하고 조합하는 능력을 갖춰야 합니다.

웹 개발자 또는 데이터베이스 관리자는 일반적으로 작업을 수행할 때 사용하는 도구의 '스택 stack'이 있습니다. 동일한 개념을 데이터 분석에 적용할 수 있습니다. 하나의 도구 또는 스택의 조각이 부족할 때는 도구의 단점을 탓하기보다는 다른 도구나 조각을 선택하는 데 초점을 맞추어야 합니다. 즉, 데이터 분석가는 서로 다른 조각을 대체물이 아닌 보완물로 생각해야 합니다.

[그림 5-1]은 분석 스택의 네 가지 조각의 개념을 나타낸 그림으로, 일반적으로 기업에서 사용하는 데이터 도구를 굉장히 단순화한 것입니다. 종단간end-to-end 분석 파이프라인을 이 그림에 대입하기는 어렵습니다. 각 조각은 정보 기술 부서(데이터베이스)에서 데이터를 저장하고 유지 관리하는 위치부터 비즈니스 최종 사용자(스프레드시트)가 데이터를 사용하고 탐색하는 위치까지 순서대로 나열됩니다. 이 조각을 조합하여 솔루션을 만들 수 있습니다.

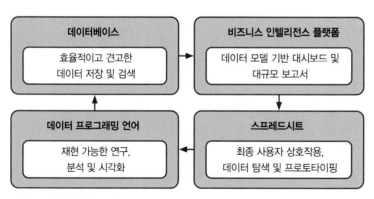

그림 5-1 데이터 분석 스택

스택의 각 조각을 자세히 살펴보겠습니다. 여러분에게 친숙하다고 생각하는 순서대로 조각을 설명하겠습니다.

5.2.1 스프레드시트

아마도 여러분은 4장까지 엑셀에서 실습하면서 스프레드시트에 익숙해졌을 것입니다. 따라서 스프레드시트가 무엇이고 어떻게 작동하는지 자세히 설명하지는 않겠습니다. 스프레드시트의 작동 원리는 엑셀뿐만 아니라 구글 시트^{Google Sheets}, 리브레오피스^{LibreOffice} 등의 다른 스프레드시트 애플리케이션에도 적용됩니다. 이 책은 엑셀을 중점적으로 다루기 때문에 여기서는 엑셀에 초점을 맞추겠습니다. 스프레드시트가 분석에 생명을 불어넣을 수 있고 EDA에 유용한 도구라는 점을 배웠습니다. 이러한 사용 편의성과 유연성 덕분에 스프레드시트는 최종 사용자에게 데이터를 배포하기 좋은 이상적인 도구입니다.

하지만 이러한 유연성은 장점이자 단점이 될 수 있습니다. 스프레드시트 모델을 구축하여 어떤 수치 결과를 얻었다가 몇 시간 후에 파일을 다시 열었는데 설명하기 어려울 정도로 전혀 다른 수치를 확인하게 될 수도 있습니다. 때로는 스프레드시트가 장난을 치는 것처럼 느껴질 수도 있습니다. 다른 계층에 영향을 미치지 않고 분석의 한 계층을 분리하는 것은 매우 어렵습니다.

잘 설계된 데이터 제품은 [그림 5-2]와 같아야 합니다.

- 로데이터는 고유하며 분석에 영향을 받지 않습니다.
- 관련된 정리와 분석을 위해 데이터를 처리합니다.
- 결과 차트 또는 테이블은 독립된 출력 결과입니다.

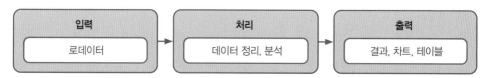

그림 5-2 입력과 처리, 출력

스프레드시트는 이 원칙을 따라야 하지만 보통 계층이 서로 섞이며 엉망진창이 되곤 합니다. 사용자는 로데이터를 덮어 씌우거나 주어진 셀을 가리키는 모든 참조를 추적하기가 매우 어려울 정도로 계산 위에 계산을 쌓을 수도 있습니다. 통합 문서가 견고하게 설계되어 있어도 입력–처리–출력 모델의 궁극적인 목표인 재현성^{reproducibility}을 달성하기 어려울 수 있습니다. 재현성이란 동일한 입력을 동일하게 처리했을 때 동일한 결과를 반복적으로 얻을 수 있는 가능성을 의미합니다. 물론 오류가 발생하기 쉬운 단계가 있거나 어설픈 계산으로 인해 파일을 열 때마다 동일한 결과를 얻는다는 보장이 없는 경우에는 통합 문서를 재현할 수 없습니다.

지저분하거나 재현할 수 없는 통합 문서는 식품 서비스에서 금융 규제에 이르기까지 모든 분야에서 많은 오류를 발생시켰습니다. 어떤 사례가 있는지 궁금하다면 스프레드시트의 잘못된 사용이 만든 무서운 사례 모음집[14]을 읽어보세요. 아마도 여러분이 하는 분석은 채권을 거래하거나 획기적인 학술 연구를 출판하는 것만큼 위험부담이 큰 일은 아닐 것입니다. 그러나 느리고 신뢰할 수 없는 결과를 초래하며 오류가 발생하기 쉬운 데이터 처리를 하고 싶은 사람은 없을 것입니다. 그럼에도 이런 일은 충분히 일어날 가능성이 높습니다. 계속 강조하지만 엑셀과 스프레드시트는 분석 분야에서 중요한 위치를 차지하고 있습니다. 엑셀에서 깨끗하고 재현 가능한 워크플로workflow를 구축하는 데 도움이 되는 몇 가지 도구를 살펴보겠습니다.

VBA

일반적으로 각 분석 단계를 코드로 작성하면 계산 과정에서 재현성을 보장할 수 있으며 각 단계를 저장하고 나중에 빠르게 실행할 수 있습니다. 엑셀은 비주얼 베이직 포 애플리케이션Visual Basic for Applications(VBA)에 자체 프로그래밍 언어가 있습니다.

VBA를 사용하여 데이터 처리 단계를 코드로 작성할 수 있지만 VBA는 통계 프로그래밍 언어의 많은 기능, 특히 전문 분석을 위한 무료 패키지가 부족합니다. 또한 마이크로소프트는 일부 VBA를 제외한 모든 리소스를 새로운 오피스 스크립트 언어로 옮겨 내장 엑셀 자동화 도구를 제공하고 자바스크립트와 파이썬까지 지원한다고 합니다.

모던 엑셀

마이크로소프트가 엑셀 2010부터 제공하기 시작한 비즈니스 인텔리전스business intelligence(BI) 중심의 일련의 도구를 '모던 엑셀Modern Excel'이라고 부르겠습니다. 이러한 도구는 믿을 수 없을 정도로 강력하고 재미있으며 엑셀이 무엇을 할 수 있고 할 수 없는지에 대한 많은 통념을 깨뜨립니다.

이제 모던 엑셀을 구성하는 세 가지 애플리케이션을 살펴보겠습니다.

- 파워 쿼리Power Query는 다양한 소스에서 데이터를 추출하고 변환한 다음 엑셀로 불러오는 도구입니다. 데이터 소스는 .csv 파일에서 관계형 데이터베이스에 이르기까지 다양하며 수백만 개의 레코드를 포함할

---

14 *https://oreil.ly/gWWw3*

수 있습니다. 엑셀 통합 문서 자체에는 약 백만 개의 행만 포함할 수 있지만 파워 쿼리를 사용하여 읽을 경우 몇 배의 행을 포함할 수 있습니다.

게다가 파워 쿼리는 마이크로소프트의 M 프로그래밍 언어 덕분에 **완벽하게 재현 가능**합니다. 사용자는 M 코드를 생성하는 메뉴로 단계를 추가, 편집하거나 직접 작성할 수 있습니다. 파워 쿼리는 엑셀의 강력한 기능으로, 통합 문서로 다룰 수 있는 데이터 양의 제약을 해소할 뿐만 아니라 데이터의 검색과 조작을 완벽하게 재현할 수 있습니다.

- 파워 피벗^{Power Pivot}은 엑셀용 관계형 데이터 모델링 도구입니다. 이 장의 뒷부분에서 데이터베이스를 살펴볼 때 관계형 데이터 모델을 더 자세히 설명하겠습니다.

- 마지막으로 파워 뷰^{Power View}는 엑셀에서 대화형 차트 생성 및 시각화 도구입니다. 이 도구는 대시보드를 구축할 때 특히 유용합니다.

모던 엑셀이 제공하는 기능을 적극적으로 사용해야 하는 분석 및 보고 관련 직군이라면 모던 엑셀을 더 자세히 알아볼 것을 추천합니다. 엑셀에서 백만 개 이상의 행을 처리할 수 없거나 다양한 데이터 소스에서 작업할 수 없다는 이야기는 이제 옛말입니다.

이러한 도구는 통계 분석을 수행하는 목적 외에 보고서 작성과 데이터 배포 등의 다른 분석 분야를 지원하는 목적으로도 만들어졌습니다. 다행히도 파워 쿼리와 파워 피벗은 R 및 파이썬 같은 도구와 함께 사용하여 뛰어난 데이터 제품을 구축할 수 있습니다.

엑셀의 발전과 많은 이점에도 불구하고 엑셀은 남용했을 때 발생하는 문제 때문에 분석 분야에 있는 많은 사람의 눈살을 찌푸리게 합니다. 그렇다면 애초에 엑셀이 남용되는 이유는 무엇일까요? 비즈니스 사용자는 더 나은 대안이나 리소스가 부족한 문제를 엑셀의 역할로 해결하려고 하기 때문입니다.

피할 수 없다면 즐기세요! 엑셀은 데이터를 탐색하고 다루기에 매우 편리한 도구입니다. 또한 최신 기능을 사용하면 재현 가능한 데이터 정리 워크플로와 관계형 데이터 모델을 구축할 수 있습니다. 그러나 미션 크리티컬^{mission-critical}[15]한 데이터를 저장하거나 대시보드 및 보고서를 배포하고 고급 통계 분석을 수행하는 등 몇몇 작업에서는 엑셀을 활용하기 어렵습니다. 대안을 좀 살펴볼까요?

---

15 옮긴이_미션 크리티컬은 비즈니스 운영 또는 단체에 필수적인 것으로, 실패하면 비즈니스 운영이나 단체에 심각한 영향을 미치는 일련의 요소를 의미합니다.

5.2.2 데이터베이스

데이터베이스, 특히 **관계형 데이터베이스** relational database 는 분석 분야에서 비교적 오래된 기술로 그 기원은 1970년대 초로 거슬러 올라갑니다. 관계형 데이터베이스의 구성 요소는 바로 **테이블**입니다. 이전 장까지 실습에서 계속 테이블을 다루었기 때문에 아마 테이블이 익숙하게 느껴질 것입니다. 지금까지는 열과 행을 통계 용어인 변수와 관측값이라고 불렀다면 데이터베이스에서는 **필드** field 와 **레코드** record 라는 단어를 사용합니다. [그림 5-3]은 테이블의 예를 나타낸 그림입니다.

Dept_no	Dept_name	Loc_no
1	Finance	5
2	Marketing	5
3	Information technology	6
4	Human resources	5

→ 열, 변수, 필드

→ 행, 관측값, 레코드

그림 5-3 레이블이 지정된 데이터베이스 테이블

[그림 5-4]와 같이 데이터를 서로 연결해야 한다면 엑셀의 VLOOKUP( ) 함수를 사용하세요. 공통 열을 '조회 필드'로 사용하여 한 테이블에서 다른 테이블로 데이터를 전송할 수 있습니다. 이 외에도 많은 기능이 있지만 **관계형 데이터 모델**의 핵심은 데이터 사이의 관계를 사용하여 데이터를 효율적으로 저장하고 관리하는 것입니다.

필자는 데이터셋을 서로 연결할 수 있는 기능 때문에 VLOOKUP( )을 '**엑셀의 덕트 테이프** duct tape' 라고 부릅니다. VLOOKUP( )이 덕트 테이프라면 관계형 데이터 모델은 용접기입니다.

Empno	Ename	Deptno	Sal
805	Adams	2	1600
210	Clark	1	1500
879	Jones	4	1100

Loc_no	City	State	Zip
5	Cleveland	OH	44106
6	Denver	CO	80205

Dept_no	Dept_name	Loc_no
1	Finance	5
2	Marketing	5
3	Information technology	6
4	Human resources	5

그림 5-4 관계형 데이터베이스의 필드와 테이블 사이의 관계

관계형 데이터베이스 관리 시스템relational database management system (RDBMS)은 대규모 데이터를 저장하고 검색할 때 관계형 데이터베이스 모델의 기본 개념을 적용하도록 설계된 시스템입니다. 온라인 쇼핑몰에서 주문을 하거나 메일링 리스트에 가입하면 해당 데이터가 RDBMS를 통해 전달됩니다. RDBMS는 파워 피벗과 개념이 같지만 파워 피벗은 비즈니스 인텔리전스 분석 및 보고에 한정되고 RDBMS는 모든 서비스를 제공한다는 차이가 있습니다.

구조화 질의어Structured Query Language (SQL)는 전통적으로 데이터베이스와 상호작용하기 위해 사용합니다. SQL은 이 책의 범위를 벗어나기 때문에 자세히 설명하지는 않겠지만 분석에서 중요한 주제입니다. SQL 입문자라면 앨런 볼리외Alan Beaulieu의 『러닝 SQL』(한빛미디어, 2021)을 읽어보기를 추천합니다. 일반적으로는 언어 이름으로 'SQL' 또는 '씨퀄sequel'을 사용하지만 RDBMS에 따라 여러 방언이 있습니다. 마이크로소프트 또는 오라클과 같은 시스템은 독점 시스템이며 PostgreSQL, SQLite와 같은 시스템은 오픈소스입니다.

SQL에서 수행할 수 있는 연산을 줄여서 '**CRUD**'라고 부르며 각 알파벳은 생성을 뜻하는 'Create', 읽기를 뜻하는 'Read', 갱신을 뜻하는 'Update', 삭제를 뜻하는 'Delete'를 의미합니다. 데이터 분석가는 일반적으로 데이터베이스에서 데이터를 변경하는 일보다는 읽는 일이 많습니다. 읽기 연산은 다양한 플랫폼에서 사용하는 SQL 방언이 크게 차이가 없습니다.

5.2.3 비즈니스 인텔리전스 플랫폼

비즈니스 인텔리전스 플랫폼은 광범위한 도구 모음이면서 동시에 스택에서 가장 모호한 조각입니다. 여기서 말하는 비즈니스 인텔리전스 플랫폼이란 사용자가 데이터를 수집, 모델링하고 표시할 수 있는 엔터프라이즈 도구를 의미합니다. 마이크로스트레티지MicroStrategy와 SAP 비즈니스오브젝트BusinessObjects와 같은 데이터 웨어하우징data warehousing 도구는 셀프서비스 데이터 수집 및 분석을 위해 설계된 도구이기 때문에 비즈니스 인텔리전스 플랫폼과 일부 관련이 있습니다. 하지만 데이터 웨어하우징 도구는 시각화와 대화형 대시보드 구축에 한계가 있는 경우가 많습니다.

파워 BIPower BI, 태블로Tableau와 루커Looker는 대표적인 비즈니스 인텔리전스 플랫폼입니다. 이러한 플랫폼은 대부분 독점적이며 사용자는 최소한의 코딩으로 데이터 모델, 대시보드 및 보고서를 작성할 수 있습니다. 중요한 것은 비즈니스 인텔리전스 플랫폼으로 조직 전체에 정보를 쉽게 배포하고 갱신할 수 있다는 점이며 이러한 자산은 다양한 형식으로 태블릿 PC와 스마트폰에 배포됩니다. 많은 조직이 대시보드 및 보고서 작성 도구를 스프레드시트에서 비즈니스 인텔리전스 플랫폼으로 전환하고 있습니다.

하지만 비즈니스 인텔리전스 플랫폼은 데이터를 처리하고 시각화하는 방식이 유연하지 않은 경향이 있습니다. 비즈니스 사용자가 사용하기 쉽다는 장점은 오히려 자유도를 떨어뜨리기 때문에 숙련된 데이터 분석가가 당면한 작업에 필요한 고급 기술, 즉 일종의 '해킹'을 수행하기 어려운 경우가 많습니다. 또한 사용자 한 명의 연간 라이선스가 수백 또는 수천 달러에 달하기 때문에 비용이 많이 듭니다.

앞에서 살펴본 모던 엑셀의 요소(파워 쿼리, 파워 피벗, 파워 뷰)를 파워 BI에서도 사용할 수 있습니다. 또한 R과 파이썬 코드를 사용하여 파워 BI에서 시각화를 구축할 수 있습니다. 다른 비즈니스 인텔리전스 시스템도 비슷한 기능을 가지고 있습니다. 앞에서 엑셀을 집중적으로 설명했기 때문에 여기서도 엑셀과 관련이 있는 파워 BI만 설명하고 넘어가겠습니다.

5.2.4 데이터 프로그래밍 언어

마지막으로 데이터 프로그래밍 언어를 살펴보겠습니다. 데이터 프로그래밍 언어란 데이터를 분석하기 위해 특별히 사용하는 소프트웨어 애플리케이션을 의미합니다. 많은 분석 전문가는 스택에 이 조각이 없어도 훌륭한 작업을 수행합니다. 또한 많은 유료 도구가 정교한 분석을 위해 로코드low-code 또는 노코드no-code 솔루션으로 전환되고 있습니다.

하지만 코딩을 배울 것을 강력하게 추천합니다. 데이터 처리 방식에 대한 이해도를 높이고 그래픽 사용자 인터페이스graphical user interface (GUI) 또는 포인트 앤드 클릭point-and-click 소프트웨어를 사용할 때보다 워크플로를 완전히 제어할 수 있습니다.

오픈소스 프로그래밍 언어인 R과 파이썬은 데이터 분석에 적합하기 때문에 이 책의 나머지 장에서는 이 두 가지 언어에 중점을 둡니다. 두 언어 모두 소셜 미디어 자동화에서 지리 공간 분석에 이르기까지 모든 것을 지원하는 엄청난 무료 패키지가 있습니다. 이러한 언어를 배우면 고급 분석 및 데이터 과학의 문이 열립니다. 엑셀이 데이터를 탐색하고 분석하는 강력한 도구라고 생각했다면 그것은 아마도 여러분이 아직 R과 파이썬을 배우지 않았기 때문입니다.

게다가 데이터 프로그래밍 언어는 재현 가능한 연구에 아주 적합합니다. [그림 5-2]를 다시 살펴보세요. 그리고 엑셀에서 로데이터와 작업할 데이터를 분리할 때 겪은 어려움을 떠올려보세요. R과 파이썬은 프로그래밍 언어로 분석에서 수행한 모든 단계를 기록합니다. 이 워크플로는 먼저 외부 소스에서 데이터를 읽은 다음 해당 데이터의 복사본에서 작업하여 로데이터를 그대로 유지합니다. 또한 이 워크플로를 사용하면 **버전 관리**라고 하는 프로세스를 통해 파일에 대한 변경사항과 작업 내용을 쉽게 확인할 수 있습니다. 버전 관리는 14장에서 자세히 설명하겠습니다.

R과 파이썬은 오픈소스 소프트웨어 애플리케이션입니다. 즉, 누구나 무료로 소스 코드를 사용할 수 있으며 빌드, 배포 또는 기여할 수 있습니다. 이러한 특징은 독점 제공되는 엑셀과 상당히 다릅니다. 오픈소스와 독점 시스템 모두 장단점이 있습니다. R과 파이썬의 경우 누구나 자유롭게 소스 코드를 개발할 수 있기 때문에 패키지와 애플리케이션이 풍부한 생태계가 구축되었습니다. 또한 초보자가 입문하기 쉽도록 진입 장벽을 낮췄습니다.

하지만 오픈소스 인프라는 일반적으로 개발자가 아무런 보상 없이 여가시간에 유지보수를 해야 한다는 치명적인 특징이 있습니다. 지속적으로 개발 및 유지보수되며 상업적으로 보장되지 않는 인프라에 의존하는 것은 이상적이지 않을 수도 있습니다. 이러한 위험을 완화하는 방법은 여러 가지가 있습니다. 실제로 오픈소스 시스템을 지원, 유지 및 보강하는 전문 기업도 많습니다. R과 파이썬을 공부하면서 이러한 관계를 살펴보겠습니다. 무료로 이용 가능한 코드를 기반으로 서비스를 제공하면서 돈을 벌 수 있다는 사실에 놀랄 수도 있습니다.

스택의 데이터 프로그래밍 언어 조각은 다른 조각보다 학습 장벽이 높습니다. 말 그대로 새로운 언어를 배우는 것이기 때문입니다. 따라서 데이터 프로그래밍 언어를 하나만 배우는 것도 무리라고 생각할 수 있습니다. 그런데 도대체 어떻게 그리고 왜 두 개나 배우는 것일까요?

우선 이 책의 첫 부분에서 말했듯이 여러분은 0에서 시작하는 것이 아닙니다. 여러분은 이미 데이터를 다루고 처리하는 방법에 대한 지식이 풍부합니다. 따라서 코딩하는 방법도 가볍게 익힐 수 있습니다.

TIP

구어와 마찬가지로 데이터 프로그래밍 언어도 다국어를 구사할 수 있다는 이점이 있습니다. 실무적인 측면에서 기업이 R이나 파이썬 중 하나를 요구할 수 있으므로 데이터 프로그래밍 언어의 기반을 다지는 것이 좋습니다. 하지만 둘 다 배워서 할 수 있는 언어의 수를 늘리는 것이 중요한 것이 아닙니다. 각 언어에는 고유한 기능이 있으며 주어진 상황에 맞는 언어를 사용하는 것이 좋습니다. 스택의 서로 다른 조각을 대체물이 아니라 보완물로 생각하는 것이 좋다고 언급했듯이 여기서도 서로 다른 도구를 같은 관점으로 이해해야 합니다.

5.3 마치며

데이터 분석가는 종종 어떤 도구에 초점을 맞춰 공부해야 하는지 또는 전문가가 되어야 하는지 고민합니다. 필자는 단일 도구의 전문가가 되기보다는 스택의 각 조각에서 서로 다른 도구를 학습하여 상황에 맞게 선택하고 전환할 수 있도록 공부하는 것이 좋다고 생각합니다. 이러한 관점에서 볼 때 스택의 한 조각이 다른 조각보다 열등하다고 주장하는 것은 말이 되지 않습니다. 스택의 각 조각은 서로 대체하기보다는 상호 보완하는 관계라고 보는 것이 맞습니다.

실제로 가장 강력한 분석 제품은 스택의 조각을 결합하여 만들어집니다. 예를 들어 파이썬을 사용하여 엑셀 기반 리포트 생성을 자동화하거나 RDBMS의 데이터를 비즈니스 인텔리전스 플랫폼의 대시보드로 가져올 수 있습니다. 이러한 활용 방법은 이 책의 범위를 벗어나기 때문에 자세히 설명하지 않겠지만 말하고자 하는 핵심은 바로 '엑셀을 무시하지 말자'입니다. 엑셀은 R과 파이썬 기술로 보완할 수 있는 가치 있는 스택의 한 조각입니다.

이 책에서는 스프레드시트(엑셀)와 데이터 프로그래밍 언어(R과 파이썬)에 중점을 둡니다. 이러한 도구는 특히 통계 기반의 데이터 분석 직군에 적합합니다. 앞에서 설명했듯이 통계 기반의 데이터 분석은 전통적인 통계 및 데이터 과학과 겹치는 부분이 있습니다. 하지만 분석은 순수한 통계 분석을 넘어 더 다양한 기능이 포함되며 관계형 데이터베이스와 비즈니스 인텔리전스 도구가 이러한 작업에 도움이 됩니다. 이 책의 주제에 익숙해지면 이 장의 앞부분에서 제시한 주요 내용을 바탕으로 데이터 분석 스택에 대한 지식을 완성해보세요.

5.4 다음에 배울 내용

데이터 분석 및 데이터 분석 애플리케이션에 대한 큰 그림을 염두에 두고 이제 새로운 도구를 살펴보겠습니다.

필자는 R이 엑셀 사용자가 데이터 프로그래밍을 배우기 좋은 출발점이라고 생각하기 때문에 R부터 시작하겠습니다. 엑셀에서 수행했던 것과 동일한 EDA 및 가설검정을 R에서 수행하는 방법을 배우게 될 것입니다. 이러한 내용은 고급 분석을 수행할 때 매우 유용합니다. R을 먼저 배운 다음 파이썬도 동일한 과정으로 공부하게 됩니다. 그 과정의 각 지점에서 이미 알고 있는 내용과 새로 배우는 내용을 연결시켜서 여러분이 얼마나 많은 개념과 친숙한지 이해하도록 도울 것입니다. 6장에서 뵙겠습니다.

5.5 연습 문제

이 장은 개념을 설명하는 내용으로 연습 문제가 없습니다. 분석의 다른 영역으로 지식을 확장할 때 다시 이 장으로 돌아와 지식을 서로 연관 지어 이해할 것을 추천합니다. 직장에서 소셜 미디어 또는 업계 출판물을 읽다가 새로운 데이터 도구를 접하게 되면 해당 도구가 스택의 어떤 조각에 해당하는지, 오픈소스인지 등을 자문해보세요.

엑셀에서 R로

Part II

엑셀에서 R로

## CHAPTER 6

엑셀 사용자를 위한 R 첫걸음

1장에서는 엑셀에서 EDA를 수행하는 방법을 배웠습니다. 존 튜키가 EDA를 대중화시킨 공로를 인정받았다고 이야기했었죠? 튜키의 데이터 접근법은 전설적인 벨 연구소 Bell Laboratories 의 S를 포함하여 여러 통계 프로그래밍 언어의 개발에 영감을 주었습니다. 그리고 S는 R에 영감을 주었죠. 1990년대 초에 로스 이하카 Ross Ihaka 와 로버트 젠틀맨 Robert Gentleman 이 R을 개발하였으며 R이라는 이름은 S와 공동 창시자의 이름에서 유래하였습니다. R은 오픈소스이며 R 재단 R Foundation 에서 관리합니다. 주로 통계 연산 및 그래픽용으로 제작되었기 때문에 연구원, 통계학자와 데이터 과학자 사이에서 가장 인기가 많습니다.

> **NOTE**
> R은 특별히 통계 분석을 지원하는 목적으로 개발되었습니다.

6.1 R 내려받기

먼저 R 프로젝트 R Project 의 웹사이트[16]에 접속하세요. 페이지 상단의 링크를 클릭하여 R을 내려받으세요. CRAN Comprehensive R Archive Network 에서 미러 mirror 를 선택하라는 메시지가 표시됩니다.

---

16 *https://r-project.org*

CRAN은 R 소스 코드, 패키지 및 문서를 배포하는 서버 네트워크입니다. 가까운 미러를 선택하여 운영체제에 맞는 R을 내려받으세요.

6.2 R스튜디오 시작하기

R을 설치했다면 코딩 경험을 최적화하기 위해 한 가지를 더 내려받겠습니다. 5장에서 오픈소스 소프트웨어는 누구나 자유롭게 빌드, 배포 또는 기여할 수 있다는 점을 설명했습니다. 예를 들어 공급 업체는 코드와 상호작용할 수 있는 통합 개발 환경(IDE)을 제공할 수 있습니다. R스튜디오^{RStudio} IDE는 코드 편집, 그래픽, 문서 등을 위한 도구를 단일 인터페이스로 결합하여 제공합니다. 이 제품은 사용자가 대화형 대시보드(샤이니^{Shiny})에서 연구 보고서(R 마크다운^R ^{Markdown})에 이르기까지 모든 제품을 구축하면서 시장에서 10여 년 동안 R 프로그래밍의 주요 IDE로 자리 잡았습니다.

R스튜디오가 이렇게 훌륭한데 왜 귀찮게 R을 설치했을까요? R스튜디오와 R은 완전히 별개이기 때문입니다. R은 **코드 기반**용이고 R스튜디오는 **코드와 상호작용하는 IDE**입니다. 엑셀 사용자에게는 이러한 애플리케이션의 분리가 생소할 수 있지만 오픈소스 소프트웨어 세계에서는 일반적입니다.

> **CAUTION**
>
> R스튜디오는 코드 기반 자체가 아니라 R 코드와 함께 작동하는 플랫폼입니다. 먼저 CRAN에서 R을 내려받은 다음 R스튜디오를 내려받으세요.

R스튜디오 웹사이트[17]를 방문하여 R스튜디오를 내려받으세요. R스튜디오는 단계별 가격 시스템으로 제공됩니다. 무료 R스튜디오 데스크톱을 선택하세요. R스튜디오는 오픈소스 소프트웨어를 기반으로 견고한 비즈니스를 구축하는 훌륭한 예입니다. 여러분은 분명히 R스튜디오를 좋아하게 될 것입니다. 하지만 처음에는 많은 창과 기능 때문에 압도당하는 기분을 느낄 수도 있습니다. 이러한 초기의 불편함을 극복할 수 있도록 간단하게 사용법을 살펴보겠습니다.

---

17 *https://oreil.ly/rfP1X*

먼저 홈 메뉴로 이동하여 [File] → [New File] → [R Script]를 선택합니다. 그러면 [그림 6-1]과 같은 화면을 볼 수 있습니다. 여기에는 다양하고 매력적인 추가 기능이 있습니다. IDE 는 코드 개발에 필요한 모든 도구를 한 곳에 모은 것입니다. 시작하기 전에 4가지 창의 각 기능 을 살펴보겠습니다.

R스튜디오의 왼쪽 아래에 위치한 콘솔(Console)은 명령을 실행하기 위해 R에 명령어를 보내 는 곳입니다. 콘솔에는 > 기호가 표시되고 뒤이어 깜빡이는 커서가 나타납니다. 여기에 연산 자를 입력한 다음 Enter 키를 눌러 실행합니다. [그림 6-2]와 같이 1 + 1처럼 기본적인 것부 터 시작하겠습니다.

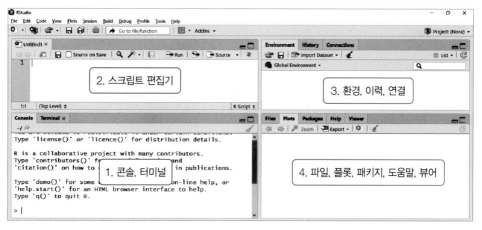

그림 6-1 R스튜디오 IDE

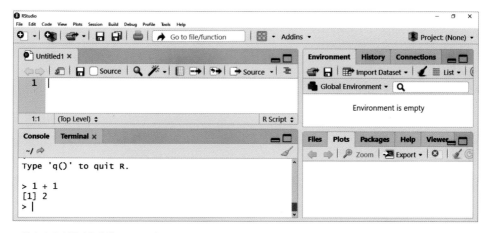

그림 6-2 R스튜디오에서 1 + 1 코딩

결과 2 앞에 [1]이 나타나는 것을 볼 수 있습니다. 이 의미를 해석하려면 콘솔에 1:50을 입력하고 실행하세요. R의 : 연산자는 엑셀의 채우기 기능인 플래시 필과 마찬가지로 주어진 범위 사이에서 모든 숫자를 1씩 증가시킵니다. 결과는 다음과 같습니다.

```
1:50
#> [1]  1  2  3  4  5  6  7  8  9 10 11 12 13 14 15 16 17 18 19 20 21 22 23
#> [24] 24 25 26 27 28 29 30 31 32 33 34 35 36 37 38 39 40 41 42 43 44 45 46
#> [47] 47 48 49 50
```

이 대괄호 레이블은 출력의 각 행에서 첫 번째 값의 위치를 나타냅니다.

여기에서 계속 작업할 수 있지만 먼저 스크립트에 명령어를 작성한 다음 콘솔로 보내는 것이 좋습니다. 이렇게 하면 실행한 코드를 장기적으로 저장할 수 있습니다. 스크립트 편집기는 콘솔 바로 위의 창에 있습니다. [그림 6-3]과 같이 스크립트 편집기에 몇 줄의 간단한 산술 연산을 입력하세요.

그림 6-3 R스튜디오에서 스크립트 편집기로 작업

커서를 1행에 놓고 스크립트 편집기 위에 있는 아이콘으로 마우스를 가져가면 'Run the current line or selection.'이 표시됩니다. 이 아이콘을 클릭하면 두 가지 일이 발생합니다. 먼저 활성화된 코드 줄이 콘솔에서 실행됩니다. 커서는 스크립트 편집기의 다음 줄로 이동합니다. 여러 줄을 선택하고 해당 아이콘을 클릭하여 콘솔에 한 번에 여러 줄을 보낼 수 있습니다. 이 작업의 키보드 단축키는 윈도우의 경우 [Ctrl]+[Enter], 맥의 경우 [Cmd]+[Return]입니다. 엑셀 사용자라면 아마도 단축키를 매우 좋아할 것입니다. R스튜디오에서는 [Tools] → [Keyboard Shortcuts Help]를 선택하면 단축키 종류를 확인할 수 있습니다. 이제 스크립트를 저장합니다. 메뉴에서 [File] → [Save]를 선택하세요. 파일 이름을 'ch-6'로 지정합니다. R 스크립트의 파일 확장자는 .r입니다. R 스크립트를 열고 저장하고 닫는 과정을 보면 워드프로세서에서 하던 작업이 떠오를 것입니다. 두 가지 모두 파일로 기록을 남기는 작업입니다.

이제 오른쪽 아래 창으로 이동하겠습니다. 여기에는 파일(Files), 플롯(Plots), 패키지(Packages), 도움말(Help), 뷰어(Viewer) 이렇게 5가지 탭이 표시됩니다. 이 창에서 R의 도움말 문서를 확인할 수 있습니다. 예를 들어 ? 연산자를 사용하여 R 함수를 자세히 알아볼 수 있습니다.

엑셀 사용자라면 VLOOKUP() 또는 SUMIF()와 같은 기능을 알고 있을 것입니다. 일부 R 함수는 엑셀과 상당히 유사합니다. 예를 들어 R의 제곱근 함수 sqrt()를 알아보겠습니다. 다음 코드를 스크립트의 새 줄에 입력하고 메뉴 아이콘 또는 키보드 단축키를 사용하여 실행하세요.

```
?sqrt
```

도움말(Help) 탭에 'Miscellaneous Mathematical Functions(여러 가지 수학 함수)'라는 제목의 문서가 나타납니다. 여기에는 sqrt() 함수, 인수 등에 대한 중요한 정보가 포함되어 있습니다. 다음과 같은 사용 예제도 확인할 수 있습니다.

```
require(stats) # 스플라인 곡선
require(graphics)
xx <- -9:9
plot(xx, sqrt(abs(xx)), col = "red")
lines(spline(xx, sqrt(abs(xx)), n=101), col = "pink")
```

이 코드를 지금 바로 복사하여 스크립트에 붙여 넣고 전체 코드를 선택하여 실행하세요. 그러면 [그림 6-4]와 같이 플롯이 나타납니다. 플롯을 더 크게 보기 위해 필자는 R스튜디오의 창 크기를 조정했습니다. 8장에서 R 플롯을 작성하는 방법을 알아보겠습니다.

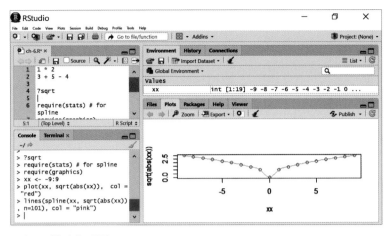

그림 6-4 첫 번째 R 플롯

이제 오른쪽 위의 창에 있는 환경(Environment), 이력(History), 연결(Connections) 탭을 살펴보세요. 환경(Environment) 탭에는 xx라는 항목으로 정수 집합을 나열합니다. 이것이 무엇일까요? 이것은 여러분이 실행한 sqrt() 문서의 예제 코드로 생성한 것입니다. R에서 하는 일의 대부분은 여기에 표시된 것, 바로 **객체**에 초점을 맞출 것입니다.

눈치챘겠지만 이번 R스튜디오 설명에서는 몇 가지 창, 아이콘 및 메뉴 옵션을 건너뛰었습니다. R스튜디오는 매우 다양한 기능을 가진 IDE입니다. 더 많은 기능을 배우려면 탐색하고 실험하고 검색 엔진을 활용하세요. 지금은 R 프로그래밍을 배우기 위해 필요한 R스튜디오의 기능을 충분히 배웠습니다. 여러분은 이미 R이 멋진 계산기로 사용될 수 있다는 점을 보았습니다. [표 6-1]은 R의 일반적인 산술 연산자를 나열한 표입니다.

표 6-1 R의 일반적인 산술 연산자

연산자	설명
+	더하기
−	빼기
*	곱하기
/	나누기
^	거듭제곱
%%	모듈로
%/%	정수 나누기

[표 6-1]의 마지막 두 연산자는 익숙하지 않을 수 있습니다. 모듈로^{modulo}는 나누기의 나머지를 반환하고 정수 나누기^{floor division}는 나누기의 몫을 정수로 반올림하여 반환합니다.

엑셀과 마찬가지로 R은 산술 연산 순서를 따릅니다.

```
# 덧셈 전에 곱셈을 먼저 계산합니다.
3 * 5 + 6
#> [1] 21

# 뺄셈 전에 나눗셈을 먼저 계산합니다.
2 / 2 - 7
#> [1] -6
```

해시(#)와 텍스트를 포함하는 줄은 어떻게 작동할까요? 해당 줄은 코드에 대한 설명과 주의사항을 제공하는 **주석**입니다. 주석은 사용자 또는 다른 사용자가 코드의 용도를 이해하고 기억하는 데 도움이 됩니다. R은 주석을 실행하지 않습니다. 스크립트에서 이 부분은 컴퓨터가 아닌 프로그래머를 위한 것입니다. 코드의 오른쪽에 주석을 배치할 수도 있지만 코드의 위에 주석을 배치하는 것이 좋습니다.

```
1 * 2 # 코드의 오른쪽에 주석을 배치할 수 있습니다.
#> [1] 2

# 코드의 위에 주석을 배치하는 것이 좋습니다.
2 * 1
#> [1] 2
```

코드의 모든 행을 주석으로 설명할 필요는 없지만 추론과 가정은 설명해야 합니다. 일종의 해설이라고 생각하세요. 필자는 적절하고 도움이 될 수 있는 주석을 이 책의 예에서 계속 사용할 것입니다.

> **TIP**
> 주석을 포함하여 코드 작성 목적, 가정 및 추론을 문서화하는 습관을 들이세요.

앞에서 언급했듯이 엑셀과 마찬가지로 함수는 R에서도 많은 부분을 차지하고 있으며 엑셀과 비슷한 부분이 많습니다. 예를 들어 −100의 절댓값을 취할 수 있습니다.

```
# -100의 절댓값은 얼마인가요?
abs(-100)
#> [1] 100
```

하지만 R에서 함수를 사용할 때는 아래와 같은 오류가 발생하는 등 엑셀과는 몇 가지 중요한 차이점이 있습니다.

```
# 아래의 코드는 작동하지 않습니다.
ABS(-100)
#> Error in ABS(-100) : could not find function "ABS"
Abs(-100)
#> Error in Abs(-100) : could not find function "Abs"
```

엑셀에서는 ABS() 함수를 소문자 abs() 또는 대문자 Abs()로 입력해도 문제가 없습니다. 하지만 R에서 abs() 함수는 소문자여야 합니다. R은 대소문자를 구분하기 때문입니다. 이것은 엑셀과 R의 주요한 차이점이며 한 번쯤 실수할 수도 있는 특징입니다.

> **CAUTION**
>
> R은 대소문자를 구분하는 언어입니다. SQRT() 함수는 SQrt()와 다릅니다.

엑셀과 마찬가지로 sqrt()와 같은 일부 R 함수는 숫자를 인수로 받아 작동하며 toupper()와 같은 다른 함수는 다음과 같이 문자를 인수로 받아 작동합니다.

```
# 대문자로 변환합니다.
toupper('I love R')
#> [1] "I LOVE R"
```

R이 엑셀과 유사하게 작동하는 또 다른 경우인 비교 연산자를 살펴보겠습니다. 딱 한 가지 연산자에서만 큰 차이를 보입니다. 다른 값보다 큰지 여부와 같이 두 값 사이의 관계를 비교하는 경우를 살펴보겠습니다.

```
# 3이 4보다 큰가요?
3 > 4
#> [1] FALSE
```

R은 엑셀과 마찬가지로 모든 비교 연산자의 결과로 **TRUE** 또는 **FALSE**를 반환합니다. [표 6-2]
는 R의 비교 연산자를 나열한 표입니다.

표 6-2 R의 비교 연산자

연산자	의미
>	크다
<	작다
>=	크거나 같다
<=	작거나 같다
!=	같지 않다
==	같다

아마 대부분의 연산자는 여러분에게 친숙할 것입니다. 마지막 연산자는 어떤가요? 조금 낯설
죠? R에서는 두 값이 서로 같은지 여부를 확인할 때 하나의 등호가 아닌 두 개의 등호를 사용
합니다. R에서는 **객체를 할당**할 때 하나의 등호를 사용하기 때문입니다.

> **객체 vs. 변수**
>
> 저장된 객체는 덮어쓰거나 값을 변경할 수 있기 때문에 변수라고도 합니다. 하지만 이미 책 전반에 걸쳐 통계
> 적 의미로 변수라는 단어를 사용해왔습니다. 이렇게 용어를 혼동하는 일을 방지하기 위해 프로그래밍에서는
> **객체**를, 통계에서는 **변수**를 사용하겠습니다.

어떤 차이가 있는지 잘 모르겠다면 다음 예를 살펴보세요. 절댓값 −100을 객체에 할당하겠습
니다. 이 객체를 my_first_object라고 하겠습니다.

```
# R에서 객체를 할당합니다.
my_first_object = abs(-100)
```

객체는 정보를 담고 있는 신발 상자라고 생각할 수 있습니다. = 연산자를 사용하여 my_first_
object라는 신발 상자에 abs(-100)의 결과를 저장했습니다. 이 신발 상자를 출력하여 열어
볼 수 있습니다. R에서는 객체 이름을 실행하여 간단하게 출력할 수 있습니다.

```
# R에서 객체를 출력합니다.
my_first_object
#> [1] 100
```

R에서 객체를 할당하는 또 다른 방법은 <- 연산자를 사용하는 것입니다. 사실 이 방법은 부분적으로 =와 == 사이의 혼동을 피하기 위해 =보다 많이 사용됩니다. 이 연산자를 사용하여 다른 객체를 할당한 다음 출력해보세요. 단축키는 윈도우에서 `Alt`+`-`이고 맥에서는 `Option`+`-`입니다. 다음의 예제처럼 함수와 연산자를 창의적으로 활용할 수 있습니다.

```
my_second_object <- sqrt(abs(-5 ^ 2))
my_second_object
#> [1] 5
```

R의 객체 이름은 문자 또는 점으로 시작해야 하며 문자, 숫자, 밑줄 문자와 마침표만 포함해야 합니다. 몇 가지 사용할 수 없는 키워드도 있습니다. 자유도가 높다 보니 창조적인 객체 이름을 얼마든지 지정할 수 있습니다. 그러나 신발 상자의 레이블이 상자 안에 어떤 신발이 있는지 알려주는 것과 같이 저장되어 있는 데이터를 나타내는 이름이 좋은 객체 이름입니다.

> **R과 프로그래밍 스타일 가이드**
>
> 신문에 글쓰기 스타일 가이드가 있는 것처럼 일부 개인과 조직은 프로그래밍 규칙을 '스타일 가이드'로 통합했습니다. 이러한 스타일 가이드에서는 사용할 할당 연산자, 객체 이름 지정 방법 등에 대해 설명합니다. 구글에서 개발한 R 스타일 가이드는 온라인[18]에서 확인할 수 있습니다.

서로 다른 범주의 신발 상자를 사용할 수 있는 것처럼 객체에서도 서로 다른 데이터 유형을 포함할 수 있습니다. [표 6-3]은 몇 가지 일반적인 데이터 유형을 보여줍니다.

표 6-3 R의 일반적인 데이터 유형

데이터 유형	예제
문자형	'R', 'Mount', 'Hello, word'
숫자형	6.2, 4.13, 3

---

18 *https://oreil.ly/fAeJi*

데이터 유형	예제
정수형	3L, -1L, 12L
논리형	TRUE, FALSE, T, F

서로 다른 유형의 객체를 만들어 보겠습니다. 첫째, 문자형 데이터는 종종 가독성을 위해 작은따옴표로 묶이지만 큰따옴표도 작동하며 특히 작은따옴표를 입력의 일부로 포함하려는 경우에 유용합니다.

```
my_char <- 'Hello, world'
my_other_char <- "We're able to code R!"
```

숫자형은 소수점 또는 정수로 나타낼 수 있습니다.

```
my_num <- 3
my_other_num <- 3.21
```

그러나 정수는 고유한 정수형 데이터 유형으로 저장할 수도 있습니다. 입력값에 포함된 'L'은 리터럴literal을 의미합니다. 이 용어는 컴퓨터과학에서 유래했으며 고정된 값이라는 것을 나타내는 데 사용됩니다.

```
my_int <- 12L
```

T와 F는 기본적으로 각각 TRUE와 FALSE로 논리형 데이터를 나타냅니다.

```
my_logical <- FALSE
my_other_logical <- F
```

str() 함수를 사용하여 객체의 유형 및 내부에 포함된 정보와 같은 객체의 구조를 알아낼 수 있습니다.

```
str(my_char)
#> chr "Hello, world"
str(my_num)
#> num 3
```

```
str(my_int)
#> int 12
str(my_logical)
#> logi FALSE
```

한 번 객체를 할당하면 추가 작업에서 이러한 객체를 자유롭게 사용할 수 있습니다.

```
# my_num이 5.5와 같나요?
my_num == 5.5
#> [1] FALSE

# my_char의 문자 개수
nchar(my_char)
#> [1] 12
```

다른 객체를 할당할 때 기존 객체를 입력으로 사용하거나 다시 할당할 수도 있습니다.

```
my_other_num <- 2.2
my_num <- my_num/my_other_num
my_num
#> [1] 1.363636
```

'그래서 객체를 할당하면 무엇이 좋은가요?'라고 궁금해할 수도 있습니다. 또는 '저는 많은 데이터를 사용하고 있는데, 각 데이터를 하나의 객체에 할당하는 것이 어떻게 도움이 될까요?'라는 궁금증이 생길 수도 있습니다. 다행히도 엑셀에서의 범위나 워크시트처럼 R에서도 여러 값을 하나의 객체로 결합할 수 있습니다. 자세한 내용은 7장에서 설명하겠습니다. 그 전에 잠시 주제를 바꿔서 패키지에 대해 알아보겠습니다.

6.3 R의 패키지

스마트폰에서 애플리케이션을 다운받을 수 없다고 상상해보세요. 전화를 걸고, 인터넷에서 검색을 하고, 메모를 작성하는 등 여전히 여러 가지 기능이 있어서 편리할 것입니다. 하지만 스마트폰의 진정한 힘은 애플리케이션에서 나옵니다. R은 공장 초기화된 스마트폰과 같습니다.

R은 그 자체로 상당히 유용하며 R만으로도 거의 모든 것을 수행할 수 있습니다. 그러나 애플리케이션을 설치하는 것과 같이 패키지를 설치하여 R을 활용하는 것이 더욱 효율적입니다.

R의 공장 초기화 상태를 기본 R$^{base\ R}$이라고 합니다. R의 '애플리케이션'인 패키지는 함수, 데이터셋, 문서 등을 포함하는 공유 가능한 코드 단위입니다. 이러한 패키지는 기본 R 위에 구축하여 기능을 개선하고 새로운 기능을 추가합니다.

앞에서 CRAN으로부터 기본 R을 내려받았습니다. 이 네트워크는 기본 R 외에도 R의 방대한 사용자가 기여하고 CRAN의 자원 봉사자가 검토한 만 개 이상의 패키지를 호스팅합니다. 이것은 R의 '앱 스토어'이며 유명한 슬로건인 '그것을 위한 패키지가 있습니다(There's a package for that)'에 맞는 역할을 합니다. 다른 곳에서도 패키지를 내려받을 수 있지만 초보자라면 CRAN에서 호스팅하는 패키지를 사용하는 것이 가장 좋습니다. CRAN에서 패키지를 설치하려면 install.packages()를 실행하세요.

> **CRAN 태스크 뷰**
>
> 초보자가 자신의 필요에 적합한 R 패키지를 찾는 일은 쉽지 않습니다. 다행히도 CRAN 팀은 CRAN 태스크 뷰$^{CRAN\ Task\ Views}$[19]에서 주어진 사용 사례에 맞는 선별된 패키지 목록을 제공합니다. 이 목록은 계량경제학에서 유전학에 이르기까지 모든 분야를 지원하고 R 패키지의 유용함을 알게 해줍니다. 언어를 계속 배우다 보면 요구사항에 맞는 패키지를 더 쉽게 찾고 평가할 수 있습니다.

이 책에서 안내하는 패키지를 사용하면 데이터를 조작하고 시각화하는 작업을 수월하게 진행할 수 있습니다. 특히 함께 사용하도록 설계된 패키지 모음인 tidyverse를 사용할 것입니다. 이 컬렉션을 설치하려면 콘솔에서 다음을 실행하세요.

```
install.packages('tidyverse')
```

이 한 줄로 여러분은 많은 유용한 패키지를 설치했습니다. 설치한 패키지 중에 dplyr(보통 '디플라이어$^{d-plier}$'로 발음합니다)라는 패키지에는 arrange() 함수가 포함되어 있습니다. 이 함수의 문서를 열어보면 다음과 같은 오류가 발생합니다.

---

19 *https://oreil.ly/q31wg*

```
?arrange
#> No documentation for 'arrange' in specified packages and libraries:
#> you could try '??arrange'
```

R이 이 **tidyverse** 함수를 찾을 수 없는 이유를 다시 스마트폰에 비유하여 설명하겠습니다. 애플리케이션은 설치했다고 해서 바로 사용할 수 있는 것이 아닙니다. 애플리케이션을 사용하려면 애플리케이션을 열어야 합니다. R도 마찬가지입니다. **install.packages()**로 패키지를 설치했다면 이제 **library()**로 현재 세션에 패키지를 불러와야 합니다.

```
# 현재 세션에 tidyverse를 불러옵니다.
library(tidyverse)
#> -- Attaching packages ------------------------------ tidyverse 1.3.1 --
#> √ ggplot2 3.3.5      √ purrr    0.3.4
#> √ tibble  3.1.5      √ dplyr    1.0.7
#> √ tidyr   1.1.4      √ stringr 1.4.0
#> √ readr   2.0.2      √ forcats 0.5.1
#> -- Conflicts -------------------------------- tidyverse_conflicts() --
#> x dplyr::filter() masks stats::filter()
#> x dplyr::lag()    masks stats::lag()
```

이제 나머지 R 세션에서 **tidyverse** 패키지를 사용할 수 있으며 오류 없이 예제를 실행할 수 있습니다.

> **NOTE**
>
> 패키지는 한 번만 설치하면 되지만 사용할 때는 각 세션마다 불러와야 합니다.

6.4 R, R스튜디오, R 패키지 업그레이드

R, R스튜디오, R 패키지는 지속적으로 개선되고 있기 때문에 수시로 업데이트를 확인하는 것이 좋습니다. R스튜디오를 업데이트하려면 메뉴로 이동하여 [Help] → [Check for Updates]를 선택합니다. 업데이트가 필요하다면 R스튜디오에서 업데이트 단계를 안내합니다.

CRAN에서 모든 패키지를 업데이트하려면 이 함수를 실행하고 표시되는 단계를 따르세요.

```
update.packages()
```

또한 R스튜디오 메뉴에서 [Tools] → [Check for Package Updates]를 선택하여 패키지를 업데이트할 수 있습니다. 메뉴를 선택하면 'Update Packages' 창이 나타납니다. 업데이트할 패키지를 모두 선택하세요. [Tools] 메뉴에서 패키지를 설치할 수도 있습니다.

R 자체의 업그레이드는 불행히도 더 복잡합니다. 윈도우 컴퓨터를 사용하는 경우 installr 패키지에서 updateR() 함수를 사용하고 해당 지침을 따르세요.

```
# 윈도우용 R을 업데이트합니다.
install.packages('installr')
library(installr)
updateR()
```

맥의 경우 CRAN의 웹 사이트[20]를 방문하여 최신 버전의 R을 설치해야 합니다.

6.5 마치며

이 장에서는 R에서 객체 및 패키지로 작업하는 방법과 R스튜디오를 다루는 방법을 배웠습니다. 굉장히 많은 내용을 배웠죠. 이제 잠시 쉬는 시간을 가지겠습니다. R 스크립트를 저장하고 [File] → [Quit Session]을 선택하여 R스튜디오를 종료하세요. 이렇게 하면 'Save workspace image to ~/.RData?'라는 문구가 표시되면서 작업 공간 이미지를 저장할 것인지 묻습니다. 원칙적으로 작업 공간 이미지를 저장하지 않는 것이 좋습니다. 작업 공간 이미지를 저장하면 다음 세션에서 사용할 수 있도록 할당된 모든 객체의 복사본이 저장됩니다. 좋은 생각처럼 들리겠지만 이러한 객체를 저장하거나 저장한 이유를 추적하기 어려울 수 있습니다.

대신 R 스크립트를 사용하여 다음 세션에서 이러한 객체를 재생성하는 것이 좋습니다. 프로그

---

20 *https://cran.r-project.org*

래밍 언어의 장점은 재현 가능하다는 점입니다. 요청할 때마다 객체를 생성할 수 있다면 굳이 객체를 계속 저장하고 있을 필요가 없습니다.

TIP

절대로 작업 공간 이미지를 저장하지 마세요. 스크립트를 사용하여 이전 세션의 모든 객체를 다시 만들 수 있습니다.

R스튜디오가 세션 사이에 작업 공간을 유지하지 못하도록 하려면 홈 메뉴에서 [Tools] → [Global Options]를 선택합니다. [그림 6-5]와 같이 [General] 메뉴의 [Workspace]에서 두 가지 설정을 변경합니다.

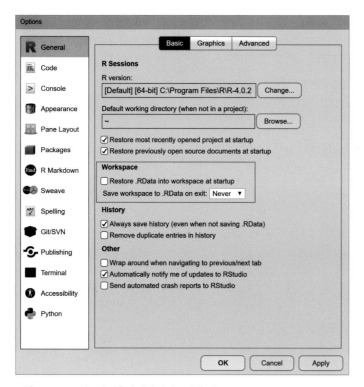

그림 6-5 R스튜디오의 사용자 지정 작업 공간 옵션

6.6 연습 문제

다음 연습 문제로 객체, 패키지 및 R스튜디오 작업을 추가로 연습하여 통찰력을 얻을 수 있습니다.

1. R스튜디오는 훌륭한 분석 기능을 제공할 뿐만 아니라 제한없이 외관을 바꿀 수 있는 기능도 제공합니다. 메뉴에서 [Tools] → [Global Options] → [Appearance]를 선택하고 편집기의 글꼴과 테마를 입맛에 맞게 설정합니다. 예를 들어 '다크 모드' 테마를 사용하도록 설정할 수 있습니다.

2. R스튜디오의 스크립트를 사용하여 다음을 수행합니다.
   - 1과 4의 합을 a에 할당합니다.
   - a의 제곱근을 b에 할당합니다.
   - b 빼기 1을 d에 할당합니다.
   - 어떤 유형의 데이터가 d에 저장될까요?
   - d가 2보다 큰가요?

3. CRAN의 psych 패키지를 설치하고 세션으로 불러옵니다. 주석을 사용하여 패키지 설치와 불러오기의 차이점을 설명하세요.

이러한 연습 문제와 더불어 일상적인 업무에 R을 바로 활용해볼 것을 추천합니다. 지금은 이 애플리케이션을 단지 고급 계산기로만 사용할 수도 있습니다. 하지만 이렇게만 활용해도 여러분이 R과 R스튜디오에 익숙해지는 데 도움이 될 것입니다.

## CHAPTER 7

R의 자료구조

6장의 뒷부분에서 R의 패키지를 사용하여 작업하는 방법을 배웠습니다. 일반적으로 스크립트의 시작 부분에서 필요한 패키지를 불러옵니다. 작업 중간에 필요한 패키지를 불러오지 않아서 당황하는 일을 줄일 수 있기 때문입니다. 그런 의미에서 이 장에 필요한 모든 패키지를 불러와 볼까요? 아마 이 중 몇 가지는 설치부터 해야 할 수도 있습니다. 패키지 설치 방법이 잘 떠오르지 않는다면 6장으로 돌아가서 확인해보세요. 각 패키지를 활용하는 구간에서 패키지에 대해 설명하겠습니다.

```
# 데이터 가져오기 및 탐색용 패키지
library(tidyverse)

# 엑셀 파일 읽기용 패키지
library(readxl)

# 기술통계용 패키지
library(psych)

# 엑셀에 데이터 쓰기용 패키지
library(writexl)
```

7.1 벡터

6장에서는 서로 다른 유형의 데이터에 대한 함수 호출과 객체의 데이터 할당을 배웠습니다.

```
my_number <- 8.2
sqrt(my_number)
#> [1] 2.863564

my_char <- 'Hello, world'
toupper(my_char)
#> [1] "HELLO, WORLD"
```

일반적으로 한 번에 두 개 이상의 데이터로 작업하기 때문에 각각의 데이터를 자체 객체에 할
당하는 것은 그다지 유용하지 않습니다. 엑셀에서는 범위라고 하는 인접한 셀에 데이터를 배치
하고 해당 데이터를 대상으로 쉽게 작업할 수 있습니다. [그림 7-1]은 엑셀에서 숫자와 텍스트
의 범위에서 작동하는 몇 가지 간단한 예를 보여줍니다.

	A	B	C	D	E	F	G	H
1	Billy	BILLY	=UPPER(A1)		5	8	2	7
2	Jack	JACK	=UPPER(A2)		2.236067977	2.828427125	1.414213562	2.645751311
3	Jill	JILL	=UPPER(A3)		=SQRT(E1)	=SQRT(F1)	=SQRT(G1)	=SQRT(H1)
4	Johnny	JOHNNY	=UPPER(A4)					
5	Susie	SUSIE	=UPPER(A5)					
6								

그림 7-1 엑셀의 범위 기반 연산

앞에서 객체의 데이터 유형을 신발 상자 안의 특정한 종류의 신발에 비유했습니다. 객체의 구
조는 신발 상자의 모양, 크기, 그리고 구조입니다. 앞에서 str() 함수를 사용하여 R 객체의 구
조를 확인했습니다.

R에는 몇 가지 객체의 구조가 있습니다. 데이터를 **벡터**라는 특정 구조에 배치하면 데이터를 저
장하고 조작할 수 있습니다. 벡터는 동일한 유형의 데이터 요소를 하나 이상 모은 것입니다. 사
실 우리는 이미 이 벡터를 활용하고 있었습니다. is.vector() 함수로 객체가 벡터인지 여부
를 확인할 수 있습니다.

```
is.vector(my_number)
#> [1] TRUE
```

my_number는 벡터지만 엑셀의 단일 셀처럼 하나의 요소만 포함합니다. R에서는 이 벡터의 길
이가 1이라고 말합니다.

```
length(my_number)
#> [1] 1
```

c() 함수를 사용하면 엑셀의 범위와 유사하게 여러 요소로 벡터를 만들 수 있습니다. 이 함수는 여러 요소를 하나의 벡터로 결합하는 역할을 하기 때문에 '결합하다'라는 의미의 'combine'의 첫 글자를 따서 함수 이름이 'c'입니다. 사용해볼까요?

```
my_numbers <- c(5, 8, 2, 7)
```

이 객체는 실제로 벡터고 데이터 요소는 숫자이며 길이는 4입니다.

```
is.vector(my_numbers)
#> [1] TRUE

str(my_numbers)
#> num [1:4] 5 8 2 7

length(my_numbers)
#> [1] 4
```

my_numbers로 함수를 호출할 때 어떤 일이 발생하는지 살펴보겠습니다.

```
sqrt(my_numbers)
#> [1] 2.236068 2.828427 1.414214 2.645751
```

이제 객체가 좀 유용해 보이죠? 문자형 벡터에서도 비슷하게 작업할 수 있습니다.

```
roster_names <- c('Jack', 'Jill', 'Billy', 'Susie', 'Johnny')
toupper(roster_names)
#> [1] "JACK"    "JILL"    "BILLY"   "SUSIE"   "JOHNNY"
```

데이터의 요소를 c() 함수로 결합하여 벡터로 나타내면 [그림 7-1]의 엑셀에서 나타낸 데이터를 R에서 쉽게 재현할 수 있습니다. 서로 다른 유형의 요소가 동일한 벡터에 할당되면 어떻게 될까요? 한 번 시도해보죠.

```
my_vec <- c('A', 2, 'C')
my_vec
#> [1] "A" "2" "C"

str(my_vec)
#> chr [1:3] "A" "2" "C"
```

R의 모든 요소를 동일한 유형으로 강제 변환하여 벡터로 결합합니다. 예를 들어 위의 예제에서는 숫자형 요소 2가 문자형으로 강제 변환되었습니다.

7.1.1 벡터 인덱싱과 서브세팅

엑셀에서 INDEX() 함수는 범위에서 요소의 위치를 찾습니다. 예를 들어 [그림 7-2]에서 INDEX()를 사용하여 지정된 범위 roster_names(A1:A5)의 세 번째 위치에 있는 요소를 추출합니다.

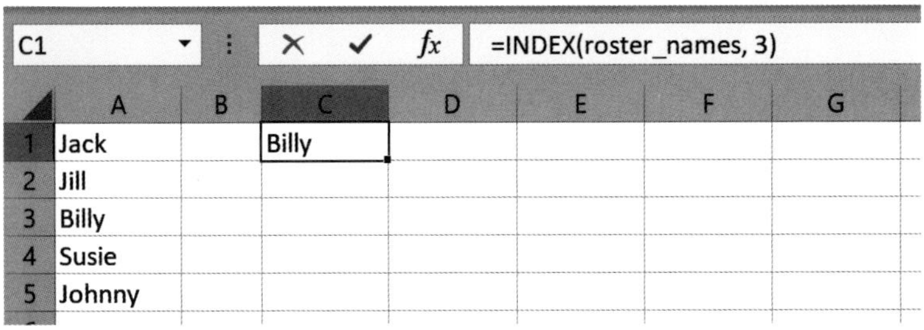

그림 7-2 엑셀 범위의 INDEX() 함수

R에서도 유사하게 벡터를 인덱싱할 수 있습니다. 대괄호 안에 원하는 인덱스 번호를 넣어 객체 이름에 붙입니다.

```
# roster_names 벡터의 세 번째 요소를 가져옵니다.
roster_names[3]
#> [1] "Billy"
```

동일한 표기법을 사용하여 여러 요소를 선택할 수 있으며 이것을 서브세팅subsetting이라고 합니다. 엑셀과 마찬가지로 : 연산자를 사용하여 위치 1과 3 사이의 모든 요소를 가져옵니다.

```
# 첫 번째부터 세 번째 요소까지 가져옵니다.
roster_names[1:3]
#> [1] "Jack"  "Jill"  "Billy"
```

여기에서도 함수를 활용할 수 있습니다. length() 함수를 기억하나요? 벡터의 마지막 요소까지 모든 요소를 가져올 때 사용합니다.

```
# 두 번째부터 마지막 요소까지 가져옵니다.
roster_names[2:length(roster_names)]
#> [1] "Jill"    "Billy"  "Susie"  "Johnny"
```

c() 함수를 사용하여 연속되지 않은 원소 벡터로 인덱싱할 수도 있습니다.

```
# 두 번째와 다섯 번째 요소를 가져옵니다.
roster_names[c(2, 5)]
#> [1] "Jill"    "Johnny"
```

7.2 엑셀 테이블에서 R의 데이터프레임으로

'좋아 보이긴 하지만 이렇게 작은 범위로만 작업할 수는 없어요. 전체 데이터 테이블을 다루는 방법은 없을까요?'라고 질문할 수도 있습니다. 1장에서 [그림 7-3]에 표시한 star 데이터셋과 같이 데이터를 변수와 관측값으로 나열하는 것이 얼마나 중요한지 살펴보았습니다. 다음 [그림 7-3]은 2차원 데이터 구조의 예를 나타낸 그림입니다.

	A	B	C	D	E	F	G	H	I
1	id	tmathssk	treadssk	classk	totexpk	sex	freelunk	race	schidkn
2	1	473	447	small.class	7	girl	no	white	63
3	2	536	450	small.class	21	girl	no	black	20
4	3	463	439	regular.with.aide	0	boy	yes	black	19
5	4	559	448	regular	16	boy	no	white	69
6	5	489	447	small.class	5	boy	yes	white	79
7	6	454	431	regular	8	boy	yes	white	5
8	7	423	395	regular.with.aide	17	girl	yes	black	16
9	8	500	451	regular	3	girl	no	white	56
10	9	439	478	small.class	11	girl	no	black	11
11	10	528	455	small.class	10	girl	no	white	66

그림 7-3 엑셀의 2차원 데이터 구조

R의 벡터가 1차원인 반면에 **데이터프레임**data frame 은 행과 열에 모두 데이터를 저장할 수 있습니다. 따라서 R의 데이터프레임이 엑셀의 테이블에 대응합니다. 데이터프레임은 각 열의 레코드가 동일한 유형이고 모든 열의 길이가 동일한 2차원 자료구조입니다. 엑셀과 마찬가지로 R에서도 일반적으로 각 열에 레이블을 지정합니다.

data.frame( ) 함수로 데이터프레임을 생성할 수 있습니다. 'roster'라는 이름의 데이터프레임을 만들고 출력하겠습니다.

```
roster <- data.frame(
    name = c('Jack', 'Jill', 'Billy', 'Susie', 'Johnny'),
    height = c(72, 65, 68, 69, 66),
    injured = c(FALSE, TRUE, FALSE, FALSE, TRUE))

roster
#>     name height injured
#> 1   Jack     72   FALSE
#> 2   Jill     65    TRUE
#> 3  Billy     68   FALSE
#> 4  Susie     69   FALSE
#> 5 Johnny     66    TRUE
```

요소를 벡터로 결합하기 전에 c( ) 함수를 사용했습니다. 실제로 데이터프레임은 동일한 길이의 벡터 모음으로 생각할 수 있습니다. 세 개의 변수와 다섯 개의 관측값이 있으므로 roster는 작은 데이터프레임입니다. 다행히도 데이터프레임을 항상 처음부터 이렇게 구축할 필요는 없습니다. 예를 들어 R에 설치된 데이터셋을 사용할 수도 있습니다. 다음 함수로 데이터셋 목록을 볼 수 있습니다.

```
data()
```

'R data sets'라는 제목의 메뉴가 스크립트 창에 새 창으로 나타납니다. 이러한 데이터셋의 대부분은 데이터프레임으로 구성됩니다. iris 데이터셋은 워낙 유명하기 때문에 아마 한 번쯤 들어본 독자도 있을 것입니다. 이 데이터셋도 데이터프레임으로 구성되어 있기 때문에 R에서 바로 사용할 수 있습니다.

다른 객체와 마찬가지로 iris 데이터셋도 출력할 수 있지만 데이터가 150행이기 때문에 콘솔에 부담이 갈 수 있습니다. 일반적으로 데이터셋을 출력할 때는 head( ) 함수를 사용하여 처음 몇 행만 출력합니다.

```
head(iris)
#>   Sepal.Length Sepal.Width Petal.Length Petal.Width Species
#> 1          5.1         3.5          1.4         0.2 setosa
#> 2          4.9         3.0          1.4         0.2 setosa
#> 3          4.7         3.2          1.3         0.2 setosa
#> 4          4.6         3.1          1.5         0.2 setosa
#> 5          5.0         3.6          1.4         0.2 setosa
#> 6          5.4         3.9          1.7         0.4 setosa
```

is.data.frame( ) 함수를 사용하여 iris 데이터셋이 데이터프레임인지 확인할 수 있습니다.

```
is.data.frame(iris)
#> [1] TRUE
```

데이터셋을 출력하는 방법 외에 새로운 데이터셋을 살펴볼 수 있는 또 다른 방법은 str( ) 함수를 사용하는 것입니다.

```
str(iris)
#> 'data.frame':       150 obs. of  5 variables:
#>  $ Sepal.Length: num  5.1 4.9 4.7 4.6 5 5.4 4.6 5 4.4 4.9 ...
#>  $ Sepal.Width : num  3.5 3 3.2 3.1 3.6 3.9 3.4 3.4 2.9 3.1 ...
#>  $ Petal.Length: num  1.4 1.4 1.3 1.5 1.4 1.7 1.4 1.5 1.4 1.5 ...
#>  $ Petal.Width : num  0.2 0.2 0.2 0.2 0.2 0.4 0.3 0.2 0.2 0.1 ...
#>  $ Species     : Factor w/ 3 levels "setosa","versicolor",..: 1 1 1 1 1 1 1 1 1
1 ...
```

이 함수를 사용하면 데이터프레임의 크기와 열에 대한 일부 정보를 출력합니다. 데이터프레임의 열 중 4개는 숫자형이라는 점을 확인할 수 있습니다. 마지막 열인 Species는 요인factor 입니다. 요인은 제한된 개수의 값을 가지는 변수를 저장하는 특별한 방법입니다. 요인은 특히 **범주형** 변수를 저장할 때 유용합니다. 실제로 Species는 '세 가지 **레벨**을 가진다(Species: Factor w/ 3 levels)'고 설명되어 있는 점을 확인할 수 있죠? 레벨은 통계에서 범주형 변수를 설명할 때도 사용했던 용어입니다.

요인은 더 메모리 효율이 높은 저장소를 제공하는 등 범주형 변수로 작업할 때 많은 이점을 제공합니다. 요인은 이 책의 범위를 벗어나기 때문에 자세히 설명하지는 않겠지만 관심이 있다면 R에서 factor() 함수의 도움말 문서를 읽어보세요. 앞에서 설명했듯이 ? 연산자를 사용하면 함수의 도움말을 볼 수 있습니다. tidyverse는 요인 작업을 지원하는 핵심 패키지로 forcats 도 포함하고 있습니다.

R과 함께 사전에 불러온 데이터셋 외에도 많은 패키지가 자체 데이터를 가지고 있습니다. data() 함수를 사용하여 패키지에 포함된 자체 데이터를 확인할 수 있습니다. psych 패키지가 데이터셋을 포함하는지 확인해볼까요?

```
data(package = 'psych')
```

R data sets 메뉴가 새 창으로 다시 나타납니다. 이번에는 'Data sets in package psych'라는 제목으로 psych 패키지의 데이터셋 목록이 보여집니다. 목록에는 sat.act 데이터셋이 있습니다. 이 데이터셋을 R 세션에서 사용할 수 있도록 data() 함수를 다시 한번 사용하겠습니다. 이제 이 데이터셋은 R 객체로 할당되고 다른 객체와 동일하게 사용할 수 있으며 Environment 메뉴에서 확인할 수 있습니다. 해당 데이터셋이 데이터프레임인지 확인하겠습니다.

```
data('sat.act')
str(sat.act)
#> 'data.frame':      700 obs. of  6 variables:
#>  $ gender   : int  2 2 2 1 1 1 2 1 2 2 ...
#>  $ education: int  3 3 3 4 2 5 5 3 4 5 ...
#>  $ age      : int  19 23 20 27 33 26 30 19 23 40 ...
#>  $ ACT      : int  24 35 21 26 31 28 36 22 22 35 ...
#>  $ SATV     : int  500 600 480 550 600 640 610 520 400 730 ...
#>  $ SATQ     : int  500 500 470 520 550 640 500 560 600 800 ...
```

7.3 R에서 데이터 가져오기

엑셀에서 작업할 때는 일반적으로 하나의 통합 문서 안에서 데이터를 모두 저장, 분석하고 표시합니다. 이와 반대로 R은 R 스크립트 안에 데이터를 저장하는 경우가 드뭅니다. 일반적으로 텍스트 파일 및 데이터베이스, 웹 페이지나 API^{application programming interface}, 이미지와 오디오에 이르기까지 다양한 외부 소스에서 데이터를 가져온 다음 R에서는 분석만 합니다. 그런 다음 분석 결과도 마찬가지로 다른 소스로 내보내곤 합니다. 따라서 여기서도 엑셀의 통합 문서(파일 확장자 '.xlsx')와 CSV^{comma-separated value} 파일(파일 확장자 '.csv')에서 데이터를 읽어오겠습니다.

기본 R과 tidyverse

6장에서 기본 R과 R 패키지 사이의 관계를 알아보았습니다. 패키지는 기본 R에서 수행하기 꽤 어려운 작업을 수행할 때 도움을 줄 수 있지만 때로는 같은 일을 할 수 있는 대안을 제공하기도 합니다. 예를 들어 기본 R에는 .csv 파일(엑셀 파일 제외)을 읽는 기능이 포함되어 있습니다. 또한 플로팅 옵션도 포함되어 있습니다. 하지만 여기서는 tidyverse 패키지의 기능을 사용하여 데이터를 다룰 것입니다. 수행하려는 작업에 따라서 기본 R을 그대로 사용해도 문제는 없습니다. 그러나 필자는 tidyverse의 문법이 기본 R 문법보다 엑셀 사용자가 이해하기 더 쉽기 때문에 tidyverse 도구에 집중하고자 합니다.

R의 데이터를 가져오려면 파일 경로 및 디렉터리의 작동 방식을 이해하는 것이 중요합니다. 프로그램을 사용할 때마다 컴퓨터의 홈 또는 작업 디렉터리에서 작업하게 됩니다. 데이터셋을 가져올 때와 같이 R에서 참조하는 모든 파일은 해당 작업 디렉터리를 기준으로 위치한다고 가정합니다. getwd() 함수는 작업 디렉터리의 파일 경로를 출력합니다. 윈도우 환경이라면 다음과 같은 결과가 출력됩니다.

```
getwd()
#> [1] "C:/Users/User/Documents"
```

맥의 경우 다음과 같은 결과가 출력됩니다.

```
getwd()
#> [1] "/Users/user"
```

R에는 전역 기본 작업 디렉터리가 있으며 이 디렉터리는 모든 세션에서 동일합니다. 여기서는 여러분이 이 책과 함께 제공되는 저장소의 복사본 또는 내려받은 디렉터리에서 파일을 실행하고 있으며 동일한 폴더의 R 스크립트에서 작업하고 있다고 가정합니다. setwd() 함수로 작업 디렉터리를 이 폴더로 설정하는 것이 가장 좋습니다. 파일 경로 작업에 익숙하지 않은 경우 이

정보를 올바르게 작성하기 어려울 수 있습니다. R스튜디오는 파일 경로를 설정하는 메뉴도 제공하니 걱정하지 마세요.

작업 디렉터리를 현재 R 스크립트와 동일한 폴더로 변경하려면 [Session] → [Set Working Directory] → [To Source File Location]을 선택하세요. 콘솔에 setwd() 함수의 결과가 나타납니다. getwd()를 다시 실행해보세요. 이제 작업 디렉터리가 변경되었음을 확인할 수 있습니다.

이제 작업 디렉터리를 설정했으므로 해당 디렉터리와 관련된 파일과 상호작용하는 방법을 연습하겠습니다. test-file.csv 파일을 이 책의 저장소 메인 폴더에 넣어두었습니다. file.exists() 함수를 사용하여 해당 파일을 찾을 수 있는지 확인합니다.

```
file.exists('test-file.csv')
#> [1] TRUE
```

또한 이 파일의 복사본을 저장소의 test-folder 하위 폴더에 저장했습니다. 복사본 파일도 찾을 수 있는지 확인해볼까요? 이번에는 검색할 하위 폴더를 지정해야 합니다.

```
file.exists('test-folder/test-file.csv')
#> [1] TRUE
```

만약 현재 디렉터리의 상위 폴더에 있는 파일을 찾아야 한다면 어떻게 할까요? 현재 디렉터리의 상위 폴더에 test-file의 복사본을 넣으세요. '..'을 사용하여 R에게 상위 폴더를 찾아가라고 알려줍니다.

```
file.exists('../test-file.csv')
#> [1] TRUE
```

> **R스튜디오 프로젝트**
>
> 이 책의 저장소에서 aia-book.Rproj 파일을 찾을 수 있습니다. 이 파일은 R스튜디오의 프로젝트 파일입니다. 프로젝트는 작업을 보존하는 좋은 방법입니다. 프로젝트 파일은 사용자가 떠날 때 R스튜디오에서 열어 두었던 창과 파일의 구성을 그대로 유지합니다. 또한 프로젝트에서는 각 스크립트에 대해 setwd()를 하드 코딩할 필요가 없도록 자동으로 작업 디렉터리를 프로젝트 디렉터리로 설정합니다. 이 책의 저장소에서 R로 작

이제 R에서 파일을 찾는 방법을 익혔으니 실제로 몇 가지 파일을 읽어보겠습니다. 이 책의 저장소에는 datasets 폴더[21]가 있습니다. 그 하위 폴더 star에는 district.csv와 star.xlsx 파일이 포함되어 있습니다.

readr 패키지의 read_csv() 함수를 사용하면 .csv 파일을 읽어올 수 있습니다. 이 패키지는 tidyverse 컬렉션에 포함되어 있기 때문에 새로 설치하거나 불러올 필요가 없습니다. 파일의 위치를 함수에 전달하겠습니다. 이렇게 파일의 위치를 전달하는 작업 때문에 작업 디렉터리와 파일 경로를 이해하는 것이 중요합니다.

```
read_csv('datasets/star/districts.csv')
#> Rows: 89 Columns: 3
#> -- Column specification -----------------------------------------
#> Delimiter: ","
#> chr (2): school_name, county
#> dbl (1): schidkn

#> i Use `spec()` to retrieve the full column specification for this data.
#> i Specify the column types or set `show_col_types = FALSE` to quiet this message.
#> # A tibble: 89 x 3
#>    schidkn school_name     county
#>      <dbl> <chr>           <chr>
#> 1        1 Rosalia         New Liberty
#> 2        2 Montgomeryville Topton
#> 3        3 Davy            Wahpeton
#> 4        4 Steelton        Palestine
#> 5        6 Tolchester      Sattley
#> 6        7 Cahokia         Sattley
#> 7        8 Plattsmouth     Sugar Mountain
#> 8        9 Bainbridge      Manteca
#> 9       10 Bull Run        Manteca
#> 10      11 Moose Lake      Imbery
#> # ... with 79 more rows
```

---

21 *https://oreil.ly/wtneb*

출력량이 상당히 많죠? 먼저 각 열의 유형을 간단히 설명합니다. 다음으로 데이터의 처음 몇 행이 **티블**^tibble로 나열됩니다. 티블이란 데이터프레임을 현대화한 것입니다. 티블도 데이터프레임의 일종으로 대부분 데이터프레임처럼 작동하지만 특히 **tidyverse**에서 작업을 쉽게 하기 위해 몇 가지 수정되었습니다.

데이터를 R로 읽어 들이기만 하고 객체에 할당하지 않으면 많은 작업을 수행할 수 없습니다.

```
districts <- read_csv('datasets/star/districts.csv')
```

티블은 여러 가지 장점이 있으며 그 중 하나는 과도하지 않게 적절한 수준으로 콘솔에 출력할 수 있다는 점입니다. 티블은 첫 10행만 출력합니다.

```
districts
#> # A tibble: 89 x 3
#>    schidkn school_name     county
#>      <dbl> <chr>           <chr>
#>  1       1 Rosalia         New Liberty
#>  2       2 Montgomeryville Topton
#>  3       3 Davy            Wahpeton
#>  4       4 Steelton        Palestine
#>  5       6 Tolchester      Sattley
#>  6       7 Cahokia         Sattley
#>  7       8 Plattsmouth     Sugar Mountain
#>  8       9 Bainbridge      Manteca
#>  9      10 Bull Run        Manteca
#> 10      11 Moose Lake      Imbery
#> # ... with 79 more rows
```

각 열의 데이터를 R로 구문 분석하기 위해 어떤 함수가 사용되었는지 궁금하다면 **spec()** 함수를 사용하여 다음과 같이 확인해보세요.

```
spec(districts)
#> cols(
#>    schidkn = col_double(),
#>    school_name = col_character(),
#>    county = col_character()
#> )
```

readr는 엑셀의 통합 문서를 읽어오는 방법은 제공하지 않습니다. 따라서 엑셀의 통합 문서를 읽어올 때는 readr 대신 readxl 패키지를 사용합니다. 이 패키지는 tidyverse에 포함되지만 readr와 같은 핵심 패키지 제품군과 함께 불러오지 않기 때문에 이 장의 앞부분에서 별도로 불러왔습니다.

read_xlsx() 함수를 사용하여 star.xlsx를 티블로 가져옵니다.

```
star <- read_xlsx('datasets/star/star.xlsx')
head(star)
#> # A tibble: 6 x 8
#>    tmathssk treadssk classk          totexpk sex   freelunk race  schidkn
#>       <dbl>    <dbl> <chr>             <dbl> <chr> <chr>    <chr>   <dbl>
#> 1      473      447 small.class           7 girl  no       white      63
#> 2      536      450 small.class          21 girl  no       black      20
#> 3      463      439 regular.with.ai~      0 boy   yes      black      19
#> 4      559      448 regular              16 boy   no       white      69
#> 5      489      447 small.class           5 boy   yes      white      79
#> 6      454      431 regular               8 boy   yes      white       5
```

readxl을 사용하면 .xls 또는 .xlsm 파일을 읽어올 수 있고 통합 문서의 특정 워크시트 또는 범위에서 데이터를 읽어올 수 있습니다. 자세한 내용은 패키지 문서[22]를 참조하세요.

7.4 데이터프레임 탐색

앞에서 데이터프레임을 살펴보는 head()와 str() 함수를 배웠습니다. 이 외에도 몇 가지 유

---

[22] *https://oreil.ly/kuZPE*

용한 함수가 있습니다. 첫 번째로 **View()**는 R스튜디오의 함수로 엑셀 사용자에게 매우 익숙한 형태로 데이터프레임을 출력합니다.

```
View(star)
```

이 함수를 호출하면 스크립트 창에 새 창으로 스프레드시트와 같은 뷰어가 나타납니다. 엑셀처럼 데이터셋을 정렬, 필터링하고 탐색할 수 있습니다. 하지만 함수의 이름에서 눈치챌 수 있듯이 이 함수는 그저 보는 기능만 제공합니다. 이 창에서는 데이터프레임을 변경할 수 없습니다.

glimpse() 함수는 열 레이블 및 유형과 함께 데이터프레임의 여러 레코드를 출력하는 또 다른 방법입니다. 이 함수는 **tidyverse**에 포함된 **dplyr** 패키지에서 제공합니다. 이후 장에서는 데이터를 조작할 때 **dplyr** 패키지를 자주 활용합니다.

```
glimpse(star)
#> Rows: 5,748
#> Columns: 8
#> $ tmathssk <dbl> 473, 536, 463, 559, 489, 454, 423, 500, 439, 528, 473,~
#> $ treadssk <dbl> 447, 450, 439, 448, 447, 431, 395, 451, 478, 455, 430,~
#> $ classk   <chr> "small.class", "small.class", "regular.with.aide", "re~
#> $ totexpk  <dbl> 7, 21, 0, 16, 5, 8, 17, 3, 11, 10, 13, 6, 0, 6, 18, 13~
#> $ sex      <chr> "girl", "girl", "boy", "boy", "boy", "boy", "girl", "g~
#> $ freelunk <chr> "no", "no", "yes", "no", "yes", "yes", "yes", "no", "n~
#> $ race     <chr> "white", "black", "black", "white", "white", "white", ~
#> $ schidkn  <dbl> 63, 20, 19, 69, 79, 5, 16, 56, 11, 66, 38, 69, 43, 71,~
```

기본 R에서 제공하는 **summary()** 함수도 있습니다. 이 함수는 다양한 R 객체의 요약을 제공합니다. 데이터프레임을 **summary()**로 전달하면 다음과 같은 기본적인 기술통계가 출력됩니다.

```
summary(star)
#>    tmathssk       treadssk        classk            totexpk
#>  Min.   :320.0  Min.   :315.0  Length:5748        Min.   : 0.000
#>  1st Qu.:454.0  1st Qu.:414.0  Class :character   1st Qu.: 5.000
#>  Median :484.0  Median :433.0  Mode  :character   Median : 9.000
#>  Mean   :485.6  Mean   :436.7                     Mean   : 9.307
#>  3rd Qu.:513.0  3rd Qu.:453.0                     3rd Qu.:13.000
#>  Max.   :626.0  Max.   :627.0                     Max.   :27.000
#>     sex             freelunk           race
#>  Length:5748     Length:5748        Length:5748
```

```
#>  Class :character    Class :character    Class :character
#>  Mode  :character    Mode  :character    Mode  :character
#>     schidkn
#>  Min.   : 1.00
#>  1st Qu.:20.00
#>  Median :39.00
#>  Mean   :39.84
#>  3rd Qu.:60.00
#>  Max.   :80.00
```

다른 많은 패키지에는 자체 버전의 기술통계가 포함되어 있습니다. 필자가 가장 좋아하는 함수는 psych의 describe() 함수입니다.

```
describe(star)
#>          vars    n   mean    sd median trimmed   mad min max range
#> tmathssk    1 5748 485.65 47.77    484  483.20 44.48 320 626   306
#> treadssk    2 5748 436.74 31.77    433  433.80 28.17 315 627   312
#> classk*     3 5748   1.95  0.80      2    1.94  1.48   1   3     2
#> totexpk     4 5748   9.31  5.77      9    9.00  5.93   0  27    27
#> sex*        5 5748   1.49  0.50      1    1.48  0.00   1   2     1
#> freelunk*   6 5748   1.48  0.50      1    1.48  0.00   1   2     1
#> race*       7 5748   2.35  0.93      3    2.44  0.00   1   3     2
#> schidkn     8 5748  39.84 22.96     39   39.76 29.65   1  80    79
#>          skew kurtosis   se
#> tmathssk  0.47     0.29 0.63
#> treadssk  1.34     3.83 0.42
#> classk*   0.08    -1.45 0.01
#> totexpk   0.42    -0.21 0.08
#> sex*      0.06    -2.00 0.01
#> freelunk* 0.07    -2.00 0.01
#> race*    -0.75    -1.43 0.01
#> schidkn   0.04    -1.23 0.30
```

결과에서 볼 수 있는 기술통계가 익숙하지 않다면 어떻게 해야 할까요? 맞습니다. 함수의 문서를 확인해보세요.

7.4.1 데이터프레임 인덱싱과 서브세팅

이 장의 앞부분에서 4명의 사람 이름과 키가 포함된 작은 데이터프레임 목록을 만들었습니다.

이 객체로 몇 가지 기본적인 데이터프레임 조작 기술을 실습하겠습니다.

[그림 7-4]와 같이 엑셀에서는 INDEX() 함수를 사용하여 테이블의 행과 열 위치를 모두 나타낼 수 있습니다.

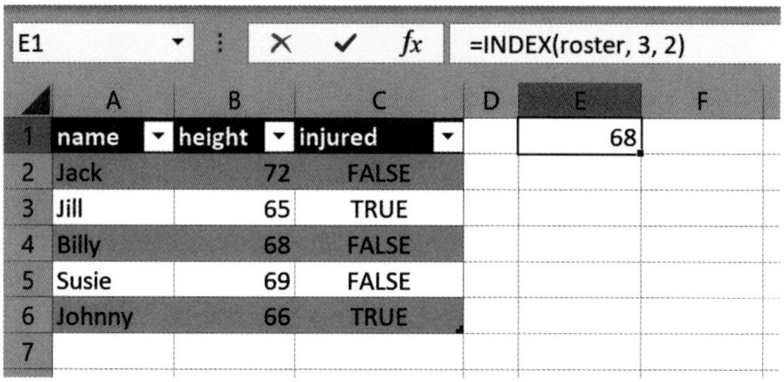

그림 7-4 엑셀 테이블의 INDEX() 함수

R에서도 비슷한 작업을 수행할 수 있습니다. 벡터 인덱싱과 동일하게 대괄호 표기법을 사용하지만 이번에는 행과 열의 위치를 모두 참조합니다.

```
# 데이터프레임의 세 번째 행, 두 번째 열
roster[3, 2]
#> [1] 68
```

벡터 인덱싱과 마찬가지로 : 연산자를 사용하여 지정된 범위에 있는 모든 요소를 검색할 수 있습니다.

```
# 두 번째 행부터 네 번째 행까지, 첫 번째 열부터 세 번째 열까지 선택합니다.
roster[2:4, 1:3]
#>    name height injured
#> 2  Jill     65    TRUE
#> 3 Billy     68   FALSE
#> 4 Susie     69   FALSE
```

인덱스를 공백으로 두면 전체 행 또는 열을 선택할 수 있으며 c() 함수를 사용하면 연속되지 않은 요소의 부분집합을 만들 수 있습니다.

```
# 두 번째, 세 번째 행만 선택합니다.
roster[2:3,]
#>    name height injured
#> 2  Jill     65    TRUE
#> 3 Billy     68   FALSE

# 첫 번째, 세 번째 열만 선택합니다.
roster[, c(1,3)]
#>     name injured
#> 1   Jack   FALSE
#> 2   Jill    TRUE
#> 3  Billy   FALSE
#> 4  Susie   FALSE
#> 5 Johnny    TRUE
```

데이터프레임의 한 열에 접근하고 싶다면 $ 연산자를 사용하면 됩니다. 흥미롭게도 다음과 같은 벡터가 생성됩니다.

```
roster$height
#> [1] 72 65 68 69 66
is.vector(roster$height)
#> [1] TRUE
```

이 결과로 데이터프레임이 동일한 길이의 벡터 리스트라는 점을 알 수 있습니다.

> **R의 기타 자료구조**
>
> R의 벡터 및 데이터프레임 구조는 엑셀의 범위 및 테이블과 동일합니다. 여기서는 데이터 분석에 가장 많이 쓰이는 구조에 초점을 맞췄습니다. 그러나 기본 R에는 행렬, 리스트와 같은 여러 다른 자료구조가 있습니다. 어떤 자료구조가 있고 이러한 자료구조가 벡터, 데이터프레임과 어떤 관련이 있는지 자세히 알아보려면 해들리 위컴^{Hadley Wickham}의 『해들리 위컴의 Advanced R』(제이펍, 2018)을 읽어보세요.

7.4.2 데이터프레임 작성

앞에서 언급했듯이 일반적으로 데이터를 R로 읽어 들여 작업한 다음 결과를 다른 곳으로 내보냅니다. readr의 write_csv() 함수를 사용하면 데이터프레임을 .csv 파일에 쓸 수 있습니다.

```
# csv에 roster 데이터프레임 쓰기
write_csv(roster, 'output/roster-output-r.csv')
```

작업 디렉터리를 이 책의 저장소로 설정했다면 **output** 폴더에서 이 파일을 찾을 수 있을 것입니다.

불행하게도 **readxl** 패키지에는 엑셀의 통합 문서에 데이터를 쓰는 함수가 없습니다. 그러나 **writexl** 및 **write_xlsx()** 함수를 사용하면 엑셀의 통합 문서에 데이터를 쓸 수 있습니다.

```
# xlsx에 roster 데이터프레임 쓰기
write_xlsx(roster, 'output/roster-output-r.xlsx')
```

7.5 마치며

이 장에서는 단일 요소 객체부터 더 큰 벡터, 마지막으로 데이터프레임까지 살펴보았습니다. 이 책의 나머지 부분에서 데이터프레임으로 작업할 때 데이터프레임이 벡터의 모음이고 거의 같은 방식으로 작동한다는 점을 기억하세요. 이제 R 데이터프레임에서 관계를 분석, 시각화하고 궁극적으로 검정하는 방법을 알아보겠습니다.

7.6 연습 문제

다음 연습 문제를 풀면서 R의 자료구조를 잘 공부했는지 점검해보세요.

1. 5개의 요소로 구성된 문자형 벡터를 만들고 이 벡터의 첫 번째와 네 번째 요소에 접근하세요.

2. 길이가 4인 두 벡터 x와 y를 생성합니다. 하나는 숫자형이고 다른 하나는 논리형입니다. 두 벡터를 곱하고 결과를 z에 전달하세요. 결과가 무엇인가요?

3. CRAN에서 nycflights13 패키지를 내려받습니다. 이 패키지에는 몇 개의 데이터셋이 포함되어 있나요?

- 데이터셋 중에 airports라는 데이터셋이 있습니다. 이 데이터프레임의 처음 몇 행과 기술통계를 출력하세요.
- weather라는 데이터셋도 있습니다. 이 데이터프레임의 10번째에서 12번째 행과 4번째에서 7번째 열을 가져오세요. 결과를 .csv 파일과 엑셀 통합 문서에 쓰세요.

## CHAPTER 8

R의 데이터 조작과 시각화

미국의 통계학자 로널드 티스테드[Ronald Thisted]는 "로데이터는 생감자와 같기 때문에 사용하기 전에 청소해야 한다"고 말했습니다. 데이터 조작에는 시간이 걸리며 다음과 같은 작업을 해본 사람이면 이것이 얼마나 고통스러운 일인지 공감할 것입니다.

- 계산된 열 선택, 삭제 또는 생성
- 행 정렬 또는 필터링
- 범주별로 그룹화 및 요약
- 공통 필드로 여러 데이터셋 조인[join]

아마도 엑셀에서 이러한 작업을 많이 수행하고 VLOOKUP( )이나 피벗 테이블과 같은 유명한 기능을 활용했을 것입니다. 이 장에서는 특히 dplyr 패키지를 사용하여 이러한 작업을 R에서 수행하는 방법을 살펴보겠습니다.

데이터 조작은 시각화와 관련이 있습니다. 앞에서 언급했듯이 사람은 정보를 시각으로 처리하는 데 매우 능숙하기 때문에 데이터셋을 시각화하는 것이 좋습니다. 멋진 ggplot2 패키지를 사용하여 데이터를 시각화하는 방법을 알아보겠습니다. ggplot2는 dplyr와 마찬가지로 tidyverse에 포함된 패키지입니다. 이러한 시각화를 바탕으로 9장에서는 R을 사용하여 데이터의 관계를 탐색하고 검정하겠습니다. 관련된 패키지를 불러오는 것부터 시작하겠습니다. 또한 이 장에서는 이 책의 저장소에 있는 star 데이터셋을 사용하기 때문에 미리 가져오겠습니다.

```
library(tidyverse)
library(readxl)
star <- read_excel('datasets/star/star.xlsx')
head(star)
#> # A tibble: 6 x 8
#>    tmathssk treadssk classk        totexpk sex   freelunk race  schidkn
#>       <dbl>    <dbl> <chr>           <dbl> <chr> <chr>    <chr>   <dbl>
#> 1       473      447 small.class         7 girl  no       white      63
#> 2       536      450 small.class        21 girl  no       black      20
#> 3       463      439 regular.with.ai~    0 boy   yes      black      19
#> 4       559      448 regular            16 boy   no       white      69
#> 5       489      447 small.class         5 boy   yes      white      79
#> 6       454      431 regular             8 boy   yes      white       5
```

8.1 dplyr로 데이터 조작하기

dplyr는 표 형식의 자료구조를 조작하기 위해 만들어진 패키지로 널리 사용됩니다. dplyr 패키지의 많은 함수 또는 **동사**[verb]는 비슷하게 작동하며 함께 사용하기 쉽습니다. [표 8-1]에는 몇 가지 일반적인 dplyr 함수와 그 역할이 나열되어 있습니다. 이 장에서 각각을 설명합니다.

표 8-1 dplyr에서 자주 사용되는 동사

함수	역할
select()	주어진 열을 선택합니다.
mutate()	기존 열을 기준으로 새 열을 작성합니다.
rename()	주어진 열의 이름을 변경합니다.
arrange()	주어진 기준에 따라 행을 재정렬합니다.
filter()	주어진 기준에 따라 행을 선택합니다.
group_by()	주어진 열을 기준으로 행을 그룹화합니다.
summarize()	각 그룹에 대한 값을 집계합니다.
left_join()	테이블 B에서 테이블 A로 일치하는 레코드를 조인합니다. 테이블 B에 일치하는 항목이 없으면 NA를 넣습니다.

dplyr의 모든 함수나 여기서 다루는 함수를 사용하는 모든 방법을 설명하지는 않겠습니다. 패키지를 자세히 알아보고 싶다면 해들리 위컴Hadley Wickham과 개릿 그롤먼드Garrett Grolemund의 『R을 활용한 데이터 과학』(인사이트, 2019)을 읽어보세요. 또한 R스튜디오에서 [Help] → [Cheatsheets] → [Data Transformation with dplyr]를 선택하면 dplyr의 여러 함수가 함께 작동하는 방법을 요약한 유용한 참고 시트를 확인할 수 있습니다.

8.1.1 열 단위의 연산

엑셀에서 열을 선택하고 제외하려면 숨기거나 삭제해야 하는 경우가 많습니다. 열을 숨기면 놓치기 쉽고 삭제하면 복구하기 어렵기 때문에 감사하거나 재현하기 어려울 수 있습니다. select() 함수는 R의 데이터프레임에서 주어진 열을 선택할 때 사용합니다. [표 8-1]의 다른 함수와 마찬가지로 select()의 첫 번째 인수는 사용할 데이터프레임입니다. 추가로 해당 데이터프레임의 데이터를 조작하기 위한 인수를 제공합니다. 예를 들어 star 데이터셋에서 다음과 같이 tmathssk, treadssk, schidkn을 선택할 수 있습니다.

```
select(star, tmathssk, treadssk, schidkn)
#> # A tibble: 5,748 x 3
#>    tmathssk treadssk schidkn
#>       <dbl>    <dbl>   <dbl>
#>  1      473      447      63
#>  2      536      450      20
#>  3      463      439      19
#>  4      559      448      69
#>  5      489      447      79
#>  6      454      431       5
#>  7      423      395      16
#>  8      500      451      56
#>  9      439      478      11
#> 10      528      455      66
#> # ... with 5,738 more rows
```

또한 − 연산자를 select()와 함께 사용하면 지정된 열을 **삭제**할 수 있습니다.

```
select(star, -tmathssk, -treadssk, -schidkn)
#> # A tibble: 5,748 x 5
#>    classk            totexpk sex   freelunk race
#>    <chr>               <dbl> <chr> <chr>    <chr>
#>  1 small.class             7 girl  no       white
#>  2 small.class            21 girl  no       black
#>  3 regular.with.aide       0 boy   yes      black
#>  4 regular                16 boy   no       white
#>  5 small.class             5 boy   yes      white
#>  6 regular                 8 boy   yes      white
#>  7 regular.with.aide      17 girl  yes      black
#>  8 regular                 3 girl  no       white
#>  9 small.class            11 girl  no       black
#> 10 small.class            10 girl  no       white
#> # ... with 5,738 more rows
```

여기서 제외하고 싶은 모든 열을 벡터로 만든 다음 전달하여 삭제하면 조금 더 깔끔하게 작성할 수 있습니다.

```
select(star, -c(tmathssk, treadssk, schidkn))
#> # A tibble: 5,748 x 5
#>    classk            totexpk sex   freelunk race
#>    <chr>               <dbl> <chr> <chr>    <chr>
#>  1 small.class             7 girl  no       white
#>  2 small.class            21 girl  no       black
#>  3 regular.with.aide       0 boy   yes      black
#>  4 regular                16 boy   no       white
#>  5 small.class             5 boy   yes      white
#>  6 regular                 8 boy   yes      white
#>  7 regular.with.aide      17 girl  yes      black
#>  8 regular                 3 girl  no       white
#>  9 small.class            11 girl  no       black
#> 10 small.class            10 girl  no       white
#> # ... with 5,738 more rows
```

지금까지는 예제에서 함수를 호출하기만 하고 결과를 객체에 할당하지 않았습니다.

select() 호출을 조금 더 짧게 줄이고 싶다면 : 연산자를 사용하여 두 열을 포함하여 두 열 사이의 모든 열을 선택하면 됩니다. 이번에는 tmathssk에서 totexpk까지 모든 열을 선택하고 선택한 결과를 다시 star에 할당하겠습니다.

```
star <- select(star, tmathssk:totexpk)
head(star)
#> # A tibble: 6 x 4
#>    tmathssk treadssk classk            totexpk
#>       <dbl>    <dbl> <chr>               <dbl>
#> 1      473      447 small.class             7
#> 2      536      450 small.class            21
#> 3      463      439 regular.with.aide       0
#> 4      559      448 regular                16
#> 5      489      447 small.class             5
#> 6      454      431 regular                 8
```

엑셀에서는 주로 계산 열을 새로 생성했을 가능성이 높습니다. R에서는 mutate()가 같은 작업을 수행합니다. 읽기 및 수학 점수가 결합된 new_column을 만들어 보겠습니다. mutate()를 사용하여 먼저 새 열의 이름을 입력하고 등호와 사용할 계산식을 입력합니다. 다른 열을 계산식의 일부로 참조할 수 있습니다.

```
star <- mutate(star, new_column = tmathssk + treadssk)
head(star)
#> # A tibble: 6 x 5
#>    tmathssk treadssk classk            totexpk new_column
#>       <dbl>    <dbl> <chr>               <dbl>      <dbl>
#> 1      473      447 small.class             7        920
#> 2      536      450 small.class            21        986
#> 3      463      439 regular.with.aide       0        902
#> 4      559      448 regular                16       1007
#> 5      489      447 small.class             5        936
#> 6      454      431 regular                 8        885
```

mutate()를 사용하면 로그 변환이나 시차 변수lagged variable와 같은 비교적 복잡한 계산 열을 쉽게 도출할 수 있습니다. 자세한 내용은 도움말 문서를 참조하세요.

new_column이 총점에 적합한 이름은 아닙니다. 이럴 때 사용하면 좋은 함수는 rename()으로 이 함수는 이름을 변경하는 함수입니다. 이전 열의 이름 대신 변경할 새 열의 이름을 지정합니다.

```
star <- rename(star, ttl_score = new_column)
head(star)
#> # A tibble: 6 x 5
```

```
#>   tmathssk treadssk classk           totexpk ttl_score
#>      <dbl>    <dbl> <chr>               <dbl>     <dbl>
#> 1      473      447 small.class             7       920
#> 2      536      450 small.class            21       986
#> 3      463      439 regular.with.aide       0       902
#> 4      559      448 regular                16      1007
#> 5      489      447 small.class             5       936
#> 6      454      431 regular                 8       885
```

8.1.2 행 단위의 연산

지금까지는 열 단위로 실습을 진행했습니다. 이제 행을 중심으로 정렬 및 필터링을 살펴보겠습니다. 엑셀에서는 '사용자 지정 정렬' 메뉴로 여러 개의 열을 기준으로 정렬할 수 있습니다. 예를 들어 이 데이터프레임을 classk별로 정렬하고 treadssk를 오름차순으로 정렬하려고 합니다. 이를 위한 엑셀의 메뉴는 [그림 8-1]과 같습니다.

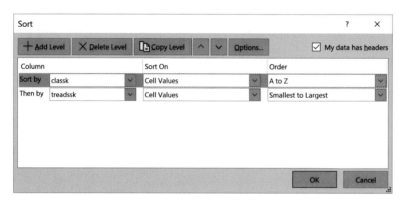

그림 8-1 엑셀의 사용자 지정 정렬(Sort) 메뉴

dplyr에서도 동일한 작업을 수행할 수 있습니다. 데이터프레임을 정렬하려는 순서대로 각 열을 나열하여 arrange() 함수를 사용합니다.

```
arrange(star, classk, treadssk)
#> # A tibble: 5,748 x 5
#>   tmathssk treadssk classk  totexpk ttl_score
#>      <dbl>    <dbl> <chr>     <dbl>     <dbl>
#> 1      320      315 regular       3       635
```

```
#>  2    365       346 regular         0        711
#>  3    384       358 regular        20        742
#>  4    384       358 regular         3        742
#>  5    320       360 regular         6        680
#>  6    423       376 regular        13        799
#>  7    418       378 regular        13        796
#>  8    392       378 regular        13        770
#>  9    392       378 regular         3        770
#> 10    399       380 regular         6        779
#> # ... with 5,738 more rows
```

열을 내림차순으로 정렬하려면 descent() 함수를 열로 전달하면 됩니다.

```
# classk를 기준으로 내림차순, treadssk를 기준으로 오름차순 정렬합니다.
arrange(star, desc(classk), treadssk)
#> # A tibble: 5,748 x 5
#>    tmathssk treadssk classk      totexpk ttl_score
#>       <dbl>    <dbl> <chr>         <dbl>     <dbl>
#>  1    412       370 small.class      15       782
#>  2    434       376 small.class      11       810
#>  3    423       378 small.class       6       801
#>  4    405       378 small.class       8       783
#>  5    384       380 small.class      19       764
#>  6    405       380 small.class      15       785
#>  7    439       382 small.class       8       821
#>  8    384       384 small.class      10       768
#>  9    405       384 small.class       8       789
#> 10    423       384 small.class      21       807
#> # ... with 5,738 more rows
```

엑셀 테이블에는 주어진 조건으로 열을 필터링할 수 있는 유용한 드롭다운 메뉴가 있습니다. R
에서는 데이터프레임을 필터링하려면 filter() 함수를 사용하면 됩니다. classk가 small.
class인 레코드만 유지하도록 star 데이터셋을 필터링합니다. 여기서 객체를 할당하는 것이
아니라 객체가 동일한지 확인해야 하기 때문에 = 대신 ==을 사용해야 한다는 점을 기억하세요.

```
filter(star, classk == 'small.class')
#> # A tibble: 1,733 x 5
#>    tmathssk treadssk classk      totexpk ttl_score
#>       <dbl>    <dbl> <chr>         <dbl>     <dbl>
#>  1    473       447 small.class       7       920
```

```
#>  2     536      450 small.class      21       986
#>  3     489      447 small.class       5       936
#>  4     439      478 small.class      11       917
#>  5     528      455 small.class      10       983
#>  6     559      474 small.class       0      1033
#>  7     494      424 small.class       6       918
#>  8     478      422 small.class       8       900
#>  9     602      456 small.class      14      1058
#> 10     439      418 small.class       8       857
#> # ... with 1,723 more rows
```

티블의 결과를 보면 filter() 연산이 열이 아닌 **행의 수에만** 영향을 미쳤음을 확인할 수 있습니다. 이제 treadssk가 500 이상인 레코드만 찾아볼까요?

```
filter(star, treadssk >= 500)
#> # A tibble: 233 x 5
#>    tmathssk treadssk classk        totexpk ttl_score
#>       <dbl>    <dbl> <chr>           <dbl>     <dbl>
#>  1     559      522 regular             8      1081
#>  2     536      507 regular.with.aide   3      1043
#>  3     547      565 regular.with.aide   9      1112
#>  4     513      503 small.class         7      1016
#>  5     559      605 regular.with.aide   5      1164
#>  6     559      554 regular            14      1113
#>  7     559      503 regular            10      1062
#>  8     602      518 regular            12      1120
#>  9     536      580 small.class        12      1116
#> 10     626      510 small.class        14      1136
#> # ... with 223 more rows
```

'and' 연산자는 &, 'or' 연산자는 |로 나타내고 이 연산자를 함께 사용하여 여러 조건으로 필터링할 수 있습니다. 이전의 두 가지 조건을 &로 결합하겠습니다.

```
# classk가 small.class인 레코드를 가져옵니다.
# treadssk는 500 이상이어야 합니다.
filter(star, classk == 'small.class' & treadssk >= 500)
#> # A tibble: 84 x 5
#>    tmathssk treadssk classk      totexpk ttl_score
#>       <dbl>    <dbl> <chr>         <dbl>     <dbl>
#>  1     513      503 small.class       7      1016
#>  2     536      580 small.class      12      1116
```

```
#>  3    626    510 small.class    14    1136
#>  4    602    518 small.class     3    1120
#>  5    626    565 small.class    14    1191
#>  6    602    503 small.class    14    1105
#>  7    626    538 small.class    13    1164
#>  8    500    580 small.class     8    1080
#>  9    489    565 small.class    19    1054
#> 10    576    545 small.class    19    1121
#> # ... with 74 more rows
```

8.1.3 데이터 집계와 조인

필자는 피벗 테이블을 '엑셀의 WD-40[23]'이라고 부르곤 합니다. 피벗 테이블을 사용하면 데이터를 쉽게 분석할 수 있도록 다른 방향으로 '회전'할 수 있기 때문입니다. 예를 들어 star 데이터셋에서 학급 규모별 평균 수학 점수를 보여주는 [그림 8-2]의 피벗 테이블을 다시 생성해 보겠습니다.

1. classk별로 집계 및
   그룹화

2. tmathssk의 평균으로
   요약

Row Labels ▼	Average of tmathssk
regular	483.261
regular.with.aide	483.0099256
small.class	491.4702827

그림 8-2 엑셀의 피벗 테이블 작동 방식

[그림 8-2]에서 알 수 있듯이 이 피벗 테이블에는 두 가지 요소가 있습니다. 먼저 변수 classk를 기준으로 데이터를 집계했습니다. 그런 다음 tmathssk의 평균을 내서 요약했습니다. R에서는 이 두 가지 요소가 서로 다른 dplyr 함수를 사용하는 별개의 작업입니다. 먼저 group_by()를 사용하여 데이터를 집계합니다. 출력에는 '# Groups: classk [3]'이 포함되는데 이 줄은 star_grouped가 classk 변수를 기준으로 세 개의 그룹으로 분할됨을 나타냅니다.

---

23 옮긴이_금속의 부식 및 습기를 방지하고 기름때를 제거하는 대표적인 윤활방청제입니다.

```
star_grouped <- group_by(star, classk)
head(star_grouped)
#> # A tibble: 6 x 5
#> # Groups:   classk [3]
#>   tmathssk treadssk classk           totexpk ttl_score
#>      <dbl>    <dbl> <chr>               <dbl>     <dbl>
#> 1      473      447 small.class             7       920
#> 2      536      450 small.class            21       986
#> 3      463      439 regular.with.aide       0       902
#> 4      559      448 regular                16      1007
#> 5      489      447 small.class             5       936
#> 6      454      431 regular                 8       885
```

하나의 변수를 기준으로 데이터를 그룹화했습니다. 이제 summarize() 함수(summarise()로도 사용할 수 있습니다)를 사용하여 다른 변수를 기준으로 요약해보겠습니다. 여기서는 결과열의 이름과 계산 방법을 지정합니다. [표 8-2]는 몇 가지 일반적인 집계 함수를 나열한 표입니다.

표 8-2 dplyr에 유용한 집계 함수

함수	집계 유형
sum()	합계
n()	값의 개수
mean()	평균
max()	최댓값
min()	최솟값
sd()	표준편차

그룹화된 데이터프레임에서 summarize()를 실행하여 학급 규모별 평균 수학 점수를 얻을 수 있습니다.

```
summarize(star_grouped, avg_math = mean(tmathssk))
#> # A tibble: 3 x 2
#>   classk          avg_math
#>   <chr>              <dbl>
#> 1 regular             483.
```

```
#> 2 regular.with.aide      483.
#> 3 small.class            491.
```

혹시 ``summarise()` ungrouping output'이라는 경고 문구가 뜬다면 그룹화된 티블을 집계하여 그룹을 해제했다는 의미입니다. 일부 형식의 차이를 제외하면 [그림 8-2]와 같은 결과가 나타납니다.

피벗 테이블이 엑셀의 WD-40이라면 VLOOKUP()은 덕트 테이프이므로 여러 소스의 데이터를 쉽게 결합할 수 있습니다. 원본 star 데이터셋에서 schidkn은 교육구 지표입니다. 이 장의 앞부분에서 이 열을 삭제했으므로 다시 읽어오겠습니다. 지표 숫자 외에 이 구역의 이름을 알고 싶다면 어떻게 해야 할까요? 이 책의 저장소에 있는 districts.csv 파일에 구역의 이름 정보가 있으므로 star 데이터셋과 districts 데이터셋 두 가지를 모두 읽고 이를 결합하는 방법을 알아보겠습니다.

```
star <- read_excel('datasets/star/star_origin.xlsx')
head(star)
#> # A tibble: 6 x 8
#>   tmathssk treadssk classk          totexpk sex   freelunk race  schidkn
#>      <dbl>    <dbl> <chr>             <dbl> <chr> <chr>    <chr>   <dbl>
#> 1      473      447 small.class           7 girl  no       white      63
#> 2      536      450 small.class          21 girl  no       black      20
#> 3      463      439 regular.with.ai~      0 boy   yes      black      19
#> 4      559      448 regular              16 boy   no       white      69
#> 5      489      447 small.class           5 boy   yes      white      79
#> 6      454      431 regular               8 boy   yes      white       5

districts <- read_csv('datasets/star/districts.csv')
#> Rows: 89 Columns: 3
#> -- Column specification -------------------------------------------
#> Delimiter: ","
#> chr (2): school_name, county
#> dbl (1): schidkn
#>
#> i Use `spec()` to retrieve the full column specification for this data.
#> i Specify the column types or set `show_col_types = FALSE` to quiet this
message.

head(districts)
#> # A tibble: 6 x 3
```

```
#>    schidkn school_name      county
#>      <dbl> <chr>            <chr>
#> 1        1 Rosalia          New Liberty
#> 2        2 Montgomeryville  Topton
#> 3        3 Davy             Wahpeton
#> 4        4 Steelton         Palestine
#> 5        6 Tolchester       Sattley
#> 6        7 Cahokia          Sattley
```

여기서 VLOOKUP() 같은 것이 필요합니다. 공유 변수 schidkn이 주어지면 school_name(그리고 가능하다면 county까지) 변수를 disctricts에서 star로 '읽어오기'를 원합니다. R에서 이 작업을 수행하기 위해 5장에서 다룬 주제인 관계형 데이터베이스에서 가져온 조인 방법을 사용합니다. VLOOKUP()에 가장 가까운 것은 왼쪽 외부 조인^{left outer join}이며 dplyr에서 left_join() 함수를 사용하여 수행할 수 있습니다. '기본' 테이블(star)을 먼저 입력하고 '조회' 테이블(districts)을 입력합니다. 이 함수는 star의 모든 레코드에 대해 disctricts에서 일치하는 항목을 찾아 반환하거나 일치하는 항목이 없으면 NA를 반환합니다. 출력량을 적절히 맞추기 위해서 star에서 일부 열만 유지하겠습니다.

```
# disctricts로 왼쪽 외부 조인
left_join(select(star, schidkn, tmathssk, treadssk), districts)
#> Joining, by = "schidkn"
#> # A tibble: 5,748 x 5
#>    schidkn tmathssk treadssk school_name     county
#>      <dbl>    <dbl>    <dbl> <chr>           <chr>
#> 1       63      473      447 Ridgeville      New Liberty
#> 2       20      536      450 South Heights   Selmont
#> 3       19      463      439 Bunnlevel       Sattley
#> 4       69      559      448 Hokah           Gallipolis
#> 5       79      489      447 Lake Mathews    Sugar Mountain
#> 6        5      454      431 NA              NA
#> 7       16      423      395 Calimesa        Selmont
#> 8       56      500      451 Lincoln Heights Topton
#> 9       11      439      478 Moose Lake      Imbery
#> 10      66      528      455 Siglerville     Summit Hill
#> # ... with 5,738 more rows
```

left_join()은 매우 똑똑합니다. schidkn에서 조인해야 한다는 것을 알고 school_name뿐만 아니라 county도 조회합니다. 데이터 조인을 자세히 알아보려면 도움말 문서를 확인하세요.

R에서 누락된 관측값은 특수 값 NA로 표시합니다. 예를 들어 6번 행을 보면 구역 이름과 일치하는 항목이 없는 것을 확인할 수 있습니다. VLOOKUP()에서는 #N/A 에러가 발생합니다. NA는 관측값이 0과 같다는 의미가 아니라 해당 값이 누락되었음을 의미합니다. R로 프로그래밍하는 동안 NaN 또는 NULL과 같은 다른 특수 값도 볼 수 있습니다. 특수 값을 자세히 알고 싶다면 도움말 문서를 참고하세요.

8.1.4 dplyr와 파이프 연산자

실습을 하면서 느꼈겠지만 dplyr의 함수는 엑셀을 포함하여 데이터 작업을 해본 사람이라면 누구에게나 강력하고 직관적입니다. 또한 데이터를 다뤄본 경험이 있는 사람이라면 알겠지만 필요한 데이터를 한 번에 준비할 수 있는 경우는 드뭅니다. 예를 들어 star 데이터셋을 사용하여 수행할 수 있는 일반적인 데이터 분석 작업은 다음과 같습니다.

수업 유형별 평균 읽기 점수를 내림차순으로 정렬하세요.

데이터 작업을 수행할 때 무엇을 해야 하는지 알면 이를 세 가지 단계로 구분할 수 있습니다.

1. 데이터를 수업 유형별로 그룹화합니다.
2. 각 그룹의 평균 읽기 점수를 구합니다.
3. 이 결과를 높은 것부터 낮은 것 순으로 정렬합니다.

다음과 같이 작업하면 이 단계를 빠르게 수행할 수 있습니다.

```
star_grouped <- group_by(star, classk)
star_avg_reading <- summarize(star_grouped, avg_reading = mean(treadssk))
#>
star_avg_reading_sorted <- arrange(star_avg_reading, desc(avg_reading))
star_avg_reading_sorted
#>
#> # A tibble: 3 x 2
#>   classk            avg_reading
#>   <chr>                   <dbl>
#> 1 small.class               441.
#> 2 regular.with.aide         435.
#> 3 regular                   435.
```

이렇게 하면 답은 나오겠지만 꽤 많은 단계를 거쳤고 다양한 함수와 객체 이름의 관계를 따라가기 어려울 수 있습니다. 대안으로 %>% 또는 파이프 연산자를 사용하여 함수를 연결할 수 있습니다. 파이프 연산자를 사용하면 한 함수의 출력을 다른 함수의 입력으로 직접 전달할 수 있기 때문에 입력과 출력의 이름을 계속 변경할 필요가 없습니다. 이 연산자의 단축키는 윈도우의 경우 [Ctrl]+[Shift]+[M]이고 맥의 경우 [Cmd]+[Shift]+[M]입니다.

이번에는 파이프 연산자를 사용하여 이전 단계를 다시 만들어보겠습니다. 각 함수를 %>% 연산자와 결합하여 각 줄에 배치합니다. 각 단계를 고유한 줄에 배치할 필요는 없지만 가독성을 위해 이렇게 배치하는 경우가 많습니다. 파이프 연산자를 사용할 때는 전체 코드 블록을 선택할 필요 없이 다음 선택 영역의 아무 곳에나 커서를 놓고 실행하면 됩니다.

```
star %>%
  group_by(classk) %>%
  summarise(avg_reading = mean(treadssk)) %>%
  arrange(desc(avg_reading))
#> # A tibble: 3 x 2
#>   classk            avg_reading
#>   <chr>                   <dbl>
#> 1 small.class              441.
#> 2 regular.with.aide        435.
#> 3 regular                  435.
```

데이터 소스를 각 함수의 인수로 명시적으로 포함하지 않는 것이 처음에는 매우 혼란스러울 수 있습니다. 그러나 마지막 코드 블록을 이전 코드 블록과 비교해보면 이 접근 방식이 얼마나 더 효율적인가 느낄 수 있습니다. 게다가 파이프 연산자는 dplyr 외에 다른 패키지의 함수와 함께 사용할 수 있습니다. 예를 들어 파이프 끝에 head()를 포함하여 결과 작업의 처음 몇 행을 출력하겠습니다.

```
# 교육구별 평균 수학 점수와 평균 읽기 점수
star %>%
  group_by(schidkn) %>%
  summarise(avg_read = mean(treadssk), avg_math = mean(tmathssk)) %>%
  arrange(schidkn) %>%
  head()
#> # A tibble: 6 x 3
#>   schidkn avg_read avg_math
#>     <dbl>    <dbl>    <dbl>
```

```
#> 1   1   444.   492.
#> 2   2   407.   451.
#> 3   3   441    491.
#> 4   4   422.   468.
#> 5   5   428.   460.
#> 6   6   428.   470.
```

8.1.5 tidyr로 데이터 재구성

group_by()와 summarize()가 R에서 피벗 테이블과 동일한 역할을 하는 것은 사실이지만 이러한 함수가 엑셀의 피벗 테이블이 수행할 수 있는 모든 작업을 수행할 수는 없습니다. 단순히 데이터를 집계하는 대신 데이터를 재구성하거나 행과 열의 설정 방법을 변경하려는 경우에는 어떻게 해야 할까요? 예를 들어 star 데이터프레임에는 수학과 읽기 점수에 대한 두 개의 개별 열, tmathssk와 treadssk가 있습니다. 이를 '점수(score)'라는 열과 '시험 유형(test_type)'이라는 열로 결합하여 각 관측값의 과목이 수학인지 읽기인지를 표시하려고 합니다. 교육구 지표인 schidkn도 분석의 일부로 보관하고 싶습니다.

[그림 8-3]은 엑셀에서 보이는 형태를 나타낸 그림입니다. 값(Values) 필드를 tmathssk와 treadssk에서 math와 reading으로 레이블을 다시 지정했습니다. 이 피벗 테이블을 자세히 살펴보고 싶다면 이 책의 저장소에 있는 ch-8.xlsx[24]를 확인하세요. 여기서는 인덱스 열을 다시 사용합니다. 그렇지 않으면 피벗 테이블이 모든 값을 schidkn으로 요약하려고 하기 때문입니다.

	A	B	C	D
1				
2				
3	id ▼	schidkn ▼	Values ▼	Total
4	▦1	63	reading	447
5	1	63	math	473
6	▦2	20	reading	450
7	2	20	math	536
8	▦3	19	reading	439
9	3	19	math	463
10	▦4	69	reading	448
11	4	69	math	559
12	▦5	79	reading	447

그림 8-3 엑셀에서 star 재구성

---

[24] https://oreil.ly/Kq93s

tidyverse 패키지의 핵심인 tidyr을 사용하여 star의 형태를 변경할 수 있습니다. 인덱스 열을 추가하면 엑셀에서와 같이 R에서도 데이터를 재구성할 때 도움이 됩니다. row_number() 함수를 사용하여 인덱스 열을 생성할 수 있습니다.

```
star_pivot <- star %>%
            select(c(schidkn, treadssk, tmathssk)) %>%
            mutate(id = row_number())
```

tidyr의 pivot_longer()와 pivot_wider()를 사용하여 데이터프레임의 모양을 변경합니다. [그림 8-3]에서 tmathssk와 treadssk의 점수를 하나의 열로 통합하면 데이터셋에 어떤 일이 생길지 생각해보세요. 데이터셋이 더 길어질까요? 아니면 더 넓어질까요? 여기서는 행을 추가하기 때문에 데이터셋이 더 길어집니다. pivot_longer()를 사용하려면 cols 인수로 길이를 늘릴 열을 지정하고 values_to로 결과 열의 레이블을 지정합니다. 또한 names_to로 각 점수가 수학 점수인지 읽기 점수인지 나타내는 열의 레이블을 지정합니다.

```
star_long <- star_pivot %>%
            pivot_longer(cols = c(tmathssk, treadssk),
                        values_to = 'score', names_to = 'test_type')
head(star_long)
#> # A tibble: 6 x 4
#>    schidkn    id test_type score
#>      <dbl> <int> <chr>     <dbl>
#> 1      63     1 tmathssk    473
#> 2      63     1 treadssk    447
#> 3      20     2 tmathssk    536
#> 4      20     2 treadssk    450
#> 5      19     3 tmathssk    463
#> 6      19     3 treadssk    439
```

잘했습니다! 그렇다면 tmathssk와 treadssk의 이름을 각각 math와 reading으로 바꿀 방법이 있을까요? 물론입니다. dplyr의 또 다른 유용한 함수 recode()가 있습니다. 이 함수는 mutate() 함수와 함께 사용할 수 있습니다. recode()는 등호 앞에 이전 값의 이름을 넣고 뒤에 새 이름을 넣기 때문에 패키지의 다른 함수와 약간 다르게 작동합니다. dplyr의 distinct() 함수는 모든 행의 이름이 math 또는 reading인지 확인합니다.

```
# tmathssk와 treadssk의 이름을 math와 reading으로 변경합니다.
star_long <- star_long %>%
   mutate(test_type = recode(test_type,
                             'tmathssk' = 'math', 'treadssk' = 'reading'))
distinct(star_long, test_type)
#> # A tibble: 2 x 1
#>   test_type
#>   <chr>
#> 1 math
#> 2 reading
```

이제 데이터프레임이 길어졌으므로 `pivot_wider()`를 사용하여 다시 확장할 수 있습니다. 이번에는 `values_from`에 열이 되어야 하는 값을 행으로 가지고 있는 열을 지정하고 `names_from`에 결과 열의 레이블을 지정합니다.

```
star_wide <- star_long %>%
                pivot_wider(values_from = 'score', names_from = 'test_type')
head(star_wide)
#> # A tibble: 6 x 4
#>   schidkn    id  math reading
#>     <dbl> <int> <dbl>   <dbl>
#> 1      63     1   473     447
#> 2      20     2   536     450
#> 3      19     3   463     439
#> 4      69     4   559     448
#> 5      79     5   489     447
#> 6       5     6   454     431
```

R에서는 데이터 재구성이 상대적으로 까다롭기 때문에 의문이 생길 때 스스로에게 질문하세요. '이 데이터를 더 넓게 만들고 있는가? 더 길게 만들고 있는가?' 피벗 테이블이라면 어떻게 할까요? 목표하는 최종 상태를 달성하기 위해 필요한 요구사항을 논리적으로 살펴본다면 코딩이 그만큼 쉬워질 것입니다.

8.2 ggplot2를 사용한 데이터 시각화

데이터를 조작할 때는 `dplyr`이 더 활용성이 높지만 지금은 데이터 시각화에 집중하겠습니다.

특히 또 다른 tidyverse 패키지인 ggplot2에 초점을 맞추겠습니다. ggplot2는 컴퓨터과학자 릴런드 윌킨슨Leland Wilkinson이 고안한 '그래픽 문법Grammar of Graphics'의 이름을 따서 명명하고 모델링되었으며 플롯을 구성하기 위한 일련의 방법을 제공합니다. 이러한 구조는 언어의 요소들이 모여서 문장을 만드는 과정을 본떠서 그래픽의 '문법'으로 만들어졌습니다.

여기서는 ggplot2의 몇 가지 기본 요소와 플롯 유형을 다룰 것입니다. 패키지에 대한 자세한 내용은 패키지의 원저자인 해들리 위컴Hadley Wickham의 『ggplot2』(프리렉, 2017)에서 확인하세요. R스튜디오에서 [Help] → [Cheat Sheets] → [Data Visualization with ggplot2]로 이동하여 패키지 작업에 유용한 치트 시트cheat sheet를 확인할 수도 있습니다. ggplot2의 몇 가지 필수 요소를 [표 8-3]에 나타냈습니다. 다른 요소도 사용할 수 있으며 자세한 내용은 앞에서 소개한 책과 치트 시트를 참고하세요.

표 8-3 ggplot2의 기본 요소 설명

요소	설명
data	소스 데이터
aes	데이터와 시각적 속성 연결(x축 및 y축, 색상, 크기 등)
geom	플롯에 표현된 기하학적 객체의 유형(선, 막대, 점 등)

classk의 각 수준에 대한 관측 수를 막대 차트로 시각화하는 것부터 시작하겠습니다. 먼저 ggplot() 함수를 사용하여 [표 8-3]에서 소개한 세 가지 요소를 지정합니다.

```
ggplot(data = star,        ❶
          aes(x = classk)) +      ❷
    geom_bar()      ❸
```

❶ 데이터 소스는 data 인수로 지정합니다.

❷ 데이터를 시각화하기 위한 시각적 속성 연결은 aes() 함수로 지정합니다. 여기서 classk가 최종 플롯의 x축에 표현되도록 함수를 호출합니다.

❸ geom_bar() 함수를 사용하여 지정된 데이터와 시각적 속성을 기반으로 기하학적 객체를 그립니다. 결과는 [그림 8-4]와 같습니다.

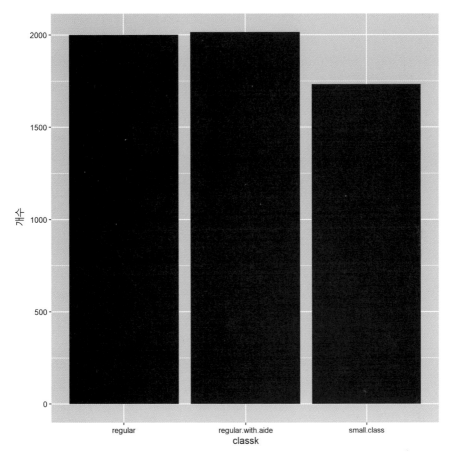

그림 8-4 ggplot2의 막대 차트

파이프 연산자와 마찬가지로 플롯의 각 레이어를 자체 선에 배치할 필요는 없지만 가독성을 위해 자체 선을 선호하는 경우가 많습니다. 코드 블록 내부에 커서를 놓고 실행하여 전체 플롯을 실행할 수도 있습니다.

모듈 기반 접근 방식 덕분에 ggplot2로 시각화를 쉽게 반복할 수 있습니다. 예를 들어 x에 연결할 데이터를 변경하고 `geom_histogram()`을 사용하면 `treadssk`에 대한 히스토그램으로 결과 플롯을 전환할 수 있습니다. 다음과 같이 실행하면 [그림 8-5]와 같은 결과를 얻을 수 있습니다.

```
ggplot(data = star, aes(x = treadssk)) +
    geom_histogram()

#> `stat_bin()` using `bins = 30`. Pick better value with `binwidth`.
```

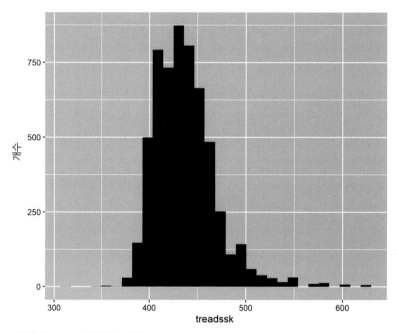

그림 8-5 ggplot2의 히스토그램

ggplot2 플롯을 사용자의 입맛에 맞게 설정하는 여러 가지 방법이 있습니다. 예를 들어 [그림 8-5]에서 실습한 플롯의 출력 메시지를 보면 히스토그램에 30개의 구간이 사용되었음을 알 수 있습니다. 이 숫자를 25로 변경하고 geom_historgram()에 몇 가지 인수를 추가하여 막대를 분홍색으로 채우도록 변경하겠습니다. 다음과 같이 실행하면 [그림 8-6]과 같은 결과를 얻을 수 있습니다.

```
ggplot(data = star, aes(x = treadssk)) +
    geom_histogram(bins = 25, fill = 'pink')
```

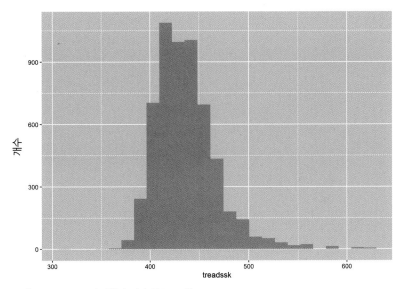

그림 8-6 ggplot2의 사용자 정의 히스토그램

[그림 8-7]과 같이 geom_boxplot()을 사용하여 상자 수염 그림을 생성합니다.

```
ggplot(data = star, aes(x = treadssk)) +
    geom_boxplot()
```

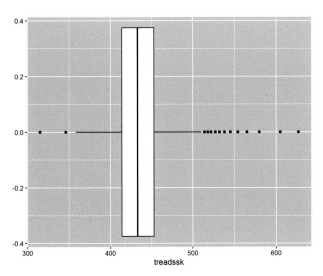

그림 8-7 상자 수염 그림

지금까지의 모든 플롯은 x 대신 y에 관심 변수를 매핑하여 그림의 축을 전환할 수 있습니다. 상자 수염 그림을 예로 들겠습니다. 결과는 [그림 8-8]과 같습니다.

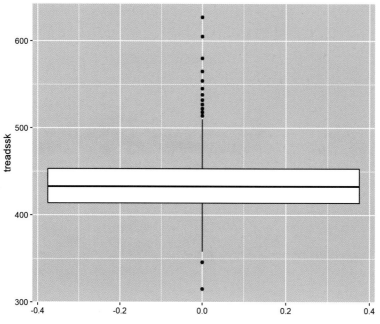

그림 8-8 축을 전환한 상자 수염 그림

이제 classk를 x축에 매핑하고 treadssk를 y축에 매핑하여 학급 규모의 각 레벨에 대한 상자 수염 그림을 만들겠습니다. 결과 상자 수염 그림은 [그림 8-9]와 같습니다.

```
ggplot(data = star, aes(x = classk, y = treadssk)) +
    geom_boxplot()
```

마찬가지로 geom_point()를 사용하여 x축과 y축에 각각 tmathssk와 treadssk의 관계를 산점도로 표시할 수 있습니다. 결과는 [그림 8-10]과 같습니다.

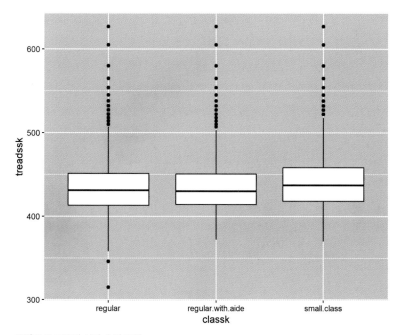

그림 8-9 그룹별 상자 수염 그림

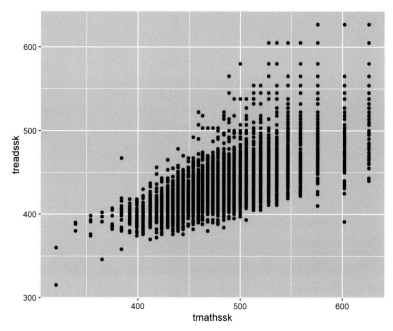

그림 8-10 산점도

몇 가지 추가 ggplot2 함수를 사용하여 플롯 제목과 x축, y축의 레이블을 지정할 수 있습니다. 결과는 [그림 8-11]과 같습니다.

```
ggplot(data = star, aes(x = tmathssk, y = treadssk)) +
    geom_point() +
    xlab('Math score') + ylab('Reading score') +
    ggtitle('Math score versus reading score')
```

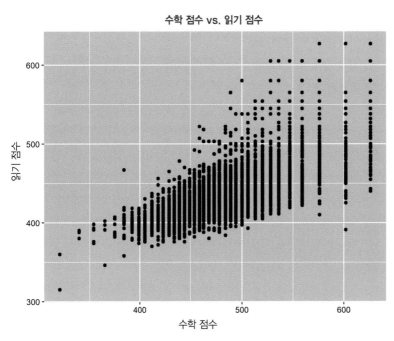

그림 8-11 제목 및 사용자 지정 축 레이블이 있는 산점도

8.3 마치며

dplyr와 ggplot2가 제공하는 함수는 훨씬 더 많지만 이 장에서 소개한 내용만 알아도 데이터 사이의 관계를 탐색하고 검정하는 실습을 하기에 충분합니다. 9장에서는 데이터 사이의 관계를 탐색하고 검정하는 데 집중하겠습니다.

8.4 연습 문제

이 책의 저장소[25]에는 datasets의 하위 폴더 census에 census.csv와 census-divisions. csv라는 두 개의 파일이 있습니다. 이 파일을 R로 읽어와서 다음을 수행하세요.

1. 데이터를 지역(region)에 따라 오름차순으로, 구역(division)에 따라 내림차순으로, 인구 (population)에 따라 내림차순으로 정렬하세요. 이 문제를 풀이하려면 먼저 데이터셋을 결합해야 합니다. 결과를 엑셀 워크시트에 작성하세요.

2. 병합된 데이터셋에서 우편번호(postal_code) 필드를 삭제하세요.

3. 인구를 토지 면적(land_area)으로 나눈 값으로 'density'라는 이름의 새로운 열을 생성하세요.

4. 2015년의 모든 관측값에 대해 토지 면적과 인구 사이의 관계를 시각화하세요.

5. 2015년의 각 지역의 총 인구를 구하세요.

6. 주(state)와 인구 데이터를 포함하는 테이블을 생성하세요. 이때 2010~2015년의 각 연도별 인구 를 개별 열에 표시하세요.

---

25 *https://oreil.ly/kBk3e*

## CHAPTER 9

한 걸음 더: R로 데이터 분석하기

이 장에서는 지금까지 데이터 분석 및 시각화에 대해 배운 내용을 R에 적용하여 mpg 데이터셋에서 관계를 탐색하고 검정합니다. t 검정 및 선형회귀를 수행하는 방법을 포함하여 몇 가지 새로운 R 기술을 공부합니다. 먼저 필요한 패키지를 불러오고 이 책의 저장소 dataset 폴더의 하위 폴더 mpg에서 mpg.csv를 읽어와 분석할 열을 선택하겠습니다. tidymodels는 앞에서 사용한 적이 없는 패키지이므로 필요한 경우 설치부터 진행하세요.

```
library(tidyverse)
library(psych)
library(tidymodels)

# 데이터를 읽고 필요한 열만 골라서 선택합니다.
mpg <- read_csv('datasets/mpg/mpg.csv') %>%
    select(mpg, weight, horsepower, origin, cylinders)

#> Rows: 392 Columns: 9
#> -- Column specification -------------------------------------------------
----------------------
#> Delimiter: ","
#> chr (2): origin, car.name
#> dbl (7): mpg, cylinders, displacement, horsepower, weight, acceleration, model.
year

head(mpg)
#> # A tibble: 6 x 5
```

```
#>     mpg weight horsepower origin cylinders
#>   <dbl> <dbl>      <dbl> <chr>      <dbl>
#> 1    18  3504        130 USA            8
#> 2    15  3693        165 USA            8
#> 3    18  3436        150 USA            8
#> 4    16  3433        150 USA            8
#> 5    17  3449        140 USA            8
#> 6    15  4341        198 USA            8
```

9.1 탐색적 데이터 분석

데이터를 탐색하는 첫걸음으로 기술통계를 살펴보겠습니다. psych의 describe() 함수를 사용하여 기술통계를 확인해볼까요?

```
describe(mpg)
#>            vars   n    mean      sd  median trimmed    mad  min
#> mpg           1 392   23.45    7.81   22.75   22.99   8.60    9
#> weight        2 392 2977.58  849.40 2803.50 2916.94 948.12 1613
#> horsepower    3 392  104.47   38.49   93.50   99.82  28.91   46
#> origin*       4 392    2.42    0.81    3.00    2.53   0.00    1
#> cylinders     5 392    5.47    1.71    4.00    5.35   0.00    3
#>              max  range  skew kurtosis     se
#> mpg         46.6   37.6  0.45    -0.54   0.39
#> weight    5140.0 3527.0  0.52    -0.83  42.90
#> horsepower 230.0  184.0  1.08     0.65   1.94
#> origin*      3.0    2.0 -0.91    -0.86   0.04
#> cylinders    8.0    5.0  0.50    -1.40   0.09
```

원산지(origin)는 범주형 변수이므로 기술통계를 해석할 때 주의해야 합니다. psych에서는 *을 사용하여 이러한 주의점을 나타냅니다. 기술통계 대신 일원 도수분포표를 분석하면 안전합니다. dplyer의 새로운 함수 count()를 사용하여 일원 도수분포표를 확인할 수 있습니다.

```
mpg %>%
    count(origin)
#> # A tibble: 3 x 2
#>   origin     n
#>   <chr>  <int>
```

```
#> 1 Asia      79
#> 2 Europe    68
#> 3 USA      245
```

count()의 결과에서 열 n을 보면 대부분의 관측값이 미국(USA) 자동차지만 아시아(Asia)와 유럽(Europe) 자동차의 관측값도 여전히 하위 모집단의 대표표본이 될 가능성이 있다는 점을 확인할 수 있습니다.

관측값 개수를 엔진(cylinders)별로 더 세분화하여 이원 도수분포표를 도출하겠습니다. count()와 pivot_wider()를 함께 사용하여 열별로 cylinders 값에 따라 관측값의 개수를 표시합니다.

```
mpg %>%
    count(origin, cylinders) %>%
    pivot_wider(values_from = n, names_from = cylinders)
#> # A tibble: 3 x 6
#>   origin    `3`   `4`   `6`   `5`   `8`
#>   <chr>   <int> <int> <int> <int> <int>
#> 1 Asia        4    69     6    NA    NA
#> 2 Europe     NA    61     4     3    NA
#> 3 USA        NA    69    73    NA   103
```

R에서 NA가 누락된 값을 나타낸다고 설명했었죠? 여기서는 NA가 각 origin에서 특정 cylinders 값을 가지는 관측값이 없다는 것을 의미합니다.

3기통 또는 5기통 엔진을 장착한 자동차는 많지 않으며 미국 자동차만 8기통을 사용합니다. 일반적으로 데이터셋을 분석해보면 일부 레벨에서 관측값의 개수가 **불균형**합니다. 이러한 데이터를 모델링하려면 종종 특별한 기술이 필요합니다. 불균형 데이터를 다루는 방법을 자세히 알고 싶다면 피터 브루스[Peter Bruce]의 『데이터 과학을 위한 통계』(한빛미디어, 2021)를 읽어보세요.

origin의 각 레벨에 대한 기술통계도 계산할 수 있습니다. 먼저 select()를 사용하여 분석할 변수를 선택한 다음 psych의 describeBy() 함수를 사용하여 groupBy를 origin으로 설정합니다.

```
mpg %>%
    select(mpg, origin) %>%
```

```
    describeBy(group = 'origin')

#>  Descriptive statistics by group
#> origin: Asia
#>          vars  n  mean   sd median trimmed  mad min  max range
#> mpg         1 79 30.45 6.09   31.6   30.47 6.52  18 46.6  28.6
#> origin*     2 79  1.00 0.00    1.0    1.00 0.00   1  1.0   0.0
#>          skew kurtosis   se
#> mpg      0.01    -0.39 0.69
#> origin*   NaN      NaN 0.00
#> ------------------------------------------
#> origin: Europe
#>          vars  n mean   sd median trimmed  mad  min  max range
#> mpg         1 68 27.6 6.58     26    27.1 5.78 16.2 44.3  28.1
#> origin*     2 68  1.0 0.00      1     1.0 0.00  1.0  1.0   0.0
#>          skew kurtosis  se
#> mpg      0.73     0.31 0.8
#> origin*   NaN      NaN 0.0
#> ------------------------------------------
#> origin: USA
#>          vars   n  mean   sd median trimmed  mad min max range
#> mpg         1 245 20.03 6.44   18.5   19.37 6.67   9  39    30
#> origin*     2 245  1.00 0.00    1.0    1.00 0.00   1   1     0
#>          skew kurtosis   se
#> mpg      0.83     0.03 0.41
#> origin*   NaN      NaN 0.00
```

원산지(origin)와 연비(mpg) 사이의 잠재적인 관계를 자세히 알아보겠습니다. 먼저 [그림 9-1]과 같이 히스토그램으로 mpg의 분포를 시각화합니다.

```
ggplot(data = mpg, aes(x = mpg)) +
    geom_histogram()
#> `stat_bin()` using `bins = 30`. Pick better value with `binwidth`.
```

이제 origin별로 mpg의 분포를 시각화하는 방법을 알아보겠습니다. 하나의 히스토그램에 세 가지 레벨의 origin을 모두 겹쳐서 그리면 복잡해질 수 있기 때문에 [그림 9-2]와 같은 상자 수염 그림이 더 적합할 수 있습니다.

```
ggplot(data = mpg, aes(x = origin, y = mpg)) +
    geom_boxplot()
```

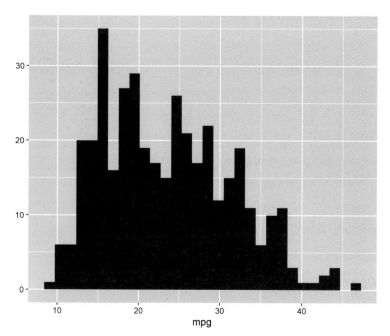

그림 9-1 mpg의 분포

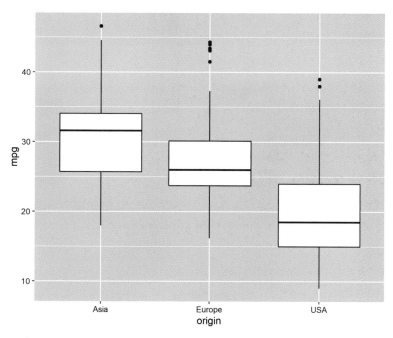

그림 9-2 origin별 mpg의 분포

만약 히스토그램으로 origin별 mpg의 분포를 복잡하지 않게 그리고 싶다면 R의 패싯 플롯facet plot을 사용하면 됩니다. facet_wrap()을 사용하여 ggplot2의 플롯을 서브 플롯 또는 패싯으로 분할합니다. ~ 또는 물결tilde 연산자를 입력하고 그 뒤에 변수 이름을 입력합니다. R에서 물결 연산자를 보면 '~별by'을 의미한다고 생각하세요. 예를 들어 다음과 같이 origin별로 히스토그램을 패싯 처리하면 [그림 9-3]과 같은 히스토그램이 생성됩니다.

```
# origin별로 패싯 처리한 mpg의 히스토그램
ggplot(data = mpg, aes(x = mpg)) +
    geom_histogram() +
    facet_grid(~ origin)
#> `stat_bin()` using `bins = 30`. Pick better value with `binwidth`.
```

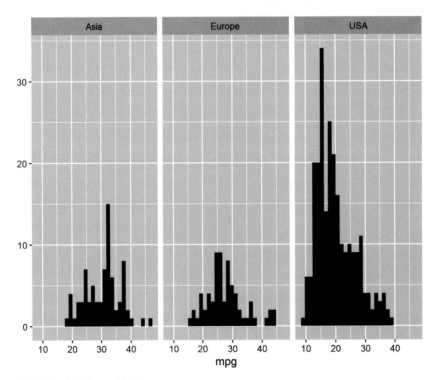

그림 9-3 origin별 mpg의 분포

9.2 가설검정

데이터 탐색은 이쯤에서 멈추고 가설검정으로 넘어가겠습니다. 미국 자동차와 유럽 자동차의 연비 차이를 알아봅시다. 먼저 다음과 같이 필요한 관측치만 포함하는 새 데이터프레임을 만들고 이 프레임을 사용하여 t 검정을 수행하겠습니다.

```
mpg_filtered <- filter(mpg, origin=='USA' | origin=='Europe')
```

> **여러 그룹에 걸친 관계 검정**
>
> 가설검정으로 미국, 유럽 및 아시아 자동차 사이의 연비를 비교할 수 있습니다. 가설검정은 분산 분석 또는 ANOVA라고 하는 통계 검정과는 다릅니다. 분석의 다음 단계로 가설검정을 살펴보겠습니다.

9.2.1 독립 표본 t 검정

R은 기본적으로 t.test() 함수를 포함합니다. data 인수로 데이터를 지정하고 검정할 **수식**도 지정해야 합니다. 수식을 지정하기 위해 ~ 연산자를 사용하여 독립변수와 종속변수 사이의 관계를 설정합니다. 종속변수는 ~ 앞에 오고 독립변수는 뒤에 옵니다. 다시 한번 강조하자면 ~ 연산자로 구성한 수식 mpg ~ origin은 origin별 mpg의 효과를 분석하는 것으로 해석합니다.

```
# 종속변수 ~ (별) 독립변수
t.test(mpg ~ origin, data = mpg_filtered)
#>
#>      Welch Two Sample t-test
#>
#> data:  mpg by origin
#> t = 8.4311, df = 105.32, p-value = 1.93e-13
#> alternative hypothesis: true difference in means between
#> group Europe and group USA is not equal to 0
#> 95 percent confidence interval:
#>   5.789361 9.349583
#> sample estimates:
#> mean in group Europe    mean in group USA
#>             27.60294             20.03347
```

R이 대립가설이 무엇인지 명시적으로 밝히고 p-값과 함께 신뢰구간까지 제공하다니 정말 훌륭하지 않나요? 이것만 보아도 R이 통계 분석을 위해 만들어졌다는 점을 알 수 있습니다. p-값을 기반으로 귀무가설을 기각합니다. 평균 사이에 차이가 있다는 증거가 충분히 있습니다.

```
select(mpg, mpg:horsepower) %>%
    cor()
#>                   mpg     weight horsepower
#> mpg        1.0000000 -0.8322442 -0.7784268
#> weight    -0.8322442  1.0000000  0.8645377
#> horsepower -0.7784268  0.8645377  1.0000000
```

ggplot2를 사용하면 예를 들어 [그림 9-4]와 같이 무게(`weight`)와 연비(`mpg`) 사이의 관계를 시각화할 수 있습니다.

```
ggplot(data = mpg, aes(x = weight,y = mpg)) +
    geom_point() + xlab('weight (pounds)') +
    ylab('mileage (mpg)') + ggtitle('Relationship between weight and mileage')
```

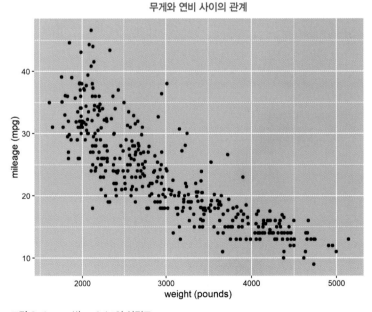

그림 9-4 mpg별 weight의 산점도

또는 상관행렬과 유사하게 배치된 모든 변수 조합의 페어플롯^{pairplot}을 생성하려면 기본 R의 pairs() 함수를 사용할 수도 있습니다.

```
select(mpg, mpg:horsepower) %>%
    pairs()
```

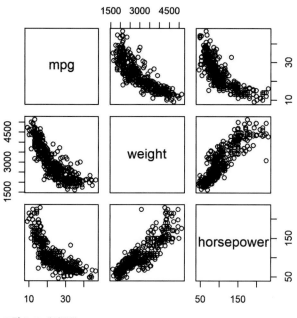

그림 9-5 페어플롯

9.2.2 선형회귀

이제 기본 R의 lm()(선형 모델을 나타내는 'linear model'의 약자) 함수를 사용하여 선형회귀를 수행할 시간입니다. t.test()와 유사하게 데이터셋과 수식을 지정합니다. 선형회귀는 t 검정보다 훨씬 많은 내용을 출력하기 때문에 일반적으로 먼저 R의 새 객체에 결과를 할당한 다음다양한 요소를 개별적으로 탐색합니다. 특히 summary() 함수는 회귀 모델에 대한 유용한 개요를 보여줍니다.

```
mpg_regression <- lm(mpg ~ weight, data = mpg)
summary(mpg_regression)

#> Call:
#> lm(formula = mpg ~ weight, data = mpg)
#>
#> Residuals:
#>      Min      1Q  Median      3Q     Max
#> -11.9736  -2.7556  -0.3358   2.1379  16.5194
#>
#> Coefficients:
#>                Estimate Std. Error t value Pr(>|t|)
#> (Intercept) 46.216524   0.798673   57.87   <2e-16 ***
#> weight      -0.007647   0.000258  -29.64   <2e-16 ***
#> ---
#> Signif. codes:  0 '***' 0.001 '**' 0.01 '*' 0.05 '.' 0.1 ' ' 1
#>
#> Residual standard error: 4.333 on 390 degrees of freedom
#> Multiple R-squared:  0.6926, Adjusted R-squared:  0.6918
#> F-statistic: 878.8 on 1 and 390 DF,  p-value: < 2.2e-16
```

출력된 결과가 익숙하죠? 여러 가지 수치 중에서 계수(coefficients), p-값(p-value), R^2(R-squared)과 같이 익숙한 값을 확인할 수 있습니다. 역시나 무게가 연비에 상당한 영향을 주는 것으로 보입니다.

마지막으로 ggplot() 함수에 geom_smooth()를 포함하고 method를 lm으로 설정하여 산점도에 적합 회귀선을 표시할 수 있습니다. 결과는 [그림 9-6]과 같습니다.

```
ggplot(data = mpg, aes(x = weight, y = mpg)) +
    geom_point() + xlab('weight (pounds)') +
    ylab('mileage (mpg)') + ggtitle('Relationship between weight and mileage') +
    geom_smooth(method = lm)
#> `geom_smooth()` using formula 'y ~ x'
```

신뢰구간과 선형회귀

[그림 9-6]에서 적합 회귀선을 따라 음영 처리된 영역을 살펴보세요. 이 영역은 회귀선 기울기의 신뢰구간으로, 각 무게 값에 대한 실제 모집단 추정치가 있을 수 있다고 판단하는 곳을 95%의 신뢰도로 나타냅니다.

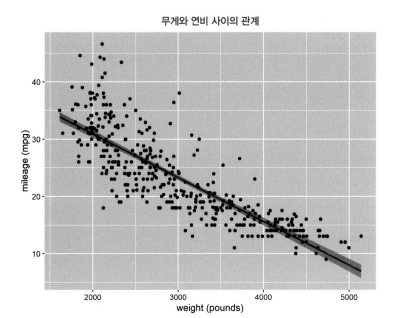

그림 9-6 mpg에 대한 weight의 적합 회귀선이 있는 산점도

9.2.3 학습/평가 데이터셋 분할과 검증

5장에서는 머신러닝이 데이터 작업과 어떻게 관련이 있는지 간략하게 살펴보았습니다. 머신러닝으로 대중화된 학습/평가 데이터셋 분할 기술은 데이터 분석 작업에서 자주 접하게 될 기술입니다. 학습/평가 데이터셋 분할은 데이터의 부분집합으로 모델을 학습한 다음 남은 부분집합으로 평가하는 기술입니다. 이렇게 하면 모델이 특정 관측값의 표본에서만 작동하는 것이 아니라 더 넓은 모집단으로 일반화될 수 있습니다. 데이터 과학자는 특히 모델이 평가 데이터를 얼마나 잘 예측하는지에 관심을 가지곤 합니다.

R로 mpg 데이터셋을 분할하여 데이터의 일부를 가지고 선형회귀 모델을 학습한 다음 나머지 데이터로 평가하겠습니다. 이때 tidymodels 패키지를 사용하겠습니다. 이 패키지는 tidyverse에 포함된 패키지는 아니지만 동일한 원리로 구축되었으므로 잘 작동합니다.

2장에서 난수를 사용하면서 통합 문서에서 본 결과가 책에 작성한 결과와 달라졌죠? 여기서도 데이터셋을 무작위로 분할하기 때문에 동일한 문제가 발생할 수 있습니다. 만약 이런 문제를 피하고 싶다면 R에서 난수 생성기의 시드를 설정하면 됩니다. 난수 생성기의 시드를 설정하면 매번 동일한 일련의 난수를 생성합니다. set.seed() 함수를 사용하여 원하는 숫자로 시드를 설정할 수 있습니다. 시드를 1234로 설정하겠습니다.

```
set.seed(1234)
```

initial_split() 함수를 사용하여 분할을 시작합니다. 그리고 training() 함수를 사용하여 학습 데이터셋을 지정하고 testing() 함수를 사용하여 평가 데이터셋을 지정합니다.

```
mpg_split <- initial_split(mpg)
mpg_train <- training(mpg_split)
mpg_test <- testing(mpg_split)
```

기본적으로 tidymodels는 데이터의 관측값을 무작위로 두 그룹으로 분할합니다. 즉, 관측값의 75%는 학습 데이터로 나머지는 평가 데이터로 할당합니다. 기본 R의 dim() 함수를 사용하여 각 데이터셋의 행과 열의 수를 확인할 수 있습니다.

```
dim(mpg_train)
#> [1] 294    5
dim(mpg_test)
#> [1] 98     5
```

학습과 평가 표본의 크기는 모집단의 특성을 반영하여 통계적인 추론을 할 수 있을 만큼 충분히 커야 합니다. 여기서는 관측값의 개수가 294, 98개로 충분히 크다고 가정하겠습니다. 머신러닝에서는 대규모 데이터셋을 사용하기 때문에 학습과 평가 데이터셋의 크기를 고민할 필요가 없지만 표본크기가 작은 경우에는 데이터를 분할할 때 일부 제약이 있을 수 있습니다.

표본크기가 너무 작은 경우에는 75/25가 아닌 다른 비율로 데이터를 분할하거나 데이터를 분할하는 특수 기술을 사용하는 등의 작업이 필요할 수도 있습니다. 자세한 내용이 궁금하다면 tidymodels 문서를 참고하세요. 회귀 분석에 더 익숙해지기 전까지는 75/25와 같은 기본값을 그대로 사용해도 좋습니다.

학습 모델을 구축하기 전에 먼저 linear_reg() 함수를 사용하여 모델의 유형을 지정하겠습니다. 다음으로 모델을 학습하기 위해 fit() 함수를 사용하겠습니다. fit() 함수의 입력값은

mpg의 학습 데이터셋만 사용한다는 점을 제외하고는 앞에서 계속 활용해온 값이기 때문에 익숙할 것입니다.

```
# 모델의 유형을 지정합니다.
lm_spec <- linear_reg()
# 모델을 데이터에 맞게 학습합니다.
lm_fit <- lm_spec %>%
    fit(mpg ~ weight, data = mpg_train)
```

콘솔에 'Warning message: Engine set to `lm`.'과 같은 문구가 출력된다면 모델의 학습 엔진으로 앞에서 살펴보았던 기본 R의 lm() 함수가 사용되었다는 의미입니다.

tidy() 함수를 사용하여 학습 모델의 계수 및 p-값을 계산하고 glance() 함수를 사용하여 R^2과 같은 성능 지표를 확인할 수 있습니다.

```
tidy(lm_fit)
#> # A tibble: 2 x 5
#>   term        estimate std.error statistic   p.value
#>   <chr>          <dbl>     <dbl>     <dbl>     <dbl>
#> 1 (Intercept) 45.5      0.923        49.3 1.22e-143
#> 2 weight      -0.00745  0.000296    -25.2 3.62e- 75
> glance(lm_fit)
#> # A tibble: 1 x 12
#>   r.squared adj.r.squared sigma statistic  p.value    df logLik   AIC
#>       <dbl>         <dbl> <dbl>     <dbl>    <dbl> <dbl>  <dbl> <dbl>
#> 1     0.685         0.684  4.38      634. 3.62e-75     1  -851. 1707.
#> # ... with 4 more variables: BIC <dbl>, deviance <dbl>,
#> #   df.residual <int>, nobs <int>
```

이렇게 학습 모델의 여러 가지 수치를 확인했다면 이제 이 모델을 새로운 데이터셋에 적용할 때 얼마나 성능이 좋은지 알아볼 차례입니다. 평가 데이터셋 분할을 시작하겠습니다. mpg_test에서 예측을 수행하기 위해 predict() 함수를 사용합니다. 또한 bind_cols() 함수를 사용하여 예측한 Y값의 열을 데이터프레임에 추가하겠습니다. 기본적으로 이 열은 '.pred'라고 이름 짓습니다.

```
mpg_results <- predict(lm_fit, new_data = mpg_test) %>%
    bind_cols(mpg_test)
```

```
mpg_results
#> # A tibble: 98 x 6
#>    .pred   mpg weight horsepower origin cylinders
#>    <dbl> <dbl>  <dbl>      <dbl> <chr>      <dbl>
#>  1  19.4    18   3504        130 USA            8
#>  2  19.9    18   3436        150 USA            8
#>  3  19.8    17   3449        140 USA            8
#>  4  13.4    14   4312        215 USA            8
#>  5  12.6    14   4425        225 USA            8
#>  6  19.0    15   3563        170 USA            8
#>  7  24.4    22   2833         95 USA            6
#>  8  26.3    21   2587         85 USA            6
#>  9  25.6    25   2672         87 Europe         4
#> 10  27.8    25   2375         95 Europe         4
#> # ... with 88 more rows
```

이제 이 새로운 데이터에 모델을 적용했으므로 성능을 평가하겠습니다. 예를 들어 rsq() 함수를 사용하여 R^2을 구할 수 있습니다. mpg_results 데이터프레임에서 실제 Y값을 포함하는 열을 truth 인수로 지정하고 예측값을 포함하는 열을 estimate 인수로 지정합니다.

```
rsq(data = mpg_results, truth = mpg, estimate = .pred)
#> # A tibble: 1 x 3
#>   .metric .estimator .estimate
#>   <chr>   <chr>          <dbl>
#> 1 rsq     standard       0.720
```

R^2이 72.0%라는 것은 학습 데이터셋으로 학습한 모델이 평가 데이터셋에서 상당한 변동성을 가짐을 의미합니다.

또 다른 일반적인 평가 지표로 평균 제곱근 편차root mean square error (RMSE)가 있습니다. 4장에서 실제 값과 예측값의 차이로 **잔차**의 개념을 배웠습니다. RMSE는 잔차의 표준편차이므로 산포 오차가 얼마나 큰지에 대한 추정치입니다. rmse() 함수는 RMSE를 반환합니다.

```
rmse(data = mpg_results, truth = mpg, estimate = .pred)
#> # A tibble: 1 x 3
#>   .metric .estimator .estimate
#>   <chr>   <chr>          <dbl>
#> 1 rmse    standard        4.19
```

종속변수의 척도에 비례하기 때문에 RMSE를 평가하는 만능 방법은 없지만 동일한 데이터를 사용하는 두 경쟁 모델 사이에서는 RMSE 값이 더 작은 모델을 선호합니다.

tidymodels는 R에서 모델을 학습하고 평가하는 데 사용할 수 있는 다양한 기술을 제공합니다. 이 장에서는 종속변수를 사용하는 회귀 모델을 살펴보았지만 종속변수가 범주형인 **분류** 모델을 구축하는 것도 가능합니다. 이 패키지는 R에서 비교적 최신 패키지기 때문에 참고할 수 있는 문서가 다소 적지만 패키지의 인기가 높아지면서 더 많은 자료가 나올 것으로 기대하고 있습니다.

9.3 마치며

서로 다른 데이터셋의 관계를 탐색하고 검정하는 더 많은 작업을 수행할 수 있지만 이 장에서는 첫 발판이 되는 단계를 중심으로 살펴보았습니다. 이제 여러분은 엑셀에서 했던 작업을 R에서도 할 수 있게 되었습니다.

9.4 연습 문제

R을 사용하여 익숙한 데이터셋을 가지고 익숙한 단계로 분석해봅시다. 4장의 연습 문제에서 이 책의 저장소[26]에 있는 ais 데이터셋의 데이터를 분석했습니다. 이 데이터셋은 R의 DAAG 패키지에서도 불러올 수 있습니다. 패키지를 설치하고 ais 데이터셋을 불러오세요. ais 객체를 그대로 사용할 수 있습니다. 이제 다음을 수행하세요.

1. 성별(sex)에 따른 적혈구 수(rcc) 분포를 시각화하세요.
2. 두 성별 그룹 사이에 적혈구 수의 통계적 유의성이 있나요?
3. 이 데이터셋에서 관련 변수의 상관행렬을 생성하세요.
4. 키(ht)와 몸무게(wt)의 관계를 시각화하세요.

---

26 *https://oreil.ly/eg0x1*

5. wt에 대한 ht의 적합 회귀선의 방정식을 구하세요. 유의미한 관계가 있나요? ht 변화의 몇 퍼센트를 wt로 설명할 수 있나요?

6. 회귀 모델을 학습 및 평가 데이터셋으로 분할하세요. 평가 모델의 R^2 및 RMSE 값은 무엇인가요?

엑셀에서 파이썬으로

Part III

엑셀에서 파이썬으로

## CHAPTER 10

엑셀 사용자를 위한 파이썬 첫걸음

파이썬은 1991년에 귀도 반 로섬^{Guido van Rossum}이 개발한 프로그래밍 언어로 R과 마찬가지로 무료이며 오픈소스입니다. 당시 반 로섬은 〈몬티 파이튼 비행 서커스^{Monty Python's Flying Circus}〉라는 영국 코미디 프로그램의 대본을 읽으면서 이 이름을 따서 언어의 이름을 짓기로 결정했습니다. 명시적으로 데이터 분석을 위해 설계된 R과 달리 파이썬은 운영체제와 상호작용하고 오류를 처리하는 등의 작업을 수행하는 범용 언어로 개발되었습니다. 이는 파이썬이 데이터를 '생각' 하고 작동하는 방식에 몇 가지 중요한 의미를 갖습니다. 예를 들어 7장에서 R에 내장된 테이블 형식의 자료구조가 있다는 점을 배웠습니다. 하지만 파이썬에는 이러한 자료구조가 없습니다. 파이썬에서 데이터를 다루려면 외부 패키지를 많이 사용해야 합니다.

하지만 이것이 문제가 되진 않습니다. 파이썬에는 R과 마찬가지로 대규모의 기여자 커뮤니티 에서 관리하는 수천 개의 패키지가 있습니다. 모바일 애플리케이션 개발부터 임베디드 디바이 스, 데이터 분석에 이르기까지 모든 작업에 파이썬이 사용됩니다. 다양한 사용자를 기반으로 빠르게 성장하고 있으며 파이썬은 분석뿐만 아니라 일반적으로 컴퓨팅에 가장 널리 사용되는 프로그래밍 언어가 되었습니다.

> **NOTE**
> 파이썬이 범용 프로그래밍 언어로 개발된 반면에 R은 특별히 통계 분석을 고려하여 만들어졌습니다.

10.1 파이썬 내려받기

파이썬 소프트웨어 재단Python Software Foundation[27]은 공식 파이썬 소스 코드를 관리합니다. 파이썬은 오픈소스이기 때문에 누구나 파이썬 코드를 가져가고 추가하고 재배포할 수 있습니다. 아나콘다Anaconda는 파이썬 배포판 중 하나이며 이 책에서는 아나콘다 설치를 권장합니다. 아나콘다는 '아나콘다'라는 이름의 영리 회사에서 관리하며 여러 가격대의 유료판이 있습니다. 여기서는 무료 개인판[28]을 사용합니다. 파이썬은 현재 세 번째 버전으로 파이썬 3입니다. 아나콘다의 웹사이트[29]에서 파이썬 3의 최신 버전을 내려받을 수 있습니다.

> **파이썬 2와 파이썬 3**
>
> 2008년에 출시된 파이썬 3는 언어에 상당한 변화를 주었습니다. 중요한 점은 파이썬 2 코드와 하위 호환성이 없다는 것입니다. 즉, 파이썬 2로 작성된 코드는 파이썬 3에서 실행되지 않을 수 있으며 그 반대의 경우도 마찬가지입니다. 필자가 이 책을 쓰고 있는 시점에서는 파이썬 2가 공식적으로 지원 종료되었지만 파이썬을 공부하다 보면 일부 참고 문서나 코드에서 파이썬 2의 흔적을 찾을 수도 있습니다.

아나콘다는 단순히 파이썬만 설치하지 않고 나중에 이 책에서 사용할 유명한 패키지도 포함합니다. 또한 파이썬으로 작업할 때 사용할 웹 애플리케이션인 주피터 노트북Jupyter Notebook도 함께 제공합니다.

10.2 주피터 시작하기

6장에서 언급했듯이 R은 EDA용 S 프로그램을 본떠 만들어졌습니다. EDA는 반복적인 특징을 가지기 때문에 EDA용 언어는 선택한 코드 줄을 실행하고 출력 결과를 탐색하는 워크플로를 가져야 합니다. 이러한 워크플로 덕분에 R 스크립트 '.r'에서 데이터 분석을 쉽게 수행할 수 있습니다. R스튜디오 IDE를 통해 환경의 객체에 대한 정보 및 도움말 문서 전용 창과 같은 프로그래밍에 도움이 되는 추가 기능을 활용했습니다.

---

27 *https://python.org*
28 옮긴이_Anaconda3 2021.11 (64-bit) Windows
29 *https://oreil.ly/3RYeQ*

이와 대조적으로 파이썬은 코드를 기계가 읽을 수 있는 파일로 컴파일한 다음 실행해야 하는 '저급lower-level' 프로그래밍 언어처럼 작동합니다. 이로 인해 파이썬 스크립트인 '.py'에서 단편적인 데이터 분석을 수행하기 상대적으로 까다로울 수 있습니다. 통계, 더 광범위하게는 과학 컴퓨팅 작업을 수행하기 어렵다는 파이썬의 단점은 물리학자이자 소프트웨어 개발자인 페르난도 페레스Fernando Pérez의 관심을 끌었습니다. 2001년에 페르난도 페레스는 동료와 함께 대화형 파이썬 인터프리터를 만들기 위해 IPython 프로젝트를 시작했습니다. IPython은 '대화형'을 의미하는 'interactive'와 파이썬을 합친 'interactive Python'의 줄임말입니다. IPython 프로젝트의 결과 중 하나는 '.ipynb' 파일 확장자로 나타내는 새로운 파일 유형인 **IPython 노트북**IPython Notebook 입니다.

이 프로젝트는 많은 사람의 주목을 받았고 IPython은 2014년에 언어에 구애받지 않는 대화형 오픈소스 컴퓨팅 소프트웨어를 개발하는 '주피터 Project Jupyter'로 확장되었습니다. 이에 따라 IPython 노트북은 .ipynb 확장자를 그대로 사용하는 주피터 노트북Jupyter Notebook 이 되었습니다. 주피터 노트북은 사용자가 코드와 텍스트, 방정식 등을 조합하여 미디어가 풍부한 대화형 문서를 만들 수 있는 대화형 웹 애플리케이션입니다. '주피터'라는 이름은 갈릴레오가 목성의 위성을 발견하고 연구를 기록한 노트북에 대한 경의를 표하기 위해 지어졌습니다. 주피터 노트북의 **커널**kernel 은 백그라운드에서 노트북 코드를 실행하는 데 사용됩니다.

아나콘다를 설치했다면 주피터 노트북에서 파이썬을 실행하기 위해 필요한 모든 설정을 완료한 것입니다. 이제 실습을 시작해보죠.

R스튜디오, 주피터 노트북 및 기타 코딩 방법

R스튜디오를 벗어나서 또 다른 인터페이스를 배우는 것이 버겁다고 느껴질 수도 있습니다. 하지만 코드와 애플리케이션은 오픈소스 프레임워크와 별개입니다. 언어와 플랫폼은 쉽게 '재조합'할 수 있습니다. 예를 들어 R은 주피터용 커널을 제공하며 R 외에도 수십 개의 언어가 주피터용 커널을 제공합니다. 갈릴레오가 최초로 목성의 위성 세 개를 발견했듯이 주피터도 줄리아Julia, 파이썬 및 R 이렇게 총 세 개의 핵심 지원 언어들의 합성어입니다.

반대로 R의 **reticulate** 패키지를 사용하면 R스튜디오에서 파이썬 스크립트를 실행할 수 있습니다. 이 패키지는 R에서 파이썬 코드를 실행할 때 다양하게 활용할 수 있습니다. 예를 들어 파이썬에서 데이터를 가져오고 조작한 다음 R에서 결과를 시각화할 수 있습니다. 파이썬 코드 작업을 지원하는 다른 인기 있는 프로그램으로 파이참PyCharm, 비주얼 스튜디오 코드Visual Studio Code 가 있습니다. R스튜디오에는 R 노트북R Notebook 이라는 자체 노트북 애플리케이션도 있습니다. 코드와 텍스트를 조합할 수 있다는 점에서 주피터 노트북과 유사

윈도우와 맥에서 주피터 노트북을 실행하는 방법이 다릅니다. 윈도우에서는 시작 메뉴를 열고 'Anaconda Prompt'를 검색하여 아나콘다 프롬프트를 실행합니다. 이것은 아나콘다 배포판에서 작업하기 위한 명령 줄 도구command-line tool(CLT)이며 주피터 노트북 외에 파이썬 코드와 상호작용하는 또 다른 방법입니다. 명령 줄에서 파이썬을 실행하는 방법이 궁금하다면 엑셀에 익숙한 사용자를 위한 파이썬 소개서인 펠릭스 잼스틴Felix Zumstein의 『Python for Excel』(O'Reilly, 2021)을 읽어보세요. 아나콘다 프롬프트에서 커서 위치에 'jupyter notebook'을 입력하고 [Enter] 키를 누릅니다. 다음과 같이 명령어를 입력하세요. 홈 디렉터리는 환경마다 다를 수 있습니다.

```
(base) C:\Users\User> jupyter notebook
```

맥에서는 런치패드Launchpad를 열고 '터미널'을 검색하여 터미널을 실행합니다. 터미널은 맥에서 제공하는 명령 줄 인터페이스command-line interface(CLI)로 파이썬과 상호작용할 수 있습니다. 터미널 프롬프트에서 커서 위치에 'jupyter notebook'을 입력하고 [Enter] 키를 누릅니다. 다음과 같이 명령어를 입력하세요. 홈 디렉터리는 환경마다 다를 수 있습니다.

```
user@MacBook-Pro ~ % jupyter notebook
```

운영체제에 맞는 실행방법을 사용하여 주피터 노트북을 실행하면 몇 가지 일이 발생합니다. 먼저 컴퓨터에서 터미널과 같은 추가 창이 실행됩니다. **이 창을 닫지 마세요.** 이 창은 커널과 연결하는 창입니다. 또한 주피터 노트북 인터페이스는 기본 웹 브라우저에서 자동으로 열립니다. 만약 자동으로 열리지 않는다면 터미널과 같은 창에 브라우저에 붙여 넣을 수 있는 링크가 표시됩니다. 브라우저는 [그림 10-1]과 같이 표시됩니다. 주피터는 파일 탐색기와 유사한 인터페이스로 시작합니다. 이제 노트북을 저장할 폴더로 이동할 수 있습니다.

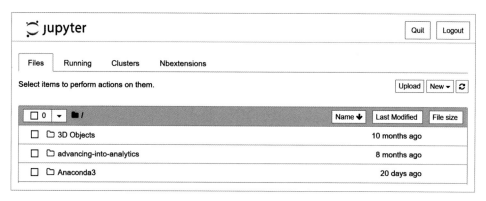

그림 10-1 주피터 첫 화면

브라우저 창의 오른쪽 위에서 [New] → [Notebook] → [Python 3]를 선택하여 새 노트북을 열 수 있습니다. 빈 주피터 노트북이 있는 새 탭이 열립니다. R스튜디오와 마찬가지로 주피터는 여기서 소개하는 내용보다 훨씬 더 많은 기능을 제공합니다. 이 책에서는 주피터 노트북 초보자에게 도움이 되는 핵심 요소에 중점을 두겠습니다. [그림 10-2]는 주피터 노트북의 네 가지 주요 구성 요소를 나타낸 그림입니다. 각 요소를 살펴보겠습니다.

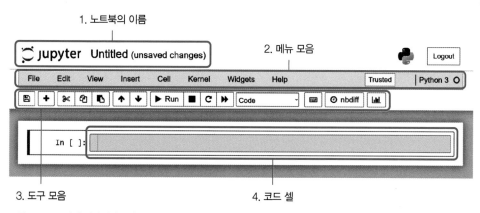

그림 10-2 주피터 인터페이스의 요소

먼저 노트북의 이름은 .ipynb 파일의 이름입니다. 현재 이름을 클릭하고 새로운 이름을 덮어 쓰면 노트북의 이름을 바꿀 수 있습니다.

다음은 메뉴 모음입니다. 여기에는 노트북에서 작업할 때 필요한 다양한 메뉴가 포함되어 있습니다. 예를 들어 [File] 메뉴에서 노트북을 열고 닫을 수 있습니다. 주피터 노트북은 2분마다 자동 저장되기 때문에 저장은 크게 신경 쓰지 않아도 됩니다. 노트북을 .py 파이썬 스크립트 또는 기타 일반 파일 형식으로 변환해야 하는 경우 [File] → [Download as]를 선택하세요. [Help] 메뉴에는 여러 가지 가이드와 참조 문서의 링크가 있습니다. 주피터의 다양한 키보드 단축키가 궁금하다면 이 메뉴를 참고하세요.

커널은 주피터가 내부적으로 파이썬과 상호작용하는 방식입니다. 메뉴 모음의 [Kernel] 메뉴에는 커널 작업에 유용한 메뉴가 있습니다. 컴퓨터가 잘 안될 때 재부팅해서 해결하는 것처럼 파이썬 코드도 가끔 실행에 문제가 생기면 커널을 재시작하여 문제를 해결할 수 있습니다. [Kernel] → [Restart]를 선택하여 커널을 재시작할 수 있습니다.

메뉴 모음 바로 아래에는 도구 모음이 있습니다. 여기에는 노트북 작업에 유용한 아이콘이 있습니다. 메뉴 모음에서 메뉴를 찾지 않아도 바로 메뉴를 실행할 수 있기 때문에 편리합니다. 예를 들어 커널과 상호작용할 수 있는 여러 아이콘이 있습니다.

주피터로 작업할 때 주로 **셀**을 사용하게 되는데 노트북에서 셀을 삽입하고 재배치할 수도 있습니다. 본격적인 실습을 시작하기 전에 도구 모음에서 '**Code**'로 설정된 드롭다운 메뉴를 선택하여 '**Markdown**'으로 변경합니다.

이제 첫 번째 코드 셀로 이동하여 '**Hello, Jupyter!**'라는 문구를 입력합니다. 도구 모음으로 돌아가서 '**Run**' 아이콘을 클릭하세요. 몇 가지 일이 일어날 것입니다. 먼저 '**Hello, Jupyter!**' 셀은 일반 문서처럼 렌더링됩니다. 다음으로 새 코드 셀이 이전 코드 셀 아래에 추가되고 새로운 정보를 입력할 수 있도록 설정되어 있는 것을 볼 수 있습니다. 결과 노트북은 [그림 10-3]과 같습니다.

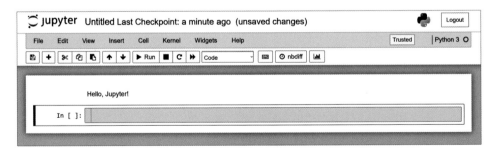

그림 10-3 'Hello, Jupyter!'

이제 도구 모음으로 돌아가서 드롭다운 메뉴를 선택하여 다시 'Markdown'을 선택합니다. 주피터 노트북은 다양한 유형의 모듈식 셀로 구성되어 있습니다. 여기서는 가장 일반적인 마크다운 (Markdown)과 코드(Code), 두 가지 유형에 초점을 맞추겠습니다. 마크다운은 보편적인 키보드 문자를 사용하여 텍스트 형식을 지정하는 일반 텍스트 마크업 언어입니다.

빈 셀에 다음 텍스트를 입력하세요.

```
Big Header 1
## Smaller Header 2
### Even smaller headers
#### Still more

*Using one asterisk renders italics*

**Using two asterisks renders bold**

- Use dashes to...
- Make bullet lists

Refer to code without running it as `fixed-width text`
```

이제 셀을 실행합니다. 도구 모음에서 'Run' 아이콘을 클릭하거나 윈도우의 경우 [Alt]+[Enter], 맥의 경우 [Option]+[Return]을 눌러서 셀을 실행할 수 있습니다. 선택한 셀은 [그림 10-4]와 같이 렌더링됩니다.

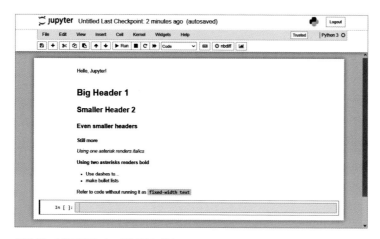

그림 10-4 주피터의 마크다운 작성 예시

마크다운을 자세히 알아보고 싶다면 메뉴 모음의 [Help] 메뉴를 참조하세요. 마크다운을 공부하면 이미지, 방정식 등을 포함하는 근사한 노트북을 만들 수 있습니다. 그러나 이 책에서는 파이썬을 실행하는 코드 블록에 초점을 맞춥니다. 이제 세 번째 코드 셀로 넘어가겠습니다. 이 셀은 'Code' 형식을 유지하겠습니다. 드디어 파이썬 코딩을 시작할 차례입니다.

파이썬은 엑셀과 R처럼 멋진 계산기로 사용할 수 있습니다. [표 10-1]은 파이썬의 몇 가지 일반적인 산술 연산자를 나타낸 표입니다.

표 10-1 파이썬의 일반적인 산술 연산자

연산자	설명
+	덧셈
–	뺄셈
*	곱셈
/	나눗셈
**	거듭제곱
%%	나머지
//	버림 나눗셈

다음 산술 연산식을 입력하고 셀을 실행하세요.

```
In [1]: 1 + 1

Out[1]: 2

In [2]: 2 * 4

Out[2]: 8
```

주피터 코드 블록을 실행하면 입력 및 출력에 각각 In [ ]과 Out [ ]으로 번호가 매겨진 레이블이 지정됩니다.

파이썬은 또한 연산의 우선순위를 따릅니다. 동일한 셀 안에서 몇 가지 예를 실행하겠습니다.

```
In [3]: # 곱셈의 우선순위가 덧셈보다 높습니다.
        3 * 5 + 6
        # 나눗셈의 우선순위가 뺄셈보다 높습니다.
        2 / 2 - 7

Out[3]: -6.0
```

기본적으로 주피터 노트북은 셀 안에서 마지막으로 실행된 코드의 출력만 반환하기 때문에 셀을 두 개로 나누겠습니다. 윈도우와 맥에서 키보드 단축키 `Ctrl`+`Shift`+`-`를 누르면 커서가 있는 위치에서 셀을 분할할 수 있습니다.

```
In [4]: # 곱셈의 우선순위가 덧셈보다 높습니다.
        3 * 5 + 6

Out[4]: 21

In [5]: # 나눗셈의 우선순위가 뺄셈보다 높습니다.
        2 / 2 - 7

Out[5]: -6.0
```

예제에서 볼 수 있듯이 파이썬도 R과 같이 코드 주석을 사용합니다. R과 유사하게 # 기호로 주석을 표시하며 주석은 코드와 줄을 분리하여 작성하는 것이 좋습니다.

엑셀 및 R과 마찬가지로 파이썬에는 숫자와 문자를 다루는 내장 함수가 많습니다.

```
In [6]: abs(-100)

Out[6]: 100

In [7]: len('Hello, world!')

Out[7]: 13
```

엑셀과는 다르지만 R과는 동일하게 파이썬은 대소문자를 구분합니다. 즉, ABS()나 Abs()가 아닌 abs()만 작동합니다.

```
In [8]: ABS(-100)
        ------------------------------------------------------------------
        NameError                                Traceback (most recent call last)
        <ipython-input-20-a0f3f8a69d46> in <module>
        ----> 1 ABS(-100)

        NameError: name 'ABS' is not defined
```

파이썬과 들여쓰기

파이썬에서 공백은 단순히 코드를 예쁘게 보이기 위해서 쓰는 것이 아닙니다. 코드를 실행할 때 반드시 필요한 요소입니다. 그 이유는 파이썬이 들여쓰기를 기준으로 코드 조각을 코드 블록 또는 하나의 단위로 나누어 컴파일하고 실행하기 때문입니다. 이 책에서는 들여쓰기에 영향을 받을 만한 코드가 많지 않기 때문에 들여쓰기와 관련된 문제를 겪을 일은 없습니다. 하지만 함수나 루프를 작성하는 방법과 같은 파이썬의 다른 기능을 공부하다 보면 들여쓰기가 언어에 얼마나 많이 사용되고 중요한 역할을 하는지 알게 될 것입니다.

R과 유사하게 파이썬에서도 ? 연산자를 사용하여 함수, 패키지 등에 대한 정보를 얻을 수 있습니다. [그림 10-5]와 같이 창이 열립니다. 이 창을 확장하거나 새 창으로 띄울 수 있습니다.

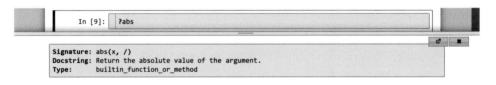

그림 10-5 주피터 노트북에서 문서 띄우기

대부분의 비교 연산자는 R 및 엑셀과 같이 파이썬에서도 동일하게 작동합니다. 파이썬에서 비교 연산자는 결과로 **True** 또는 **False**를 반환합니다.

```
In [10]: # 3이 4보다 큰가요?
         3 > 4

Out[10]: False
```

R과 마찬가지로 파이썬에서도 == 연산자는 두 값이 같은지 확인합니다. 단일 등호 =는 객체를 할당할 때 사용합니다.

```
In [11]: # 파이썬에서 객체를 할당합니다.
         my_first_object = abs(-100)
```

11번 셀에는 Out [ ] 구성 요소가 없다는 것을 눈치챘나요? 이 셀에서는 객체를 할당하고 아무 것도 출력하지 않았기 때문에 Out [ ]이 없습니다. 이제 할당한 객체를 출력하겠습니다.

```
In [12]: my_first_object

Out[12]: 100
```

파이썬의 객체 이름은 문자나 밑줄로 시작해야 하며 나머지 부분은 문자, 숫자 또는 밑줄만 포함할 수 있습니다. 몇 가지 사용할 수 없는 키워드도 있습니다. 파이썬에서 객체 이름을 얼마든지 자유롭게 지정할 수 있지만 그렇다고 'scooby_doo'와 같이 아무 의미 없는 이름을 짓지는 마세요.

> **파이썬과 PEP 8**
>
> 파이썬 소프트웨어 재단은 PEP Python Enhancement Proposal 를 사용하여 언어의 변경사항이나 새로운 기능을 발표합니다. PEP 8은 파이썬 코드 작성을 위한 보편적인 표준 스타일 가이드를 제공합니다. 많은 규칙과 지침이 있으며 그 중에는 객체 이름 지정, 주석 추가 등에 대한 규칙도 있습니다. 파이썬 소프트웨어 재단 웹사이트[30]에서 전체 PEP 8 가이드를 읽을 수 있습니다.

R과 마찬가지로 파이썬의 객체는 다양한 데이터 유형으로 구성할 수 있습니다. [표 10-2]는 파이썬의 몇 가지 데이터 유형을 나타낸 표입니다. R과의 유사점과 차이점을 찾아보세요.

표 10-2 파이썬의 기본 객체 유형

데이터 유형	예제
문자형	'Python', 'G. Mount', 'Hello, world!'
실수형	6.2, 4.13, 3.1
정수형	3, -1, 12
논리형	True, False

---

30 *https://oreil.ly/KdmIf*

객체를 몇 개 할당해볼까요? type( ) 함수를 사용하여 객체가 어떤 유형인지 확인할 수 있습니다.

```
In [13]: my_string = 'Hello, world'
         type(my_string)

Out[13]: str

In [14]: # 작은따옴표 외에 큰따옴표도 문자형에 사용할 수 있습니다.
         my_other_string = "We're able to code Python!"
         type(my_other_string)

Out[14]: str

In [15]: my_float = 6.2
         type(my_float)

Out[15]: float

In [16]: my_integer = 3
         type(my_integer)

Out[16]: int

In [17]: my_bool = True
         type(my_bool)

Out[17]: bool
```

R에서 객체를 다뤄보았기 때문에 파이썬에서 객체를 활용할 수 있다는 사실이 낯설지 않을 것입니다.

```
In [18]: # my_float는 6.1과 같나요?
         my_float == 6.1

Out[18]: False

In [19]: # my_string에 몇 개의 문자가 있나요?
         # (엑셀과 동일한 함수)
         len(my_string)

Out[19]: 12
```

파이썬에는 함수와 비슷한 '**메서드**'도 있습니다. 메서드는 클래스 및 객체와 연관되어 있는 함수로, 객체에 마침표를 붙여서 호출할 수 있으며 해당 객체에 대한 작업을 수행합니다. 예를 들어 문자열 객체의 모든 문자를 대문자로 표시하려면 upper() 메서드를 사용합니다.

```
In [20]: my_string.upper()

Out[20]: 'HELLO, WORLD'
```

함수와 메서드는 모두 객체에 대한 작업을 수행할 때 사용하며 이 책에서는 두 가지 모두 사용할 것입니다. 파이썬은 R과 마찬가지로 단일 객체에 여러 값을 저장할 수 있습니다. 객체를 활용하는 방법은 다음 장에서 더 알아보겠습니다. 다음 장으로 가기 전에 파이썬에서 모듈이 어떻게 작동하는지 살펴보겠습니다.

10.3 파이썬의 모듈

파이썬은 범용 프로그래밍 언어로 설계되었기 때문에 데이터 작업을 위한 가장 간단한 함수조차 바로 사용할 수 없습니다. 예를 들어 숫자의 제곱근을 취하는 함수를 찾을 수 없습니다.

```
In [21]: sqrt(25)
         --------------------------------------------------------
         NameError Traceback (most recent call last)
         <ipython-input-18-1bf613b64533> in <module>
         ----> 1 sqrt(25)

         NameError: name 'sqrt' is not defined
```

파이썬에 sqrt() 함수는 **분명히** 있습니다. 하지만 이 함수에 접근하려면 R의 패키지와 같이 **모듈**을 불러와야 합니다. 파이썬 표준 라이브러리로 파이썬과 함께 설치되는 여러 모듈이 있습니다. 예를 들어 math 모듈에는 sqrt()를 포함한 많은 수학 함수가 있습니다. 다음과 같이 import 문을 사용하여 모듈을 세션에 불러올 수 있습니다.

```
In [22]: import math
```

구문은 인터프리터에게 무엇을 해야 하는지 알려주는 역할을 합니다. 즉, In [22]는 import 문을 사용하여 파이썬에게 math 모듈을 불러오라고 알려준 것입니다. 이제 sqrt() 함수를 사용할 수 있습니다. 한 번 시도해보세요.

```
In [23]: sqrt(25)
         ---------------------------------------------------------
         NameError Traceback (most recent call last)
         <ipython-input-18-1bf613b64533> in <module>
         ----> 1 sqrt(25)

         NameError: name 'sqrt' is not defined
```

오해하지 마세요. sqrt() 함수를 사용할 수 있다고 거짓말을 한 것이 아닙니다. sqrt() 함수가 있는데도 오류가 발생하는 이유는 파이썬에 해당 함수의 출처를 명시하지 않았기 때문입니다. 다음과 같이 함수 이름 앞에 모듈 이름을 붙여서 함수의 출처를 명시할 수 있습니다.

```
In [24]: math.sqrt(25)

Out[24]: 5.0
```

표준 라이브러리에는 유용한 모듈이 가득합니다. 표준 라이브러리 외에도 수천 개의 서드파티 third-party 모듈이 있으며 PyPI Python Package Index에 패키지로 묶여서 등록되어있습니다. pip는 표준 패키지 관리 시스템이며 PyPI뿐만 아니라 외부 소스에서도 패키지를 설치할 수 있습니다.

아나콘다 배포판은 패키지로 작업하기 편한 환경을 제공합니다. 아나콘다에는 인기 있는 파이썬 패키지 몇 개가 이미 설치되어 있습니다. 또한 컴퓨터상의 모든 패키지가 호환되는지 확인하는 기능이 있습니다. 이러한 이유로 pip보다는 아나콘다에서 직접 패키지를 설치하는 것이 좋습니다. 파이썬 패키지는 일반적으로 명령줄에서 설치합니다. 앞에서 주피터 노트북을 실행할 때 아나콘다 프롬프트(윈도우) 또는 터미널(맥)로 명령줄을 경험해봤죠? 주피터에서도 명령어 앞에 느낌표를 붙이면 명령줄 코드를 실행할 수 있습니다. 아나콘다에서 인기 있는 데이터 시각화 패키지인 plotly를 설치해보겠습니다. 사용할 명령문은 conda install입니다.

```
In [25]: !conda install plotly
```

아나콘다에서 모든 패키지를 내려받을 수 있는 것은 아닙니다. 아나콘다에서 내려받을 수 없는 패키지는 **pip**로 설치할 수 있습니다. 바이너리 엑셀 파일 **.xlsb**를 파이썬에서 다룰 때 사용할 수 있는 **pyxlsv** 패키지를 설치해봅시다.

```
In [26]: !pip install pyxlsb
```

주피터에서 바로 패키지를 내려받는 것이 편리하긴 하지만, 다른 사람들이 노트북을 실행하려고 할 때 시간이 오래 걸리거나 불필요한 패키지가 설치될 수도 있기 때문에 주의해야 합니다. 이러한 이유로 이 책의 저장소에서는 설치 명령을 주석 처리하는 규칙을 따릅니다.

> **NOTE**
> 아나콘다를 사용하여 파이썬을 실행하는 경우, 먼저 **conda**로 필요한 패키지를 설치하고 **conda**로 설치할 수 없는 패키지만 **pip**로 설치하는 것이 가장 좋습니다.

10.4 파이썬, 아나콘다, 파이썬 패키지 업그레이드

[표 10-3]은 파이썬 환경을 관리할 때 유용한 몇 가지 명령어를 소개한 표입니다. 아나콘다 개인판과 함께 설치된 아나콘다 네비게이터Anaconda Navigator를 사용하면 포인트 앤드 클릭 인터페이스point-and-click interfaces에서 마우스로 클릭하여 아나콘다 패키지를 설치하고 관리할 수 있습니다. 아나콘다 네비게이터를 사용하려면 컴퓨터에서 'Anaconda Navigator' 응용 프로그램을 실행한 다음 [Help] 메뉴에서 설명서를 읽어보세요.

표 10-3 파이썬 패키지 관리에 유용한 명령어

명령어	설명
conda update anaconda	아나콘다 배포판을 업데이트합니다.
conda update python	파이썬 버전을 업데이트합니다.
conda update -- all	conda로 내려받을 수 있는 모든 패키지를 업데이트합니다.
pip list -- outdated	pip로 설치한 패키지 중에 업데이트할 수 있는 모든 패키지를 나열합니다.

10.5 마치며

이 장에서는 파이썬에서 객체와 패키지로 작업하는 방법과 주피터 노트북으로 작업하는 방법을 배웠습니다.

10.6 연습 문제

이 장에서 배운 내용을 활용하여 다음 연습 문제를 풀어보세요.

1. 새 주피터 노트북에서 다음을 수행하세요.
   - 1과 −4를 더하고 결과를 a에 할당하세요.
   - a의 절댓값을 b에 할당하세요.
   - b에서 1을 빼고 결과를 d에 할당하세요.
   - d가 2보다 큰가요?

2. 파이썬 표준 라이브러리에는 randint( ) 함수가 포함된 random 모듈이 있습니다. 이 함수는 엑셀의 RANDBETWEEN( ) 함수처럼 작동합니다. 예를 들어 randint(1, 6)은 1에서 6 사이의 정수를 반환합니다. 이 함수를 사용하여 0에서 36 사이의 난수를 생성하세요.

3. 파이썬 표준 라이브러리에는 this라는 모듈이 있습니다. 해당 모듈을 불러오면 어떻게 되나요?

4. 아나콘다에서 xlutils 패키지를 내려받고 ? 연산자를 사용하여 도움말 문서를 읽어보세요.

처음에는 언어를 계산기처럼 사용해도 좋지만 가능한 한 빨리 일상 업무에서 사용해볼 것을 권장합니다. R과 파이썬에서 동일한 작업을 수행한 다음 비교 및 대조해볼 수도 있습니다. 엑셀에서 배운 내용을 바탕으로 R을 공부했다면 R에서 배운 내용을 바탕으로 파이썬도 공부할 수 있습니다.

## CHAPTER 11

파이썬의 자료구조

10장에서 문자열, 정수 및 논리형과 같은 간단한 파이썬 객체 유형을 살펴보았습니다. 이제 여러 값을 그룹화하는 컬렉션을 살펴보겠습니다. 파이썬에는 기본적으로 여러 컬렉션 객체 유형이 있습니다. **리스트**^{list}부터 살펴보겠습니다. 각 항목을 쉼표로 구분하고 대괄호로 묶어 리스트에 값을 넣을 수 있습니다.

```
In [1]: my_list = [4, 1, 5, 2]
        my_list

Out[1]: [4, 1, 5, 2]
```

이 객체는 정수만 포함하지만 데이터 유형은 **정수가 아닌 리스트**입니다.

```
In [2]: type(my_list)

Out[2]: list
```

사실 리스트는 모든 종류의 데이터를 포함할 수 있습니다. 심지어 다른 리스트도 포함할 수 있습니다.

```
In [3]: my_nested_list = [1, 2, 3, ['Boo!', True]]
        type(my_nested_list)

Out[3]: list
```

예제에서 볼 수 있듯이 리스트는 다양한 데이터를 저장할 수 있습니다. 그러나 지금은 엑셀의 범위 또는 R의 벡터와 같은 역할을 하며 표 형식의 데이터로 옮길 수 있는 유형이 필요합니다. 단순한 리스트가 이 요구사항에 적합할까요? `my_list`에 2를 곱해봅시다.

```
In [4]: my_list * 2

Out[4]: [4, 1, 5, 2, 4, 1, 5, 2]
```

아마 여러분이 기대한 결과가 아닐 것입니다. 파이썬은 코드를 문자 그대로 받아들여서 리스트 안에 있는 숫자가 아니라 리스트 자체를 두 배로 늘렸습니다. 원하는 결과를 직접 구하는 방법이 있습니다. 루프를 사용해본 적이 있다면 루프를 적용하여 각 요소에 2를 곱할 수 있습니다. 루프를 사용해본 경험이 없어도 괜찮습니다. 직접 결과를 구하는 것보다 계산을 더 쉽게 수행할 수 있도록 파이썬에서 지원하는 모듈을 사용하는 것이 좋습니다. 아나콘다에 포함된 numpy를 사용하겠습니다.

11.1 NumPy 배열

```
In [5]: import numpy
```

numpy는 수와 관련된 파이썬을 의미하는 'Numerical Python'의 줄임말입니다. 이름에서 알 수 있듯이 파이썬에서 수치 계산을 지원하는 모듈이며 분석 도구로써 파이썬의 인기를 이끌었습니다. numpy를 자세히 알고 싶다면 주피터의 메뉴 모음에서 [Help] 메뉴를 열어 [NumPy Reference]를 선택하세요. 여기서는 numpy **배열**에 집중하겠습니다. numpy 배열은 모든 항목이 동일한 유형인 데이터 컬렉션으로, 얼마든지 원하는 차원의 데이터를 저장할 수 있습니다.

여기서는 1차원 배열에 초점을 맞추고 **array( )** 함수를 사용하여 리스트를 1차원 numpy 배열로 변환해보겠습니다.

```
In [6]: my_array = numpy.array([4, 1, 5, 2])
        my_array

Out[6]: array([4, 1, 5, 2])
```

언뜻 보기에 numpy 배열은 리스트처럼 보입니다. 물론 리스트로 numpy 배열을 만들었기 때문에 리스트처럼 보인다는 것이 어쩌면 당연하게 느껴질 수도 있습니다. 그러나 numpy 배열과 리스트는 서로 다른 데이터 유형입니다.

```
In [7]: type(my_list)

Out[7]: list

In [8]: type(my_array)

Out[8]: numpy.ndarray
```

numpy 배열은 ndarray 또는 n차원 배열입니다. 리스트와 numpy 배열은 서로 다른 자료구조이기 때문에 같은 연산을 적용해도 다르게 작동할 수 있습니다. 예를 들어 numpy 배열에 곱셈을 적용하면 어떻게 될까요?

```
In [9]: my_list * 2

Out[9]: [4, 1, 5, 2, 4, 1, 5, 2]

In [10]: my_array * 2

Out[10]: array([ 8,  2, 10,  4])
```

여러 면에서 이러한 결과는 엑셀의 범위 또는 R의 벡터를 떠올리게 합니다. 또한 numpy 배열은 R의 벡터와 마찬가지로 모든 데이터를 동일한 유형으로 **강제 변환**합니다.

```
In [11]: my_coerced_array = numpy.array([1, 2, 3, 'Boo!'])
         my_coerced_array

Out[11]: array(['1', '2', '3', 'Boo!'], dtype='<U11')
```

NumPy와 pandas의 데이터 유형

numpy와 최신 pandas의 데이터 유형은 표준 파이썬과 약간 다르게 작동합니다. 소위 dtype은 데이터를 빠르게 읽고 쓰고 C 또는 포트란Fortran과 같은 저수준 프로그래밍 언어와 함께 작동하도록 구축되었습니다. dtype이 나오더라도 너무 걱정하지 마세요. 부동소수점, 문자열 또는 부울과 같이 익숙하고 일반적인 데이터 유형에 중점을 두어 설명하겠습니다.

보다시피 numpy는 파이썬에서 데이터 작업을 수월하게 하는 생명의 은인입니다. 하지만 numpy를 사용하려면 매번 'numpy'를 입력해야 합니다. 반복해서 입력하기에는 양이 꽤 많겠죠? 이때 **에일리어싱**aliasing을 사용하여 별칭을 지정하면 수고를 줄일 수 있습니다. as 키워드를 사용하여 numpy에 일반적으로 붙이는 별칭 'np'를 지정할 수 있습니다.

```
In [12]: import numpy as np
```

에일리어싱은 모듈의 전체 이름보다 더 관리하기 쉬운 임시 이름으로 지정합니다. 이제 파이썬 세션 안에서 numpy 코드를 호출할 때마다 numpy 대신 별칭인 np를 사용할 수 있습니다.

```
In [13]: import numpy as np
         # numpy에는 sqrt() 함수도 있습니다.
         np.sqrt(my_array)

Out[13]: array([2. , 1. , 2.23606798, 1.41421356])
```

NOTE

별칭은 해당 파이썬 세션에서만 일시적으로 작동한다는 점을 기억하세요. 커널을 다시 시작하거나 새 노트북을 시작하면 별칭이 더 이상 작동하지 않습니다.

11.2 NumPy 배열 인덱싱과 서브세팅

numpy 배열에서 개별 항목을 가져오는 방법을 잠시 살펴보겠습니다. 객체 이름 바로 옆에 있는 대괄호 안에 인덱스 번호를 넣으면 numpy 배열에서 개별 항목을 가져올 수 있습니다.

```
In [14]: # 두 번째 요소를 가져옵니다. 원하는 요소가 맞나요?
         my_array[2]

Out[14]: 5
```

예를 들어 배열에서 두 번째 요소를 가져오기 위해 인덱스 번호 '2'를 사용해봅시다. 5가 정말 두 번째 요소일까요? my_array를 다시 살펴보겠습니다. 실제로 두 번째 위치에는 어떤 값이 있나요?

```
In [15]: my_array

Out[15]: array([4, 1, 5, 2])
```

두 번째 위치에는 1이 있고 5는 세 번째 위치에 있습니다. 왜 인덱스 번호와 실제 위치가 일치하지 않는 걸까요? 파이썬은 여러분이 평소에 순서를 세는 것과 다르게 인덱스를 계산하기 때문입니다.

이 이상한 개념에 익숙해지기 위한 준비 운동으로 한 가지 예를 살펴보겠습니다. 새 데이터셋을 내려받을 생각에 너무 신이 나서 실수로 여러 번 내려받았다고 상상해보세요. 다음과 같은 일련의 파일이 생성될 것입니다.

- dataset.csv
- dataset (1).csv
- dataset (2).csv
- dataset (3).csv

사람들은 보통 숫자를 셀 때 1부터 시작합니다. 하지만 컴퓨터는 숫자를 0부터 세곤 합니다. 여러 개의 파일을 내려받은 예제를 보면 두 번째 파일의 이름은 dataset (2)가 아닌 dataset (1)입니다. 이것을 **0 기반 인덱싱**^{zero-based indexing}이라고 하며 파이썬도 이 규칙을 따릅니다.

즉, 파이썬에서 숫자 1로 무언가를 인덱싱하면 두 번째 위치의 값을 반환하고 2로 인덱싱하면 세 번째 위치를 반환합니다.

```
In [16]: # 이제 진짜 두 번째 요소를 가져오겠습니다.
         my_array[1]

Out[16]: 1
```

파이썬에서는 연속된 값의 일부를 선택하여 부분집합으로 만들 수도 있습니다. 이것을 **슬라이싱**slicing이라고 합니다. 두 번째부터 네 번째 요소까지 선택해봅시다. 앞에서 0 기반 인덱싱을 배웠기 때문에 인덱스 지정은 어렵지 않을 것입니다.

```
In [17]: # 두 번째부터 네 번째 요소까지 가져옵니다. 원하는 결과가 맞나요?
         my_array[1:3]

Out[17]: array([1, 5])
```

하지만 잠깐, 주의할 점이 한 가지 더 있습니다. 슬라이싱은 0 기반 인덱싱을 사용해야 한다는 점 외에도 마지막 요소를 제외한다는 특징이 있습니다. 즉, 의도한 범위를 얻으려면 두 번째 숫자에 '1을 추가'해야 합니다.

```
In [18]: # 이제 진짜 두 번째부터 네 번째 요소까지 가져오겠습니다.
         my_array[1:4]

Out[18]: array([1, 5, 2])
```

파이썬에서 슬라이싱으로 할 수 있는 일은 더 많습니다. 예를 들어 객체의 끝에서부터 혹은 시작점에서부터 주어진 위치까지 모든 요소를 선택할 수 있습니다. 하지만 지금 단계에서 기억해야 하는 것은 파이썬이 0 기반 인덱싱을 사용한다는 사실입니다.

2차원 numpy 배열은 표 형식의 파이썬 자료구조로 사용할 수 있지만 모든 요소가 동일한 데이터 유형이어야 합니다. 현업에서 데이터를 분석할 때는 이러한 경우가 거의 없기 때문에 다양한 데이터 유형을 다룰 수 있는 pandas로 넘어가겠습니다.

11.3 pandas 데이터프레임

pandas라는 이름은 계량경제학의 패널데이터^{panel data}에서 유래하였으며 표 형식의 데이터를 조작하고 분석할 때 특히 유용합니다. numpy와 마찬가지로 pandas는 아나콘다와 함께 기본으로 설치됩니다. 일반적으로 pandas의 별칭으로 pd를 사용합니다.

```
In [19]: import pandas as pd
```

pandas 모듈은 numpy를 기반으로 구현되었으며 pandas와 numpy 사이에는 몇 가지 유사한 점이 있습니다. pandas에는 **시리즈**^{Series}라는 1차원 자료구조가 있습니다. 가장 널리 사용되는 구조는 2차원 자료구조인 **데이터프레임**입니다. DataFrame 함수를 사용하여 numpy 배열을 포함한 다른 데이터 유형에서 데이터프레임을 생성할 수 있습니다.

```
In [20]: record_1 = np.array(['Jack', 72, False])
         record_2 = np.array(['Jill', 65, True])
         record_3 = np.array(['Billy', 68, False])
         record_4 = np.array(['Susie', 69, False])
         record_5 = np.array(['Johnny', 66, False])
         roster = pd.DataFrame(data = [record_1,
             record_2, record_3, record_4, record_5],
               columns = ['name', 'height', 'injury'])
         roster

Out[20]:
             name      height     injury
         0   Jack      72         False
         1   Jill      65         True
         2   Billy     68         False
         3   Susie     69         False
         4   Johnny    66         False
```

데이터프레임에는 일반적으로 각 열에 대한 이름 레이블이 있습니다. 또한 각 행에는 인덱스가 있으며 기본적으로 0부터 시작합니다. 앞서 살펴본 예제는 탐색하기에 너무 작은 데이터셋이기 때문에 다른 예제를 찾아보겠습니다. 불행히도 파이썬에는 데이터프레임이 포함되어 있지 않지만 seaborn 패키지에서 데이터프레임으로 구성된 데이터셋을 찾을 수 있습니다. seaborn도 numpy, pandas와 마찬가지로 아나콘다와 함께 기본으로 설치되며 일반적으로 sns를 별칭으로 사용합니다. get_dataset_names() 함수는 사용할 수 있는 데이터프레임의 이름이 담긴 리스트를 반환합니다.

```
In [21]: import seaborn as sns
         sns.get_dataset_names()

Out[21]:
         ['anagrams',
          'anscombe',
          'attention',
          'brain_networks',
          'car_crashes',
          'diamonds',
          'dots',
          'exercise',
          'flights',
          'fmri',
          'gammas',
          'geyser',
          'iris',
          'mpg',
          'penguins',
          'planets',
          'taxis',
          'tips',
          'titanic']
```

iris라는 이름이 익숙하죠? load_dataset() 함수를 사용하여 파이썬 세션에 데이터셋을 불러오고 head() 메서드로 처음 5개 행을 출력합니다.

```
In [22]: iris = sns.load_dataset('iris')
         iris.head()
```

```
Out[22]:
        sepal_length    sepal_width    petal_length    petal_width    species
    0   5.1             3.5            1.4             0.2            setosa
    1   4.9             3.0            1.4             0.2            setosa
    2   4.7             3.2            1.3             0.2            setosa
    3   4.6             3.1            1.5             0.2            setosa
    4   5.0             3.6            1.4             0.2            setosa
```

11.4 파이썬에서 데이터 가져오기

R과 마찬가지로 파이썬에서도 외부 파일에서 데이터를 읽어오는 것이 가장 일반적이며, 외부 파일에서 데이터를 읽어오려면 디렉터리를 처리해야 합니다. 파이썬 표준 라이브러리에는 파일 경로 및 디렉터리 작업을 위한 os 모듈이 있습니다.

```
In [23]: import os
```

이후 실습을 진행하려면 작성중인 실습 노트북을 이 책의 저장소 기본 폴더에 저장하세요. 기본적으로 파이썬은 현재 작업 디렉터리를 활성화된 파일이 있는 곳으로 설정하기 때문에 R에서 했던 것처럼 디렉터리 변경을 고민할 필요가 없습니다. 하지만 os 모듈의 getcwd() 함수를 사용하면 현재 디렉터리를 확인할 수 있으며 chdir() 함수를 사용하면 디렉터리를 변경할 수 있습니다.

파이썬은 R과 동일한 상대 및 절대 파일 경로 규칙을 따릅니다. os의 하위 모듈인 path에 있는 isfile() 함수를 사용하여 저장소에서 test-file.csv를 찾아봅시다.

```
In [24]: os.path.isfile('test-file.csv')

Out[24]: True
```

이제 저장소의 기본 폴더의 하위 폴더인 test-folder에 포함된 파일을 찾아봅시다.

```
In [25]: os.path.isfile('test-folder/test-file.csv')

Out[25]: True
```

다음으로 이 파일의 복사본을 현재 위치보다 한 단계 위에 있는 폴더에 넣어보세요. 그러면 다음과 같은 코드로 파일을 확인할 수 있습니다.

```
In [26]: os.path.isfile('../test-file.csv')

Out[26]: True
```

R과 마찬가지로 파이썬에서 데이터를 작업하려면 대부분의 경우 외부 소스에서 데이터를 읽어와야 합니다. 데이터 소스는 상상할 수 있는 거의 모든 것이 될 수 있습니다. pandas에는 .xlsx와 .csv 파일에서 데이터를 데이터프레임으로 읽어오는 기능이 있습니다. 이 책의 저장소에 있는 star.xlsx와 districts.csv 데이터셋으로 이 기능을 실습하겠습니다. 먼저 read_excel() 함수는 엑셀의 통합 문서를 읽을 때 사용합니다.

```
In [27]: star = pd.read_excel('datasets/star/star.xlsx')
         star.head()

Out[27]:
         tmathssk   treadssk   classk             totexpk   sex    freelunk
    0    473        447        small.class        7         girl   no
    1    536        450        small.class        21        girl   no
    2    463        439        regular.with.aide  0         boy    yes
    3    559        448        regular            16        boy    no
    4    489        447        small.class        5         boy    yes

         race    schidkn
    0    white   63
    1    black   20
    2    black   19
    3    white   69
    4    white   79
```

마찬가지로 pandas를 사용하여 read_csv() 함수로 .csv 파일을 읽을 수 있습니다.

```
In [28]: districts = pd.read_csv('datasets/star/districts.csv')
         districts.head()

Out[28]:
              schidkn    school_name        county
         0    1          Rosalia            New Liberty
         1    2          Montgomeryville    Topton
         2    3          Davy               Wahpeton
         3    4          Steelton           Palestine
         4    6          Tolchester         Sattley
```

예를 들어 엑셀 파일 형식이나 특정 범위 및 워크시트에서 데이터를 읽어오고 싶다면 pandas 문서를 확인하세요.

11.5 데이터프레임 탐색

star 데이터프레임을 계속 활용해보겠습니다. info() 메서드는 차원 및 열 유형과 같은 몇 가지 중요한 정보를 알려줍니다.

```
In [29]: star.info()

         <class 'pandas.core.frame.DataFrame'>
         RangeIndex: 5748 entries, 0 to 5747
         Data columns (total 8 columns):
         # Column Non-Null Count Dtype
         --- ------ -------------- -----
         0 tmathssk 5748 non-null int64
         1 treadssk 5748 non-null int64
         2 classk 5748 non-null object
         3 totexpk 5748 non-null int64
         4 sex 5748 non-null object
         5 freelunk 5748 non-null object
         6 race 5748 non-null object
         7 schidkn 5748 non-null int64
         dtypes: int64(4), object(4)
         memory usage: 359.4+ KB
```

describe() 메서드를 사용하여 기술통계를 도출할 수 있습니다.

```
In [30]: star.describe()

Out[30]:
              tmathssk      treadssk      totexpk       schidkn
       count  5748.000000   5748.000000   5748.000000   5748.000000
       mean   485.648051    436.742345    9.307411      39.836639
       std    47.771531     31.772857     5.767700      22.957552
       min    320.000000    315.000000    0.000000      1.000000
       25%    454.000000    414.000000    5.000000      20.000000
       50%    484.000000    433.000000    9.000000      39.000000
       75%    513.000000    453.000000    13.000000     60.000000
       max    626.000000    627.000000    27.000000     80.000000
```

기본적으로 pandas는 숫자형 변수의 기술통계만 포함합니다. include = 'all'로 다른 유형의 변수에 대한 기술통계도 도출할 수 있습니다.

```
In [31]: star.describe(include = 'all')

Out[31]:
               tmathssk      treadssk      classk               totexpk
       count   5748.000000   5748.000000   5748                 5748.000000
       unique  NaN           NaN           3                    NaN
       top     NaN           NaN           regular.with.aide     NaN
       freq    NaN           NaN           2015                 NaN
       mean    485.648051    436.742345    NaN                  9.307411
       std     47.771531     31.772857     NaN                  5.767700
       min     320.000000    315.000000    NaN                  0.000000
       25%     454.000000    414.000000    NaN                  5.000000
       50%     484.000000    433.000000    NaN                  9.000000
       75%     513.000000    453.000000    NaN                  13.000000
       max     626.000000    627.000000    NaN                  27.000000

               sex      freelunk    race     schidkn
       count   5748     5748        5748     5748.000000
       unique  2        2           3        NaN
       top     boy      no          white    NaN
       freq    2954     2973        3869     NaN
       mean    NaN      NaN         NaN      39.836639
       std     NaN      NaN         NaN      22.957552
       min     NaN      NaN         NaN      1.000000
```

25%	NaN	NaN	NaN	20.000000
50%	NaN	NaN	NaN	39.000000
75%	NaN	NaN	NaN	60.000000
max	NaN	NaN	NaN	80.000000

NaN은 범주형 변수의 표준편차와 같이 누락되거나 사용할 수 없는 데이터를 나타내는 특수 pandas 값입니다.

11.5.1 데이터프레임 인덱싱과 서브세팅

행과 열의 위치에 따라 다양한 요소에 접근하는 실습을 하기 위해 가장 처음 생성했던 데이터 프레임 roster로 돌아가보겠습니다. 데이터프레임을 인덱싱하기 위해 iloc 또는 정수 위치 integer location 메서드를 사용할 수 있습니다. 대괄호 표기법은 익숙하겠지만 이번에는 행과 열을 모두 사용하여 인덱싱합니다. 물론 둘 다 0부터 시작합니다. 앞에서 만들었던 roster 데이터 프레임으로 실습하겠습니다.

```
In [32]: # 데이터프레임의 첫 번째 행, 첫 번째 열
         roster.iloc[0, 0]

Out[32]: 'Jack'
```

슬라이싱을 사용하여 여러 행과 열을 선택할 수도 있습니다.

```
In [33]: # 두 번째에서 네 번째 행, 첫 번째에서 세 번째 열까지
         roster.iloc[1:4, 0:3]

Out[33]:
            name    height    injury
      1     Jill    65        True
      2     Billy   68        False
      3     Susie   69        False
```

열을 이름으로 인덱싱하려면 loc 메서드를 사용하면 됩니다. 모든 행을 선택하기 위해 첫 번째 인덱스 위치에 빈 슬라이스를 입력하고 두 번째 인덱스 위치에 선택하고 싶은 열의 이름을 입력합니다.

```
In [34]: # 'name' 열에 있는 모든 행을 선택합니다.
         roster.loc[:, 'name']

Out[34]:
         0        Jack
         1        Jill
         2       Billy
         3       Susie
         4      Johnny
         Name: name, dtype: object
```

11.5.2 데이터프레임 작성

pandas에서는 write_csv() 메서드를 사용하여 .csv 파일에 데이터프레임을 작성할 수 있으며, write_xlsx() 메서드를 사용하여 .xlsx 통합 문서에 데이터프레임을 작성할 수 있습니다.

```
In [35]: roster.to_csv('output/roster-output-python.csv')
         roster.to_excel('output/roster-output-python.xlsx')
```

11.6 마치며

짧은 시간에 단일 요소 객체에서 리스트, numpy 배열 그리고 마지막으로 pandas 데이터프레임까지 모든 단계를 살펴보았습니다. 소개한 패키지를 더 공부하면서 이러한 자료구조 사이의 발전과 연결을 이해할 수 있기를 바랍니다. 이 장에서는 pandas가 numpy를 기반으로 하고 0 기반 인덱싱과 같은 파이썬의 기본 규칙을 따른다는 점을 살펴보았습니다. 다음 장에서는 pandas를 활용하여 파이썬에서 데이터를 다루는 과정을 살펴보겠습니다.

11.7 연습 문제

이 장에서는 파이썬에서 몇 가지 다른 자료구조와 컬렉션 유형을 다루는 방법을 배웠습니다.

이 장에서 배운 내용을 활용하여 다음 연습 문제를 풀어보세요.

1. 세 번째에서 다섯 번째 요소가 남도록 다음 배열을 슬라이싱하세요.

```
practice_array = ['I', 'am', 'having', 'fun', 'with', 'Python']
```

2. seaborn에서 tips 데이터프레임을 불러오세요.
   - 관측값의 개수 및 각 열의 유형과 같은 데이터프레임의 정보를 출력하세요.
   - 데이터프레임의 기술통계를 출력하세요.

3. 이 책의 저장소[31] datasets 폴더의 하위 폴더 ais에 ais.xlsx 파일이 있습니다. 파이썬에 데이터프레임으로 읽어오세요.
   - 이 데이터프레임의 처음 몇 행을 출력하세요.
   - 이 데이터프레임의 sport 열만 sport.xlsx 엑셀 파일에 작성하세요.

---

31 *https://oreil.ly/RKmg0*

## CHAPTER 12

파이썬의 데이터 조작과 시각화

8장에서는 **tidyverse** 관련 패키지를 활용하여 데이터를 조작하고 시각화하는 방법을 배웠습니다. 이 장에서는 8장과 동일하게 star 데이터셋에서 파이썬으로 비슷한 기술을 실습합니다. 특히 **pandas**를 사용하여 데이터를 조작하고 **seaborn**을 사용하여 데이터를 시각화하겠습니다. 이 장은 각 모듈 또는 파이썬이 데이터 분석으로 수행할 수 있는 작업을 포괄적으로 설명하지 않습니다. 대신 스스로 탐색하고 공부할 수 있는 발판이 되어줄 것입니다.

8장에서 했던 단계를 최대한 반영하여 동일한 실습을 진행하겠습니다. 이미 star 데이터셋을 조작하고 시각화하는 방법에 익숙하기 때문에 여기서는 파이썬으로 데이터를 처리하는 방법에 집중하겠습니다. 먼저 필요한 모듈을 불러오고 star 데이터셋을 읽어오는 것부터 시작하겠습니다. 세 번째 모듈인 **matplotlib**은 아마 처음 보는 모듈일 것입니다. 이 모듈은 **seaborn**으로 데이터를 시각화할 때 작업을 도와주는 모듈입니다. **matplotlib** 모듈은 아나콘다와 함께 설치됩니다. **matplotlib**의 하위 모듈인 **pyplot**을 주로 사용할 것이며 이 모듈에 **plt**라는 별칭을 붙이겠습니다.

```
In [1]: import pandas as pd
        import seaborn as sns
        import matplotlib.pyplot as plt
        star = pd.read_excel('datasets/star/star.xlsx')
        star.head()
```

```
Out[1]:
     tmathssk    treadssk    classk              totexpk    sex    freelunk
0    473         447         small.class         7          girl   no
1    536         450         small.class         21         girl   no
2    463         439         regular.with.aide   0          boy    yes
3    559         448         regular             16         boy    no
4    489         447         small.class         5          boy    yes

     race     schidkn
0    white    63
1    black    20
2    black    19
3    white    69
4    white    79
```

12.1 열 단위의 연산

11장에서 pandas는 1차원 자료구조를 **시리즈**로 변환하는 특징이 있다고 설명했습니다. 겉보기에 사소해 보이는 이 특징은 열을 선택할 때 매우 중요하게 작용합니다. 예를 살펴보겠습니다. 데이터프레임에서 tmathssk 열 **하나만** 선택한다고 가정하겠습니다. 단일 대괄호 표기법을 사용해도 되지만 그렇게 하면 기술적으로 데이터프레임이 아닌 시리즈가 됩니다.

```
In [2]: math_scores = star['tmathssk']
        type(math_scores)

Out[2]: pandas.core.series.Series
```

math_scores가 1차원 구조로 고정되어도 된다는 확신이 없다면 시리즈보다는 데이터프레임으로 유지하는 편이 낫습니다. math_scores를 데이터프레임으로 유지하려면 대괄호를 두 개씩 사용하면 됩니다.

```
In [3]: math_scores = star[['tmathssk']]
        type(math_scores)

Out[3]: pandas.core.frame.DataFrame
```

이 규칙을 따르면 star 데이터셋에서 원하는 열만 남길 수 있습니다. columns 속성[attribute]을 사용하여 원하는 열만 선택할 수 있는지 확인하겠습니다.

```
In [4]: star = star[['tmathssk','treadssk','classk','totexpk','schidkn']]
        star.columns

Out[4]: Index(['tmathssk', 'treadssk', 'classk', 'totexpk', 'schidkn'],
              dtype='object')
```

파이썬의 객체 지향 프로그래밍

앞에서 파이썬의 메서드와 함수가 무엇인지 설명했습니다. 메서드와 함수는 객체가 할 수 있는 **일**입니다. 반면에 속성은 객체 자체의 **상태**를 나타냅니다. 객체 이름에 마침표를 붙여서 속성을 불러올 수 있습니다. 단, 메서드와 달리 속성은 괄호를 사용하지 않습니다. 속성, 함수 및 메서드는 모두 **객체 지향 프로그래밍**[object-oriented programming](OOP)의 요소이며 작업을 단순하고 재사용 가능한 코드 조각으로 구조화하기 위한 패러다임입니다. 파이썬에서 OOP가 어떻게 작동하는지 자세히 알고 싶다면 알렉스 마르텔리[Alex Martelli]의 『Python in a Nutshell, 3rd Edition』(O'Reilly, 2017)을 읽어보세요.

특정 열을 삭제하려면 drop() 메서드를 사용합니다. drop()은 열이나 행을 삭제할 때 사용하므로 축을 나타내는 axis 인수로 열 또는 행을 지정해야 합니다. pandas에서 행은 axis가 0이고 열은 1입니다. [그림 12-1]을 확인하세요.

| | | | | axis = 1 | | | |
tmathssk	treadssk	classk	totexpk	sex	freelunk	race	schidkn
320	315	regular	3	boy	yes	white	56
365	346	regular	0	girl	yes	black	27
384	358	regular	20	boy	yes	white	64
384	358	regular	3	boy	yes	black	32
320	360	regular	6	girl	yes	black	33
423	376	regular	13	boy	no	white	75
418	378	regular	13	boy	yes	white	60
392	378	regular	13	boy	yes	black	56
392	378	regular	3	boy	yes	white	53
399	380	regular	6	boy	yes	black	33
439	380	regular	12	boy	yes	black	45
392	380	regular	3	girl	yes	black	32
434	380	regular	3	girl	no	white	56
468	380	regular	1	boy	yes	black	22
405	380	regular	6	girl	yes	black	33
399	380	regular	3	boy	yes	black	32

(axis = 0)

그림 12-1 pandas 데이터프레임의 축

schidkn 열을 삭제하는 방법은 다음과 같습니다.

```
In [5]: star = star.drop('schidkn', axis=1)
        star.columns

Out[5]: Index(['tmathssk', 'treadssk', 'classk', 'totexpk'], dtype='object')
```

이제 데이터프레임에서 새 열을 도출하는 방법을 살펴보겠습니다. 대괄호 표기법을 사용하여 새 열을 도출할 수 있습니다. R 데이터프레임의 각 열이 실제로 벡터인 것처럼 데이터프레임의 각 열은 시리즈이기 때문에 이번에는 결과로 데이터프레임이 아닌 시리즈를 도출해야 합니다. 예를 들어 수학과 읽기 점수를 합한 결과를 새 열로 도출하겠습니다.

```
In [6]: star['new_column'] = star['tmathssk'] + star['treadssk']
        star.head()

Out[6]:
        tmathssk    treadssk    classk              totexpk     new_column
    0   473         447         small.class         7           920
    1   536         450         small.class         21          986
    2   463         439         regular.with.aide   0           902
    3   559         448         regular             16          1007
    4   489         447         small.class         5           936
```

8장에서도 말했지만 'new_column'은 열의 값을 설명하기에 좋은 이름이 아닙니다. rename() 함수로 열의 이름을 수정하겠습니다. columns 인수에 열의 이름을 지정합니다. 그런데 인수에 전달하는 데이터의 형식을 보면 조금 낯설지도 모릅니다.

```
In [7]: star = star.rename(columns = {'new_column':'ttl_score'})
        star.columns

Out[7]: Index(['tmathssk', 'treadssk', 'classk', 'totexpk', 'ttl_score'],
            dtype='object')
```

마지막 예제에서 사용한 중괄호 표기법은 파이썬의 **딕셔너리**입니다. 딕셔너리는 **키-값**^{key-value} 쌍의 컬렉션이며 각 요소의 키와 값은 콜론으로 구분합니다. 딕셔너리는 파이썬의 핵심 자료구조이며 파이썬을 계속 공부한다면 반드시 알아야 합니다.

12.2 행 단위의 연산

이제 행 단위로 자주 사용하는 연산을 살펴보겠습니다. 먼저 pandas의 sort_values() 메서드를 사용하여 정렬하는 방법부터 살펴보겠습니다. 열을 정렬하고 싶은 순서대로 나열한 리스트를 by 인수로 sort_values() 메서드에 전달합니다.

```
In [8]: star.sort_values(by=['classk', 'tmathssk']).head()

Out[8]:
            tmathssk    treadssk    classk      totexpk     ttl_score
      309   320         360         regular     6           680
     1470   320         315         regular     3           635
     2326   339         388         regular     6           727
     2820   354         398         regular     6           752
     4925   354         391         regular     8           745
```

기본적으로 모든 열은 오름차순으로 정렬됩니다. 정렬 기준을 변경하고 싶다면 오름차순을 나타내는 ascending 인수에 True/False 플래그 리스트를 전달하면 됩니다. 학급 규모(classk)는 오름차순, 수학 점수(tmathssk)는 내림차순으로 star 데이터셋을 정렬하겠습니다. 정렬한 결과는 star에 할당하지 않았기 때문에 이 결과는 star 데이터셋에 영구적으로 적용되지 않습니다.

```
In [9]: # 학급 크기는 오름차순으로 수학 점수는 내림차순으로 정렬합니다.
        star.sort_values(by=['classk', 'tmathssk'],
         ascending=[True, False]).head()
Out[9]:
            tmathssk    treadssk    classk      totexpk     ttl_score
      724   626         474         regular     15          1100
     1466   626         554         regular     11          1180
     1634   626         580         regular     15          1206
     2476   626         538         regular     20          1164
     2495   626         522         regular     7           1148
```

데이터프레임을 필터링하기 위해 조건부 논리conditional logic를 사용하여 각 행이 특정 조건을 만족하는지 여부를 나타내는 True/False 시리즈를 생성합니다. 그런 다음 시리즈의 레코드가 True로 표시된 데이터프레임의 행만 선택합니다. 예를 들어 classk의 값이 small.class인 레코드만 선택합니다.

```
In [10]: small_class = star['classk'] == 'small.class'
         small_class.head()

Out[10]:
         0    True
         1    True
         2    False
         3    False
         4    True
         Name: classk, dtype: bool
```

이제 대괄호를 사용하여 이 결과 시리즈를 기준으로 필터링할 수 있습니다. shape 속성을 사용하여 새 데이터프레임의 행과 열의 개수를 확인하겠습니다.

```
In [11]: star_filtered = star[small_class]
         star_filtered.shape

Out[11]: (1733, 5)
```

star_filtered는 star보다 행의 개수가 적고 열의 개수는 같습니다.

```
In [12]: star.shape

Out[12]: (5748, 5)
```

또 다른 예제도 실습해봅시다. 읽기 점수(treadssk)의 값이 500 이상인 레코드만 선택합니다.

```
In [13]: star_filtered = star[star['treadssk'] >= 500]
         star_filtered.shape

Out[13]: (233, 5)
```

and/or 구문을 사용하여 여러 개의 조건으로 필터링할 수도 있습니다. R과 같이 &는 'and'를 나타내고 ¦는 'or'를 나타냅니다. 앞에서 실습한 두 예제의 조건을 모두 괄호 안에 넣고 &로 연결하여 하나의 조건문으로 작성한 다음 전달하겠습니다.

```
In [14]: # 읽기 점수가 500 이상이고 학급 규모가 소규모(small.class)인 모든
         레코드를 선택합니다.
         star_filtered = star[(star['treadssk'] >= 500) &
                     (star['classk'] == 'small.class')]
         star_filtered.shape
Out[14]: (84, 5)
```

12.3 데이터 집계와 조인

데이터프레임에서 관측값을 그룹화하기 위해 groupby() 메서드를 사용합니다. star_
grouped를 출력하면 DataFrameGroupBy 객체라는 점을 확인할 수 있습니다.

```
In [15]: star_grouped = star.groupby('classk')
         star_grouped

Out[15]: <pandas.core.groupby.generic.DataFrameGroupBy
             object at 0x000001EFD8DFF388>
```

이제 이 그룹화된 데이터프레임을 집계할 다른 필드를 선택할 수 있습니다. [표 12-1]은 몇 가
지 일반적인 집계 메서드를 나열한 표입니다.

표 12-1 pandas의 유용한 집계 함수

메서드	집계 유형
sum()	합계
count()	값의 개수
mean()	평균
max()	최댓값
min()	최솟값
std()	표준편차

다음과 같이 각 학급 규모에 대한 수학 점수의 평균을 계산할 수 있습니다.

```
In [16]: star_grouped[['tmathssk']].mean()

Out[16]:
                          tmathssk
         classk
         regular          483.261000
         regular.with.aide 483.009926
         small.class      491.470283
```

이제 교사의 각 경력 연수별 총점의 최댓값을 찾아보겠습니다. 꽤 많은 행이 결과로 선택되기 때문에 head() 메서드를 사용하여 몇 개의 행만 살펴보겠습니다. 다음과 같이 동일한 명령어에 여러 메서드를 추가하는 기법을 **메서드 체이닝**method chaining이라고 합니다.

```
In [17]: star.groupby('totexpk')[['ttl_score']].max().head()

Out[17]:
                  ttl_score
         totexpk
         0        1171
         1        1133
         2        1091
         3        1203
         4        1229
```

8장에서는 엑셀의 VLOOKUP()과 왼쪽 외부 조인의 유사점과 차이점을 살펴보았습니다. star 데이터셋과 districts 데이터셋을 새로 불러오겠습니다. pandas를 사용하여 이 두 데이터셋을 조인하겠습니다. merge() 메서드를 사용하여 districts 데이터셋에서 star 데이터셋으로 데이터를 '조회'합니다. how 인수를 left로 설정하여 VLOOKUP()과 가장 유사한 조인 유형인 왼쪽 외부 조인을 지정합니다.

```
In [18]: star = pd.read_excel('datasets/star/star.xlsx')
         districts = pd.read_csv('datasets/star/districts.csv')
         star.merge(districts, how='left').head()
```

	tmathssk	treadssk	classk	totexpk	sex	freelunk
0	473	447	small.class	7	girl	no
1	536	450	small.class	21	girl	no
2	463	439	regular.with.aide	0	boy	yes
3	559	448	regular	16	boy	no
4	489	447	small.class	5	boy	yes

	race	schidkn	school_name	county
0	white	63	Ridgeville	New Liberty
1	black	20	South Heights	Selmont
2	black	19	Bunnlevel	Sattley
3	white	69	Hokah	Gallipolis
4	white	79	Lake Mathews	Sugar Mountain

파이썬은 R과 마찬가지로 매우 직관적으로 데이터를 조인합니다. 기본적으로 schidkn을 기준으로 병합하고 school_name과 county를 가져옵니다.

12.4 데이터 재구성

다시 pandas를 사용하여 파이썬에서 데이터셋의 행 또는 열을 합치거나 나누는 방법을 살펴보겠습니다. 먼저 melt() 함수를 사용하여 tmathssk와 treadssk를 하나의 열로 결합할 수 있습니다. 두 열을 결합하기 위해 melt() 메서드에서 인수를 지정해야 합니다. frame 인수에 조작할 데이터프레임을, id_vars 인수에 고유 식별자로 사용할 변수를, value_vars 인수에 단일 열로 병합할 변수를 지정합니다. 또한 결과 값과 레이블 변수의 이름을 각각 value_name과 var_name으로 지정합니다.

```
In [19]: star_pivot = pd.melt(frame=star, id_vars = 'schidkn',
             value_vars=['tmathssk', 'treadssk'], value_name='score',
             var_name='test_type')
         star_pivot.head()
```

Out[19]:

	schidkn	test_type	score
0	63	tmathssk	473

```
        1        20       tmathssk        536
        2        19       tmathssk        463
        3        69       tmathssk        559
        4        79       tmathssk        489
```

tmathssk와 treadssk의 이름을 각각 math와 reading으로 바꾸려면 어떻게 해야 할까요?
파이썬 딕셔너리를 사용하여 mapping이라는 객체를 생성하겠습니다. mapping은 값을 재구
성하는 '조회 테이블'과 같은 역할을 합니다. 이 딕셔너리를 map() 메서드에 전달하여 test_
type의 값을 재구성합니다. 또한 unique() 메서드를 사용하여 test_type의 값에 실제로
math와 reading만 있는지 확인합니다.

```
In [20]: # `test_type`의 레코드 이름을 변경합니다.
         mapping = {'tmathssk':'math','treadssk':'reading'}
         star_pivot['test_type'] = star_pivot['test_type'].map(mapping)

         # test_type에서 고유한 값을 확인합니다.
         star_pivot['test_type'].unique()

Out[20]: array(['math', 'reading'], dtype=object)
```

star_pivot에서 다시 math와 reading 열을 나누려면 pivot_table() 메서드를 사용하면
됩니다. index 인수를 사용하여 인덱싱할 변수를 지정한 다음, column과 values 인수로 각각
피벗할 레이블과 값을 포함하는 변수를 지정합니다.

pandas에서 고유한 인덱스 열을 설정할 수 있습니다. 기본적으로 pivot_table()은 index
인수로 설정한 모든 변수를 고유한 인덱스 열로 설정합니다. 인덱스를 재설정하려면 reset_
index() 메서드를 사용하면 됩니다. 여기서 다루지 않은 데이터 조작 및 분석 기술과 pandas
의 사용자 지정 인덱싱이 궁금하다면 웨스 맥키니[Wes McKinney]의 『파이썬 라이브러리를 활용한
데이터 분석(2판)』(한빛미디어, 2019)을 읽어보세요.

```
In [21]: star_pivot.pivot_table(index='schidkn',
             columns='test_type', values='score').reset_index()
```

```
Out[21]:
        test_type    schidkn         math       reading
     0           1          1   492.272727    443.848485
     1           2          2   450.576923    407.153846
     2           3          3   491.452632    441.000000
     3           4          4   467.689655    421.620690
     4           5          5   460.084746    427.593220
   ...         ...        ...          ...           ...
    74          75         75   504.329268    440.036585
    75          76         76   490.260417    431.666667
    76          78         78   468.457627    417.983051
    77          79         79   490.500000    434.451613
    78          80         80   490.037037    442.537037

     [79 rows × 3 columns]
```

12.5 데이터 시각화

이제 seaborn 패키지를 사용하여 파이썬에서 데이터를 시각화하는 방법을 간략하게 살펴보겠습니다. seaborn은 통계 분석에 잘 맞는 패키지입니다. 특히 pandas의 데이터프레임과 호환이 잘 되기 때문에 데이터 시각화 패키지로 적합합니다. pandas가 numpy를 기반으로 구축된 것과 같이 seaborn은 인기 있는 파이썬 플로팅 plotting 패키지인 matplotlib의 기능을 활용합니다.

seaborn에는 다양한 플롯을 그릴 수 있는 함수가 많이 있습니다. 이러한 함수의 인수로 시각화할 데이터셋, x축과 y축에 위치할 변수, 사용할 색상 등을 지정합니다. 먼저 countplot() 함수를 사용하여 classk의 각 레벨에 대한 관측값의 개수를 시각화하겠습니다.

사용할 데이터셋 star를 data 인수로 지정합니다. x축에는 classk의 레벨을 배치하기 위해 x 인수로 classk를 지정합니다. 결과 플롯은 [그림 12-2]와 같습니다.

```
In [22]: sns.countplot(x='classk', data=star)
```

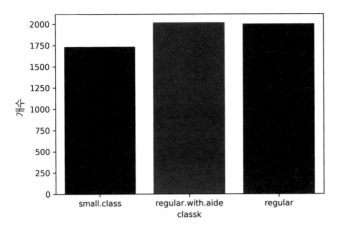

그림 12-2 막대 차트

이제 displot() 함수를 사용하여 treadssk의 히스토그램을 그려보겠습니다. countplot() 과 같이 x와 data를 지정합니다. 결과 플롯은 [그림 12-3]과 같습니다.

```
In [23]: sns.displot(x='treadssk', data=star)
```

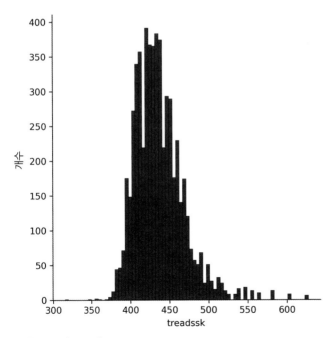

그림 12-3 히스토그램

seaborn의 함수는 플롯 모양을 사용자가 원하는대로 설정할 수 있도록 다양한 선택적 인수를 제공합니다. 예를 들어 계급구간을 25로 변경하거나 플롯 색상을 분홍색으로 변경할 수 있습니다. 결과 플롯은 [그림 12-4]와 같습니다.

```
In [24]: sns.displot(x='treadssk', data=star, bins=25, color='pink')
```

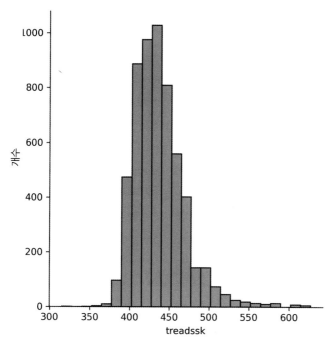

그림 12-4 사용자 지정 히스토그램

boxplot() 함수를 사용하여 [그림 12-5]와 같이 상자 수염 그림을 그릴 수 있습니다.

```
In [25]: sns.boxplot(x='treadssk', data=star)
```

지금까지의 모든 플롯은 x 대신 y에 관심 변수를 매핑하여 그림의 축을 '전환'할 수 있습니다. 상자 수염 그림을 예로 들겠습니다. 결과는 [그림 12-6]과 같습니다.

```
In [26]: sns.boxplot(y='treadssk', data=star)
```

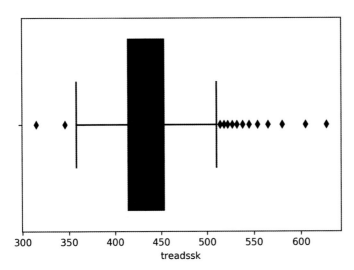

그림 12-5 상자 수염 그림

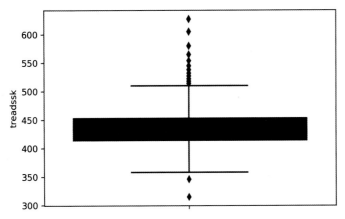

그림 12-6 축을 전환한 상자 수염 그림

이제 classk를 x축에 매핑하도록 추가 인수 x를 classk로 설정하여 학급 규모별 상자 수염 그림을 그려보겠습니다. 결과는 [그림 12-7]과 같습니다.

```
In [27]: sns.boxplot(x='classk', y='treadssk', data=star)
```

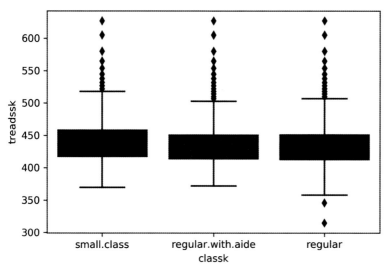

그림 12-7 그룹별 상자 수염 그림

이제 scatterplot() 함수를 사용하여 x축에 tmathssk를, y축에 treadssk를 매핑하여 tmathssk와 treadssk의 관계를 시각화하겠습니다. 결과는 [그림 12-8]과 같습니다.

```
In [28]: sns.scatterplot(x='tmathssk', y='treadssk', data=star)
```

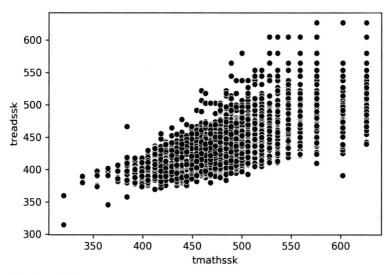

그림 12-8 산점도

treadssk와 tmathssk가 무엇인지 잘 모르는 사람에게 이 산점도를 공유한다고 상상해보세요. matplotlib.pyplot에 있는 기능을 차용하여 이 차트에 더 직관적인 레이블을 추가할 수 있습니다. 이전 예제와 동일하게 scatterplot() 함수를 호출하겠습니다. 단, 이번에는 pyplot에서 함수를 호출하여 사용자 지정 x축 및 y축 레이블과 차트 제목을 추가합니다. 결과는 [그림 12-9]와 같습니다.

```
In [29]: sns.scatterplot(x='tmathssk', y='treadssk', data=star)
         plt.xlabel('Math score')
         plt.ylabel('Reading score')
         plt.title('Math score versus reading score')
```

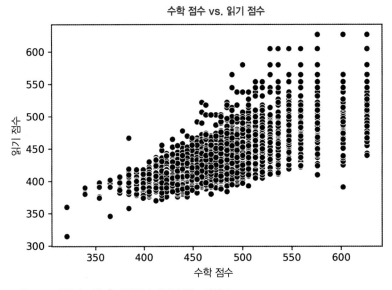

그림 12-9 사용자 지정 축 레이블과 제목이 있는 산점도

seaborn은 매력적인 데이터 시각화를 위한 더 많은 기능을 제공합니다. 자세한 내용이 궁금하다면 공식 문서[32]를 확인하세요.

---

32 https://oreil.ly/2joMU

12.6 마치며

pandas와 seaborn이 제공하는 기능은 훨씬 더 많지만 이 장에서 소개한 내용만 알아도 데이터 사이의 관계를 탐색하고 검정하는 실습을 하기에 충분합니다. 13장에서는 데이터 사이의 관계를 탐색하고 검정하는 데에 집중하겠습니다.

12.7 연습 문제

이 책의 저장소[33]에는 datasets의 하위 폴더 census에 census.csv와 census-divisions.csv라는 두 개의 파일이 있습니다. 이 파일을 파이썬으로 읽어와서 다음을 수행하세요.

1. 데이터를 지역(region)에 따라 오름차순으로, 구역(division)에 따라 내림차순으로, 인구(population)에 따라 내림차순으로 정렬하세요. 이 문제를 풀기 위해서는 먼저 데이터셋을 결합해야 합니다. 결과를 엑셀 워크시트에 작성하세요.

2. 병합된 데이터셋에서 우편번호(postal_code) 필드를 삭제하세요.

3. 인구를 토지 면적(land_area)으로 나눈 값으로 'density'라는 이름의 새로운 열을 생성하세요.

4. 2015년의 모든 관측값에 대해 토지 면적과 인구 사이의 관계를 시각화하세요.

5. 2015년의 지역별 총 인구를 구하세요.

6. 주(state)와 인구 데이터를 포함하는 테이블을 생성하세요. 이때 2010~2015년의 연도별 인구를 개별 열에 표시하세요.

---

33 *https://oreil.ly/hFEOG*

## CHAPTER 13

한 걸음 더: 파이썬으로 데이터 분석하기

8장에서 R에 대해 배운 내용을 바탕으로 9장에서 **mpg** 데이터셋을 활용하여 관계를 탐색하고 검정했습니다. 이 장도 마찬가지로 12장에서 파이썬에 대해 배운 내용을 바탕으로 동일한 작업을 수행합니다. 엑셀과 R에서 이미 **mpg** 데이터셋을 분석하는 근거와 배경을 모두 설명하였으므로 이 장에서는 파이썬에서 분석을 수행하는 방법에 집중하겠습니다.

실습을 시작하기 전에 먼저 필요한 모듈을 모두 불러오겠습니다. 몇 가지 모듈은 앞에서 사용한 적이 없기 때문에 조금 낯설 것입니다. 예를 들어 **scipy**에서 **stats** 하위 모듈을 불러옵니다. **from** 키워드를 사용하여 파이썬에게 찾을 모듈을 알려준 다음 일반적인 **import** 키워드를 사용하여 하위 모듈을 선택합니다. **stats**는 통계학을 의미하는 단어 'statistics'의 줄임말이며 이름에서 알 수 있듯이 **scipy**의 **stats** 하위 모듈은 통계 분석을 수행할 때 사용합니다. 또한 'scikit-learn'이라고 불리는 **sklearn** 패키지를 사용하여 학습/평가 데이터셋으로 모델을 검증합니다. 이 패키지는 머신러닝에서 아주 중요한 리소스이며 아나콘다와 함께 설치됩니다.

```
In [1]: import pandas as pd
        import seaborn as sns
        import matplotlib.pyplot as plt
        from scipy import stats
        from sklearn import linear_model
        from sklearn import model_selection
        from sklearn import metrics
```

read_csv()의 **usecols** 인수를 사용하여 데이터프레임으로 읽어올 열을 지정합니다.

```
In [2]: mpg = pd.read_csv('datasets/mpg/mpg.csv',usecols=
            ['mpg','weight','horsepower','origin','cylinders'])
        mpg.head()

Out[2]:
            mpg     cylinders    horsepower    weight    origin
      0    18.0            8           130       3504      USA
      1    15.0            8           165       3693      USA
      2    18.0            8           150       3436      USA
      3    16.0            8           150       3433      USA
      4    17.0            8           140       3449      USA
```

13.1 탐색적 데이터 분석

먼저 기술통계부터 확인하겠습니다.

```
In[3]: mpg.describe()

Out[3]:
                 mpg      cylinders    horsepower       weight
    count    392.000000   392.000000   392.000000    392.000000
    mean      23.445918     5.471939   104.469388   2977.584184
    std        7.805007     1.705783    38.491160    849.402560
    min        9.000000     3.000000    46.000000   1613.000000
    25%       17.000000     4.000000    75.000000   2225.250000
    50%       22.750000     4.000000    93.500000   2803.500000
    75%       29.000000     8.000000   126.000000   3614.750000
    max       46.600000     8.000000   230.000000   5140.000000
```

원산지(origin)는 범주형 변수이므로 describe()의 기본 결과에 포함되지 않습니다. 대신 도수분포표를 사용하여 이 변수를 살펴보겠습니다. crosstab() 함수를 사용하여 pandas에서 도수분포표를 구할 수 있습니다. 먼저 origin을 index 인수로 지정합니다. 다음으로 columns 인수를 count로 설정하여 각 레벨에 대한 관측값의 개수를 계산합니다.

```
In [4]: pd.crosstab(index=mpg['origin'], columns='count')

Out[4]:
        col_0     count
        origin
        Asia        79
        Europe      68
        USA        245
```

이원 도수분포표를 만들고 싶다면 columns 인수를 cylinders와 같은 다른 범주형 변수로 설정합니다.

```
In [5]: pd.crosstab(index=mpg['origin'], columns=mpg['cylinders'])

Out[5]:
        cylinders   3    4    5    6    8
        origin
        Asia        4   69    0    6    0
        Europe      0   61    3    4    0
        USA         0   69    0   73  103
```

다음으로 origin의 레벨별로 mpg에 대한 기술통계를 확인해보겠습니다. 두 가지 메서드를 체이닝하고 결과를 서브세팅합니다.

```
In [6]: mpg.groupby('origin').describe()['mpg']

Out[6]:
           count       mean       std   min    25%   50%     75%   max
        origin
        Asia     79.0  30.450633  6.090048  18.0  25.70  31.6  34.050  46.6
        Europe   68.0  27.602941  6.580182  16.2  23.75  26.0  30.125  44.3
        USA     245.0  20.033469  6.440384   9.0  15.00  18.5  24.000  39.0
```

[그림 13-1]과 같이 mpg의 전체 분포를 시각화할 수도 있습니다.

```
In [7]: sns.displot(data=mpg, x='mpg')
```

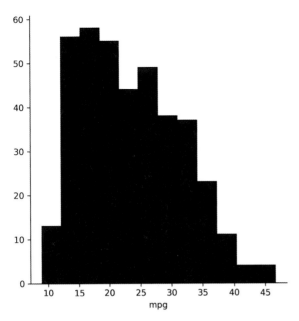

그림 13-1 mpg의 히스토그램

이제 각 origin의 레벨에 대한 mpg의 분포를 비교하는 상자 수염 그림을 생성하겠습니다. 결과는 [그림 13-2]와 같습니다.

```
In [8]: sns.boxplot(x='origin', y='mpg', data=mpg, color='pink')
```

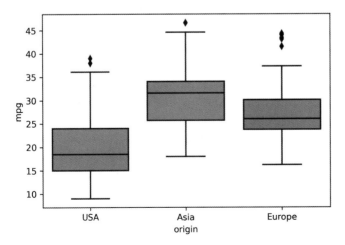

그림 13-2 origin별 mpg의 상자 수염 그림

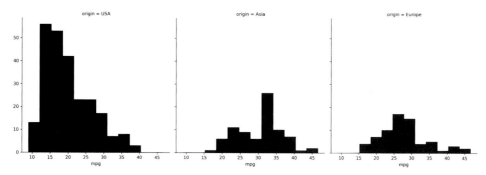

그림 13-3 origin별 mpg의 패싯 히스토그램

13.2 가설검정

미국 자동차와 유럽 자동차의 연비 차이를 한 번 더 확인해보겠습니다. 분석의 편의를 위해 각 그룹의 관측값을 개별 데이터프레임으로 분할합니다.

```
In [10]: usa_cars = mpg[mpg['origin']=='USA']
         europe_cars = mpg[mpg['origin']=='Europe']
```

13.2.1 독립 표본 t 검정

이제 `scipy.stats`의 `ttest_ind()` 함수를 사용하여 t 검정을 수행하겠습니다. 이 함수는 두 개의 numpy 배열 또는 pandas 시리즈를 인수로 받습니다.

```
In [11]: stats.ttest_ind(usa_cars['mpg'], europe_cars['mpg'])

Out[11]: Ttest_indResult(statistic=-8.534455914399228, pvalue=6.306531719750568e-16)
```

아쉽게도 `scipy.stats`가 출력하는 결과는 생각보다 적습니다. p−값은 출력하지만 신뢰구간은 출력하지 않습니다. 더 많은 t 검정 결과를 확인하고 싶다면 **researchpy** 모듈을 활용해보세요.

이제 연속형 변수 분석으로 넘어가겠습니다. 상관행렬부터 구해볼까요? 연속형 변수만 선택하고 pandas의 corr() 메서드를 사용합니다.

```
In [12]: mpg[['mpg','horsepower','weight']].corr()

Out[12]:
                      mpg    horsepower       weight
mpg              1.000000     -0.778427    -0.832244
horsepower      -0.778427      1.000000     0.864538
weight          -0.832244      0.864538     1.000000
```

다음으로 [그림 13-4]와 같이 산점도로 weight와 mpg 사이의 관계를 시각화합니다.

```
In [13]: sns.scatterplot(x='weight', y='mpg', data=mpg)
         plt.title('Relationship between weight and mileage')
```

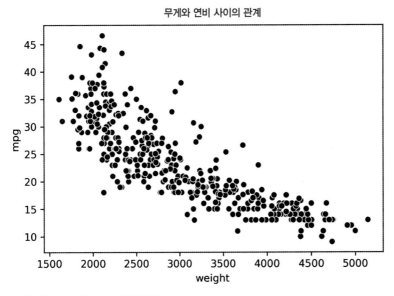

그림 13-4 mpg별 weight의 산점도

또는 seaborn의 pairplot() 함수를 사용하여 데이터셋의 모든 쌍에 대한 산점도를 생성할 수 있습니다. 각 변수의 히스토그램은 [그림 13-5]와 같이 왼쪽 위부터 오른쪽 아래까지 대각선 위치에 표시됩니다.

```
In [14]: sns.pairplot(mpg[['mpg','horsepower','weight']])
```

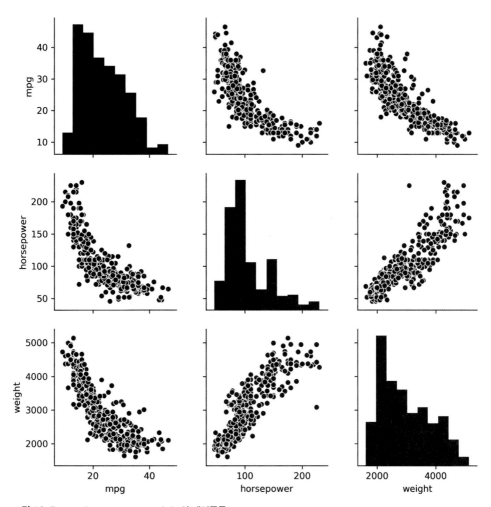

그림 13-5 mpg, horsepower, weight의 페어플롯

13.2.2 선형회귀

이제 선형회귀를 살펴볼 시간입니다. 선형회귀는 scipy의 linregress()를 활용하여 구할 수 있습니다. 이 함수도 scipy.stats와 마찬가지로 두 개의 numpy 배열 또는 pandas 시리즈를 인수로 받습니다. 인수 x로 독립변수를 지정하고 y로 종속변수를 지정합니다.

```
In [15]: # mpg에 대한 weight의 선형회귀
         stats.linregress(x=mpg['weight'], y=mpg['mpg'])

Out[15]: LinregressResult(slope=-0.007647342535779578,
         intercept=46.21652454901758, rvalue=-0.8322442148315754,
         pvalue=6.015296051435726e-102, stderr=0.0002579632782734318)
```

scipy.stats와 마찬가지로 일부 결과만 출력합니다. 결과로 출력된 rvalue는 R^2이 아닌 **상관계수**를 나타낸다는 점에 주의하세요. 더 풍부한 선형회귀 결과를 확인하고 싶다면 statsmodels 모듈을 활용하세요.

마지막으로 회귀선을 산점도와 함께 표시하겠습니다. seaborn에는 회귀선을 산점도와 함께 그려주는 regplot()이라는 별도의 함수가 있습니다. 이전 실습처럼 독립변수 및 종속변수와 데이터를 가져올 위치를 지정합니다. 결과는 [그림 13-6]과 같습니다.

```
In [16]: # 산점도에 적합 회귀선 그리기
         sns.regplot(x="weight", y="mpg", data=mpg)
         plt.xlabel('Weight (lbs)')
         plt.ylabel('Mileage (mpg)')
         plt.title('Relationship between weight and mileage')
```

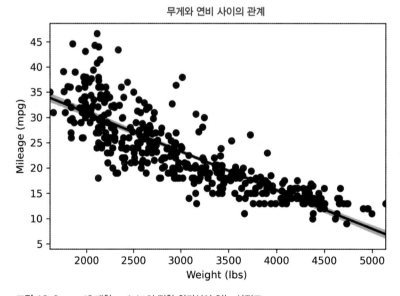

그림 13-6 mpg에 대한 weight의 적합 회귀선이 있는 산점도

13.2.3 학습/평가 데이터셋 분할과 검증

9장의 마지막에서 R로 선형회귀 모델을 구축할 때 학습/평가 데이터셋을 분할하고 적용하는 방법을 배웠습니다.

이 장에서는 train_test_split() 함수를 사용하여 데이터셋을 4개의 데이터프레임으로 분할합니다. 학습과 평가뿐만 아니라 독립변수와 종속변수로도 구분합니다. train_test_split() 함수는 독립변수가 포함된 데이터프레임을 먼저 반환하고 그 다음에 종속변수를 포함하는 데이터프레임을 반환합니다. random_state 인수를 사용하여 이 예제에서 결과가 일관되게 유지되도록 난수 생성기의 시드를 통일하겠습니다.

```
In [17]: X_train, X_test, y_train, y_test =
         model_selection.train_test_split(mpg[['weight']], mpg[['mpg']],
         random_state=1234)
```

기본적으로 학습 및 평가 데이터셋은 75/25 비율로 분할됩니다.

```
In [18]: y_train.shape

Out[18]: (294, 1)

In [19]: y_test.shape

Out[19]: (98, 1)
```

이제 학습 데이터로 모델을 학습시키겠습니다. 먼저 LinearRegression()으로 선형 모델을 지정한 다음 regr.fit()으로 모델을 학습시킵니다. 그리고 predict()를 사용하여 평가 데이터셋에 대한 예측값을 구합니다. 결과는 pandas 데이터프레임이 아닌 numpy 배열로 생성되므로 첫 몇 행을 살펴보는 head() 메서드를 사용할 수 없습니다. 대신 슬라이싱을 활용하여 첫 몇 행을 확인합니다.

```
In[20]: # 선형회귀 객체를 생성합니다.
        regr = linear_model.LinearRegression()

        # 학습 데이터셋을 사용하여 모델을 학습시킵니다.
        regr.fit(X_train, y_train)
```

```
# 평가 데이터셋을 사용하여 예측값을 구합니다.
y_pred = regr.predict(X_test)

# 처음 5개 관측값을 출력합니다.
y_pred[:5]
```

```
Out[20]: array([[14.86634263],
         [23.48793632],
         [26.2781699 ],
         [27.69989655],
         [29.05319785]])
```

coef_ 속성은 평가 모델의 계수를 반환합니다.

```
In [21]: regr.coef_

Out[21]: array([[-0.00760282]])
```

계수 p-값 또는 R^2과 같은 모델에 대한 자세한 정보를 얻으려면 statsmodels 패키지를 확인해보세요.

지금은 평가 데이터셋에 대한 모델의 성능을 평가하겠습니다. 이번에는 sklearn의 metrics 하위 모듈을 사용합니다. R^2을 반환하는 r2_score()와 RMSE를 반환하는 mean_squared_error() 함수에 실제 값과 예측값을 전달합니다.

```
In [22]: metrics.r2_score(y_test, y_pred)

Out[22]: 0.6811923996681357

In [23]: metrics.mean_squared_error(y_test, y_pred)

Out[23]: 21.63348076436662
```

13.3 마치며

다른 장과 마찬가지로 이 장의 내용은 여러 데이터셋에 적용할 수 있는 분석의 맛보기에 불과합니다. 하지만 파이썬에서 데이터를 어떻게 다룰 수 있는지에 대한 기반을 다졌습니다.

13.4 연습 문제

이번에는 파이썬을 사용하여 **ais** 데이터셋을 살펴보겠습니다. 이 책의 저장소[34]에 있는 엑셀 통합 문서를 읽어와서 다음을 수행하세요. 지금쯤이면 여러분은 이 분석 단계에 꽤 익숙해져 있을 것입니다.

1. 성별(sex)에 따른 적혈구 수(rcc) 분포를 시각화하세요.
2. 두 성별 그룹 사이에 적혈구 수의 통계적 유의성이 있나요?
3. 이 데이터셋에서 관련 변수의 상관행렬을 생성하세요.
4. 키(ht)와 몸무게(wt)의 관계를 시각화하세요.
5. wt에 대한 ht의 적합 회귀선의 방정식을 구하세요. 유의미한 관계가 있나요?
6. 회귀 모델을 학습 및 평가 데이터셋으로 분할하세요. 평가 모델의 R^2 및 RMSE 값은 무엇인가요?

---

34 *https://oreil.ly/dsZDM*

## CHAPTER 14

마치며

이 책의 첫 부분에서 다음과 같은 학습 목표를 언급했습니다.

이 책을 다 읽고 나면 프로그래밍 언어를 사용하여 탐색적 데이터 분석과 가설검정을 수행할 수 있게 될 것입니다.

필자는 여러분이 이 목표를 달성했다는 것을 느끼고 고급 데이터 분석 기술까지 더 공부할 수 있다는 자신감을 얻었기를 진심으로 바랍니다. 이제 배운 내용을 정리하고 확장하는 몇 가지 팁을 공유하면서 분석 여정을 마무리하겠습니다.

스택의 추가 조각

5장에서는 데이터 분석에 사용하는 소프트웨어 애플리케이션의 네 가지 주요 범주인 스프레드시트, 프로그래밍 언어, 데이터베이스 및 비즈니스 인텔리전스 도구를 살펴보았습니다. 통계 기반의 분석 요소에 중점을 두었기 때문에 스프레드시트와 프로그래밍 언어에 집중했습니다. 다른 조각이 서로 어떻게 연결되고 각 조각에 대해 무엇을 공부해야 하는지 궁금하다면 5장을 다시 읽어보세요.

연구 설계와 비즈니스 실험

3장에서 의미 있는 데이터 분석을 하려면 의미 있는 데이터를 수집해야 한다고 배웠습니다. '쓰레기를 넣으면 쓰레기가 나온다(garbage in, garbage out)'라는 말처럼 의미 있는 데이터를 기반으로 분석해야 결과도 의미가 있습니다. 이 책에서는 데이터가 정확하게 수집되었고 분석에 적합하며 대표적인 표본이 포함되어 있다고 가정했습니다. 또한 책에서 사용한 데이터셋은 동료평가를 거친 연구에서 가져온 유명한 데이터셋이기 때문에 믿고 사용해도 좋습니다.

하지만 수집하고 분석해야 하는 데이터에 대해 확신할 수 없는 경우도 많습니다. 이러한 경우에는 연구 **설계**와 **방법**을 더 깊게 공부하는 것이 좋습니다. 이 분야는 상당히 정교하고 학문적이지만 비즈니스 실험 분야에서 실용적인 애플리케이션을 찾을 수 있습니다. 올바른 연구 방법을 비즈니스에 적용하는 방법과 이유가 궁금하다면 스테판 톰케[Stefan H. Thomke]의 『Experimentation Works: The Surprising Power of Business Experiments』(Harvard Business Review Press, 2020)를 읽어보세요.

추가적인 통계 분석 방법

4장에서 언급했듯이 3장에서 소개한 가설검정 프레임워크 기반의 통계 검정 유형이 많지만 이 책에서는 맛보기로 몇 가지만 소개했습니다.

다른 통계 분석 방법의 개념과 개요가 궁금하다면 세라 보즐러프[Sarah Boslaugh]의 『Statistics in a Nutshell, 2nd edition』(O'Reilly, 2012)을 읽어보세요. 그런 다음 R과 파이썬을 사용하여 통계 분석 방법을 적용하고 싶다면 피터 브루스[Peter Bruce]의 『데이터 과학을 위한 통계』(한빛미디어, 2021)를 읽어보세요. 제목에서 알 수 있듯이 두 번째 책은 통계와 데이터 과학의 경계를 넘나듭니다.

데이터 과학과 머신러닝

5장에서는 통계, 데이터 분석 및 데이터 과학을 비교하면서 서로 차이점은 있지만 분야를 나누기보다는 통합할 일이 많다는 결론을 내렸습니다.

데이터 과학과 머신러닝에 깊은 관심이 있다면 SQL 및 데이터베이스와 함께 R과 파이썬을 집중적으로 공부하세요. 데이터 과학에서 R이 어떻게 사용되는지 알아보려면 해들리 위컴[Hadley Wickham]과 개릿 그롤먼드[Garrett Grolemund]의 『R을 활용한 데이터 과학』(한빛미디어, 2019)을 읽어보세요. 파이썬의 경우에는 오렐리앙 제롱[Aurélien Géron]의 『핸즈온 머신러닝』(한빛미디어, 2020)을 읽어보세요.

버전 관리

5장에서는 재현성의 중요함도 언급했습니다. 재현성의 핵심 애플리케이션을 알아보겠습니다. 이전 장에서 다음과 같은 파일을 본 적이 있었죠?

- `proposal.txt`
- `proposal-v2.txt`
- `proposal-Feb23.txt`
- `proposal-final.txt`
- `proposal-FINAL-final.txt`

사용자 한 명이 `proposal-v2.txt`를 생성하고 또 다른 사용자가 `proposal-Feb23.txt`를 생성합니다. 게다가 `proposal-final.txt`와 `proposal-FINAL-final.txt`도 서로 다릅니다. 누가 어느 파일을 수정했는지 기록하면서 어느 파일이 최종본인지 알아내고 해당 파일에 대한 모든 변경사항을 재구성한 다음 마이그레이션하는 것은 상당히 어려운 작업입니다.

바로 이럴 때 필요한 것이 **버전 관리 시스템**version control system 입니다. 이 시스템은 여러 사용자의 기여 및 변경사항과 같은 시간에 따른 프로젝트의 변화를 추적합니다. 버전 관리 시스템은 협업과 수정사항을 추적할 때 굉장히 용이하지만 학습 장벽이 높은 편입니다.

깃Git은 데이터 과학자, 소프트웨어 엔지니어 및 기타 기술 전문가 사이에서 매우 인기 있고 지배적인 점유율을 갖는 버전 관리 시스템입니다. 특히 클라우드 기반 호스팅 서비스인 깃허브GitHub를 사용하여 깃 프로젝트를 관리하는 경우가 많습니다. 깃과 깃허브의 개요가 궁금하다면 존 롤리거Jon Loeliger와 매튜 맥컬리프Matthew McCullough의 『분산 버전 관리 Git 사용설명서』(제이펍, 2013)를 읽어보세요. 깃과 깃허브를 R 및 R스튜디오와 함께 사용하는 방법이 궁금하다면 제니 브라이언Jenny Bryan의 「Happy Git and GitHub for the useR」[35]을 참고하세요. 현재 깃과 기타 버전 관리 시스템은 데이터 분석 워크플로에서 흔한 편은 아니지만 부분적으로는 재현성에 대한 수요가 증가하면서 인기가 높아지고 있습니다.

윤리학

데이터는 기록과 수집부터 분석 및 모델링에 이르기까지 윤리적인 문제로 둘러싸여 있습니다.

---

35 *https://happygitwithr.com*

3장에서 통계적 편향에 대해 배웠습니다. 특히 머신러닝 맥락에서 모델이 부당하거나 불법적인 방식으로 사람들을 차별하는 일도 일어날 수 있습니다. 개인에 대한 데이터를 수집하는 경우 해당 개인의 개인정보보호 및 동의 여부를 고려해야 합니다.

데이터 분석과 데이터 과학 분야에서 윤리의 우선순위가 항상 높았던 것은 아닙니다. 다행스럽게도 이제는 상황이 변하고 있습니다. 하지만 지속적으로 커뮤니티 차원의 지원이 있어야만 윤리의식이 높아질 수 있습니다. 데이터 작업에서 윤리 표준을 적용하는 방법이 궁금하다면 마이크 루키데스^{Mike Loukides}의 『Ethics and Data Science』(O'Reilly, 2018)를 읽어보세요.

다양한 경험 쌓기

사람들은 고용주의 요구사항과 시장의 경향을 바탕으로 어떤 데이터 분석 도구를 선택해야 하는지 질문하곤 합니다. 그럴 때마다 필자는 이렇게 대답합니다. '시간을 가지고 자신이 좋아하는 것을 찾으세요!' 분석 도구의 '차세대 강자'를 무작정 쫓기보다는 자신이 좋아하는 것에 집중해서 경험을 쌓아가세요. 모든 분석 도구는 그것만의 강점이 있습니다. 어떤 분석 도구를 선택하느냐보다는 여러 분석 도구의 강점을 활용하고 조합할 줄 아는 것이 더 중요합니다. 그렇게 하려면 다양한 애플리케이션을 경험해보아야 합니다. 하지만 모든 도구를 전문가처럼 다루긴 어렵습니다. 최고의 학습 전략은 'T'자형 학습입니다. 다양한 데이터 도구에 대한 폭 넓은 경험을 쌓으면서 몇 가지 도구에 집중하여 깊게 공부하세요.

작별 인사

잠시 시간을 내어 이 책에서 성취한 모든 것을 떠올려보세요. 아마 스스로가 자랑스러울 것입니다. 하지만 여기서 멈추지 마세요. 앞으로 배울 것이 훨씬 더 많으며 이 책이 보여준 것은 빙산의 일각이라는 점을 곧 깨닫게 될 것입니다. 이제 모든 장이 끝났습니다. 여러분에게 마지막 연습 문제만 남기고 마무리하겠습니다. 다양한 데이터를 경험하고 배운 내용을 적용해보세요. 더 많은 것을 공부하고 데이터 분석의 세계로 한 걸음 더 나아가세요.

INDEX

INDEX

INDEX

INDEX

INDEX

INDEX